FOLIO POLICIER

Germán Maggiori

Entre hommes

Traduit de l'espagnol (Argentine)
par Nelly Guicherd

Gallimard

Titre original :
ENTRE HOMBRES

Digne héritier de James Ellroy et de Jim Thompson, Germán Maggiori est né en 1971. *Entre hommes*, qui est considéré en Argentine comme un livre culte, a été qualifié par la presse de « meilleur polar argentin de tous les temps ».

À mon vieux

Il est impossible de perdre ce qu'on n'a jamais possédé.

JAMES ELLROY

PREMIÈRE PARTIE

DÉLIRES PARTAGÉS

Le Tucumano

SAMEDI 2 MARS

Marilú portait des minijupes ultracourtes en vinyle et des bottes en cuir vernies, à talons aiguilles. Elle complétait l'ensemble par un chemisier transparent qu'elle laissait déboutonné au-dessus d'un soutien-gorge en dentelle noire et d'une large ceinture dont la boucle en métal doré dessinait un cœur. Elle n'aimait pas surcharger de maquillage son visage anguleux et ses yeux félins : avec un peu d'ombre à paupières, une pointe d'eye-liner, une bonne dose de rouge à lèvres et une perruque platine bouclée, elle avait absolument tout pour se sentir divine. Mais après cette nuit de galère, son enthousiasme naturel avait fini par virer à la franche déprime. Marilú avait patrouillé au coin de la rue pendant des heures dans l'attente de clients. Elle avait balancé son cul rebondi et ses nichons en silicone, agité ses mains fabuleuses pour les attirer, mais rien à faire. La nuit était en train de s'échapper et elle, elle restait là, clouée à l'angle de Canning et Costa Rica. Elle n'avait pas fait un rond.

C'était l'heure de laisser tomber. Marilú alla se réfugier dans l'ombre, sous le porche d'une maison du quartier. Elle sortit de son petit sac une dose de cocaïne et, de l'ongle recourbé qui prolongeait son petit doigt, se fit deux prises. Écœurée par sa malchance, elle regagna d'un pas décidé l'arrêt de bus pour rentrer à la piaule minuscule de l'hôtel Señoritas Géminis où elle vivait avec d'autres filles comme elle. Elle était près de l'arrêt quand une Peugeot 504 aux vitres teintées stoppa net dans un bref crissement de pneus. Cortez le Tucumano sortit du véhicule, la mine défaite par les médocs. Sa dégaine était flippante : il avait le visage barré de cicatrices de prison, le nez déformé par la coke, des yeux noirs, vides, et un corps musclé et imberbe saturé de tatouages délavés. Cortez se spécialisait dans le maquereautage des travestis et des prostituées du quartier de Palermo ; c'était une ordure capable de pervertir sa propre fille pour quelques pesos.

— Magne-toi, grimpe, j'suis sur un gros coup, là, ordonna-t-il.

Marilú n'appartenait pas à son groupe de protégées, mais elle se soumit aussitôt et obéit. Si Cortez le Tucumano était parti à la pêche aux travelos dans le quartier, c'était parce que tous ses travestis étaient occupés et, dans ces cas-là, le cœur ramolli par l'urgence, il n'hésitait pas à lâcher jusqu'à soixante pour cent du tarif que payaient les clients éventuels. Marilú se dit qu'après tout, la nuit pouvait encore lui réserver d'agréables surprises.

Depuis la banquette arrière, Dalila lui adressa un sourire amical. Dalila avait un des meilleurs culs de tout le Palermo travesti ; elle patrouillait sur Godoy Cruz moulée dans une longue robe noire de vamp au décolleté vertigineux. À ses côtés se tenait Yiyí, une prostituée d'une vingtaine d'années du quartier de Flores qui profitait de son visage d'adolescente pour se faire deux petites couettes et se promener en robe chasuble, socquettes et chaussures de collégienne.

— Y avait rien, Dali, à Godoy Cruz ? demanda Marilú tout en retouchant son maquillage dans le miroir du pare-soleil.

— Rien, ma belle, les gens n'ont même plus de fric pour tirer un coup. Et toi, comment ç'a été ?

— Pareil.

— Bon, les filles, écoutez-moi, interrompit Cortez. On va voir des gros poissons donc vous vous tenez bien, vous me faites une belle petite orgie. Y a un gros bifton à la clef et si vous vous tenez bien je suis prêt à vous en filer la moitié, compris ? C'est des gros poissons, reprit Cortez le Tucumano, alors vous allez me faire tout ce qu'ils demandent, hein, bébé ? Tu m'écoutes, Yiyí ?

Yiyí avait besoin de se détendre, elle n'avait jamais travaillé avec des travestis et cette perspective la mettait plutôt mal à l'aise. Elle avait allumé une blonde et la fumait, pensive. Cette putain de misère qui l'avait poussée à la rue l'obligeait maintenant à accepter le premier travail venu. Peu importait où, quand, combien ils seraient, du moment qu'il y avait de l'argent à faire.

— Oui, chéri, répondit la pute.

Pour Marilú, l'histoire de Cortez puait l'arnaque : un vrai maquereau comme lui n'était pas du genre à faire cadeau d'un job important à des filles extérieures à son cercle habituel. Elle demanda, l'air de rien :

— Au fait, et tes filles, Tucu ?

— J'en ai deux qui ont chopé la crève, elles sont au pieu. Toutes les autres ont déjà du taf. Et il a fallu que ce boulot me tombe dessus, pile aujourd'hui… Tu me diras, heureusement, la rue déborde de nanas motivées pour taffer.

— Merci d'avoir pensé à nous, mon chou, fit Dalila en lui souriant.

Marilú avait plus besoin de cash que d'explications, elle fut bien obligée d'avaler le bobard du Tucumano sans broncher. La rue n'offre pas de deuxième chance et cette nuit, qui en réalité était déjà le jour, ne semblait pas déroger à la règle.

*

Ils dépassèrent plusieurs pâtés de maisons sur l'avenue Libertador et, dans la zone de Retiro, le Tucumano rentra la voiture dans le parking d'une tour vitrée d'une trentaine d'étages. Il commanda l'ouverture de la porte avec une carte magnétique et se gara au premier sous-sol, près des ascenseurs de service. Le parking était désert, tout semblait sûr. Cortez sortit de la voiture, conduisit les filles jusqu'à l'ascenseur et y entra avec elles. Il appuya sur le bouton du dix-huitième. Marilú profita de cette pause pour arranger ses nichons dans son soutif et liquider sa dose de cocaïne. Elle en sniffa une bonne quantité et en offrit à ses copines, histoire de se mettre dans l'ambiance.

— Alors toi mon joli, tu joues dans la cour des grands, commenta Dalila tout en essuyant les restes de dope qui lui poudraient le nez.

— C'est des contacts que tu te fais avec les années. Tout ce que je vous demande, c'est de ne pas merder. Si vous assurez sur ce coup, je me souviendrai de vous, compris ?

— Oui, chéri, répondit Yiyí.

— Je ne veux pas que vous y restiez plus d'une heure et demie. Je vous attends en bas, dans le parking. Ne parlez pas de blé avec ces types parce que c'est déjà réglé et, s'il vous plaît, ne merdez pas.

Les portes de l'ascenseur s'écartèrent et les filles sortirent. Le Tucumano ouvrit la porte de l'appartement avec une clef qu'il prit dans une des poches intérieures de sa veste en velours côtelé et les fit entrer.

— Tchao, beau gosse, fit Dalila en s'éloignant.

*

Les travestis et la pute franchirent le hall d'entrée et se retrouvèrent dans un salon de la taille d'un terrain de foot à cinq. Tout le mobilier était d'époque, il y avait des colonnades en marbre, des peintures et sculptures de collection, des tapis persans et des vases de Chine. Aucune des trois n'était habituée à une clientèle aussi sélecte. Tout ce luxe leur arracha un soupir d'admiration. Là, vautrés sur des fauteuils, trois hommes en caleçon buvaient du Dom Pérignon dans des flûtes en cristal. Ils aperçurent les travestis et la pute et se levèrent aussitôt en beuglant. Ils étaient complètement raides. L'un d'entre eux, un chauve à la moustache drue et à la panse d'orang-outan, baissa vite son caleçon en soie et commença à se branler comme un taré.

— C'est parti, les putes ! Je vais toutes vous défoncer ! cria Barbosa, qui était juge à la Cour suprême.

Les autres ne tardèrent pas à se joindre à lui. Un homme d'âge mûr, dont l'implant capillaire était grossier et les traits tirés par un lifting, bourra Yiyí contre une des colonnes en marbre. Il portait sa cravate en bandeau autour du front et buvait le champagne au goulot. Yiyí laissa tomber sa robe chasuble et se retrouva nue, prisonnière de ce cacique en toc. Ce type au lifting, Marilú l'avait déjà vu quelque part, elle en aurait mis sa main à couper. Ce que Marilú était loin d'imaginer, c'était qu'il s'agissait du sénateur Eduardo Achabala, candidat au poste de gouverneur de la Province. Le plus jeune des trois individus devait avoir moins de quarante ans ; c'était un être chétif, au torse creux et au visage enfantin. Nom : Alejandro Arias Duval. Profession : cadre à la Citibank. Déchaîné par l'alcool, Arias Duval attrapa Marilú par les cheveux et guida la tête du travesti jusqu'à la lui coller dans son entrejambe. Toute la scène faisait penser à un combat spécial de *Titanes en el Ring*[1] ; les couples n'arrêtaient pas de se faire et se défaire, se jetant les uns sur les autres. Le juge Barbosa chevauchait Dalila tout en fessant son petit cul musclé. Plus demandée, Yiyí s'appliquait à tailler une pipe au sénateur tandis qu'Arias Duval l'emmanchait par-derrière. Sans partenaire fixe et toujours juchée sur ses bottes vernies, Marilú se déplaçait d'un front à l'autre en arbitre de la lutte. Elle baladait sa main et pelotait tout ce qu'elle pouvait.

À la fin du premier round, la frénésie retomba et les hommes se relâchèrent, épuisés. Le sénateur Achabala en tête, ils se déplacèrent vers une grande chambre où les murs et le plafond étaient recouverts de miroirs, et dont un lit quatre places occupait le centre. Près du lit, sur la vitre d'une table basse et exposés comme un montage artistique, se

1. Émission de catch. *(Toutes les notes sont de la traductrice.)*

trouvaient une série de rails de cocaïne tracés avec le plus grand soin, près d'une lame de rasoir et d'un sachet contenant davantage de drogue. Achabala se sniffa deux lignes d'affilée et les autres l'imitèrent.

L'orgie était repartie de plus belle, bien que la situation ait sensiblement changé : maintenant c'étaient Marilú et Dalila qui tringlaient le sénateur et le juge. La drogue avait laissé le jeune banquier provisoirement impuissant et, même si elle essayait toutes les pirouettes possibles, Yiyí n'arrivait pas à remettre sa petite saucisse à point. Le cœur de Yiyí n'était pas habitué à la cocaïne, encore moins à un tel degré de pureté ; après la seconde tournée de rails, il commença à lui tambouriner dans la poitrine, de façon chaotique. Elle souffrait d'insuffisance cardiaque et l'ignorait. Les palpitations furent suivies d'une douleur aiguë qui s'étendit le long de son bras gauche. L'infarctus la surprit à un moment absurde : Yiyí tenait entre ses doigts le membre mou d'Arias Duval tout en repensant à sa mère agonisant sur un lit de l'hôpital José de San Martín. Le souvenir de sa mère, rongée par le cancer, squelettique, dégageant une odeur putride, comme si son corps avait commencé à se décomposer avant que la vie ne l'abandonne, l'assaillit comme jamais. Elle revoyait l'expression de douleur tatouée sur son visage. La main tremblante, osseuse, qui cherchait à caresser sa petite joue rosée et le regard d'infinie tristesse jaillissant des yeux morts de sa mère morte. Toute la douleur condensée dans la dernière image que Yiyí eut de sa mère et qui l'avait hantée au cours d'innombrables cauchemars réapparaissait maintenant, obstruait sa poitrine et stoppait son cœur fragile.

Yiyí sembla s'étrangler, elle lâcha la queue du banquier et tomba raide morte à ses pieds. Terrifié, Arias Duval s'écarta du corps en poussant des hurlements. Marilú et Dalila volèrent immédiatement au secours de leur copine. Marilú tenta de la réanimer avec des coups sur la poitrine ; Dalila lui éventait le visage avec un foulard fleuri. Les hommes, nus et pâles, étaient restés pétrifiés de peur.

— Aide-moi, le gros ! cria Marilú au juge Barbosa.

— Quoi… ?

— File-moi un coup de main avec la petite, tu vois pas qu'elle a fait une overdose ?

— Euhh… (Barbosa arriva tout juste à enfiler son pantalon.)

— Faut la sortir d'ici tout de suite, intervint le sénateur Achabala, rapetissé par la panique.

— Appelez une ambulance ! s'écria Arias Duval d'une voix aiguë. Elle va mourir, elle est en train de crever.

Le sénateur ne se donna pas la peine de rappeler au banquier une des dix millions de raisons pour lesquelles personne ne devait apprendre ce qu'il s'était passé.

— Sortez-la, le Tucumano saura quoi faire, dit-il.

— Mais tu vois pas qu'elle est en train de crever, gros connard ?! cria Marilú.

Le sénateur sortit de la chambre et réapparut peu après en agitant une liasse de dollars.

— Bon, il ne s'est rien passé ici, vous prenez vos cliques et vos claques et vous faites comme si on ne s'était jamais vus. (Achabala avait retrouvé son sang-froid de politicien.) Le Tucumano va tout arranger. Maintenant, tirez-vous, ordonna-t-il.

Apaisées par la couleur et l'épaisseur de la liasse de billets, Marilú et Dalila s'habillèrent tant bien que mal. Elles habillèrent aussi Yiyí, le corps mort de Yiyí, et la traînèrent jusqu'à l'ascenseur. Le banquier Arias Duval bredouillait des inepties recroquevillé sur le lit. Le juge Barbosa faisait des bonds dans tous les sens et tenait sa tête entre ses mains comme un agriculteur en faillite. Le sénateur Achabala se gratta les couilles et cracha une insulte face à la caméra qui, dissimulée derrière un faux miroir, avait enregistré toute la scène.

*

La porte de l'ascenseur s'ouvrit brusquement et Cortez comprit tout de suite, en apercevant Marilú et Dalila traîner Yiyí, que le plan de départ avait foiré. Les travestis chargèrent le corps de Yiyí dans la voiture et le Tucumano se dirigea vers la rampe de sortie. Dehors, le monde s'était réveillé, il était presque huit heures et demie du matin et l'avenue Libertador grouillait de voitures et de bus. Des piétons tirés à quatre épingles, flétris par la routine, faisaient la queue aux stations de taxis. Aux coins des rues, les vendeurs de journaux ambulants annonçaient l'édition matinale à grands cris. Dans la Peugeot, les corps suintaient l'adrénaline. Les travestis, qui continuaient à faire de l'air à Yiyí, échafaudaient des explications farfelues à destination d'un Cortez trop abruti par les médocs pour comprendre quoi que ce soit. Les filles criaient, hystériques, essayaient de raconter comment Yiyí avait fait une overdose au plus fort de l'orgie, comment les types les avaient virées. Elles parlaient de tout, criaient plutôt, sauf de l'argent avec lequel le type au lifting, celui qui disait quelque chose à Marilú, le sénateur Achabala, les avait convaincues. Elles s'étaient réparti les dollars dans l'ascenseur et les avaient cachés dans leur culotte. Pas une seconde, elles n'avaient pensé partager leur petit trésor avec cette merde de Cortez.

Le Tucumano avala deux Rohypnols, sortit son téléphone portable de la boîte à gants et composa un numéro.

— O.K., je vois, et il raccrocha, après avoir reçu les instructions du Vengeur.

— On va où ? demanda Marilú.

— Voir un docteur, répondit-il, laconique.

Ils descendirent d'abord l'avenue Madero puis

celle de Huergo le long de la darsc sud, direction La Boca. Sur l'avenue Belgrano, un feu rouge les obligea à s'arrêter. Profitant de ce que la Peugeot se trouvait entre les remorques de plusieurs camions, le Tucumano se retourna et tira dans la poitrine des deux travestis ; le silencieux dont il avait équipé son flingue permit d'amortir la violence des détonations. Les nichons en silicone de Marilú explosèrent comme des piñatas et aspergèrent de sang tout l'intérieur de la voiture. Dalila, en revanche, avait un petit trou entre les seins d'où coulait un filet de sang qui allait se perdre au niveau de son entrejambe. Le feu passa au vert. Cortez baissa sa vitre de quelques centimètres et balança son téléphone portable. C'était le moment de se la jouer solo.

Un micmac de sentiments étranges et de pensées s'était emparé de lui et le rendait fou. Autour de lui, tout était déformé et rougeâtre, comme s'il portait des lunettes en gelée de fraise. L'odeur du parfum au rabais des travestis morts mêlée à celle de la poudre lui piquait le nez jusqu'à lui tirer des larmes. Une vieille mélodie qu'il ne parvenait pas à identifier lui résonnait dans la tête, l'écho d'un chant d'église qu'il avait dû chanter jusqu'à l'indigestion dans la chapelle de la maison de redressement, mais impossible de se souvenir des paroles. La situation était aussi effroyable que ridicule : il se revoyait dans la chapelle avec le père Alberto qui prenait son pied en les tripotant dans le confessionnal, et ce maudit chant qui ne le laissait pas mettre de l'ordre dans ses idées, et l'odeur des travelos, et la couleur du sang qui lui serraient la gorge et l'asphyxiaient.

Guidé par un instinct de somnambule, Cortez arriva devant chez l'Oiseau Bustos. Cocaïnomane à la tête triangulaire, au nez crochu et aux yeux de petit perroquet mort, Bustos vivait dans la maison que lui avait laissée sa grand-mère, la femme qui avait tenté de l'élever depuis l'époque du Mondial de soixante-dix-huit. Un type moustachu le lui avait ramené tout crasseux, pieds nus et entouré d'une nuée de poux, plusieurs mois après que sa fille et son gendre eurent disparu à jamais. L'Oiseau atténuait la douleur des pertes successives dont le destin l'accablait en se camant avec tout ce qui lui tombait sous la main. Plus pour assurer son vice que par soif de s'enrichir sur le dos d'autres défoncés, il était devenu le dealer du quartier. Outre son addiction aux drogues dures, l'Oiseau avait une faiblesse maladive pour les grosses cylindrées et la pédophilie. Malgré toute cette misère, l'Oiseau était le seul type sur qui Cortez pouvait compter pour l'aider à gérer cette situation délicate ; c'était un ami, un vrai. Le Tucumano arrêta sa voiture dans la montée du garage, comme il le faisait chaque fois qu'il lui rendait visite pour se fournir en drogue, et donna plusieurs coups de klaxon. L'Oiseau ouvrit le portail métallique du garage pour que Cortez puisse rentrer sa voiture.

Le Tucumano sortit de la Peugeot. Il était blême et chancelant. Ses vêtements étaient couverts de sang.

— On t'a tiré dessus mon vieux, ou quoi? demanda l'Oiseau en le voyant.

— Non, jette un œil à l'arrière.

Le massacre inattendu que l'Oiseau trouva en ouvrant la portière arrière du véhicule lui provoqua une chute de tension et une série de haut-le-cœur sonores.

— J'ai dû les supprimer. Il y a eu une grosse histoire et j'ai dû les éliminer, expliqua Cortez tout en s'allumant une clope d'une main tremblante.

— Putain, quelle merde, frérot!

— File-moi un coup de main, l'Oiseau, supplia-t-il. Si elles disparaissent pas, j'suis mort. Faut récupérer la vidéo à l'appart et faire disparaître les corps. Allez, file-moi un coup de main, y a beaucoup d'oseille derrière tout ça.

— Quoi?!... Attends, comment tu veux faire? T'es défoncé ou quoi, j'ai pas de jardin, tu peux pas les enterrer ici. Non, Tucu, je peux pas t'aider, là.

— C'est rien, le jardin, il faut que tu m'aides. J'ai déjà pensé à tout: on va découper les corps et les emmener à Varela, chez Bruman. Dépanne-moi avec ça, je te dis que c'est une grosse histoire. Faut que tu me files un coup de main, frérot.

L'Oiseau resta bouche bée ; les paroles de Cortez rebondissaient contre les parois de son crâne comme des boules de billard sur une table sans trous. Il sortit un sachet de coke de la poche de son Levi's usé et en sniffa une partie pour remettre de l'ordre dans ses idées. Il ne pouvait pas refuser ; la rue a des codes non écrits mais inviolables, des codes que l'Oiseau, et beaucoup d'autres comme lui, avait appris à respecter pour survivre.

— Tiens, prends un peu de came et attends-moi ici, dit-il en faisant passer le sachet de drogue au Tucumano, et il disparut à l'intérieur de la maison.

Il revint avec deux nappes en toile cirée, des sacs-poubelle, une machette, une hache et une masse pour broyer les gravats. Il avait mis un imper en plastique et des lunettes de protection.

— O.K., on le fait avant que je change d'avis, dit-il.

À eux deux ils déchargèrent les corps de la voiture et les étendirent par terre, sur les nappes. Le Tucumano sortit garer la voiture dans la rue pour qu'ils puissent travailler à leur aise. L'Oiseau, pendant ce temps, se chargea de déshabiller les corps. Voir ces travestis morts était un spectacle répugnant. Leurs poitrines perforées par les balles et le sang noir qui les souillait et souillait maintenant ses mains lui filaient la nausée. Toucher Yiyí, au contraire, lui donna une érection instantanée.

Cette frimousse de gamine, de petite collégienne morte, ces petits tétons et la fente imberbe de son entrejambe l'excitaient, l'emplissaient d'un trouble étrange. Il ne l'avait jamais fait avec une gamine morte et, qui sait, il n'en aurait peut-être jamais plus l'occasion. L'Oiseau rapprocha son corps de celui de Yiyí, il fourra ses doigts dans l'entrejambe froid et, affolé, susurra au visage enfantin de la morte :

— T'aimes ça, petite salope, t'aimes ça, comme les autres…

Il était en train de la violer quand le Tucumano, de retour de la rue, le trouva. Cortez n'exigea aucune explication, il lui flanqua simplement un coup de pied dans le cul, envoyant sa pourriture d'ami faire un court vol plané jusqu'au mur le plus proche.

— Allez, viens, faut accélérer le mouvement, on n'a plus beaucoup de temps, dit Cortez, en dissimulant son dégoût.

Ils tranchèrent les cadavres à la hache et à la machette. Le Tucumano se chargea de broyer les crânes à la masse jusqu'à ce qu'ils soient bien mous et aplatis comme de la pâte à tourte pascaline. Régulièrement, l'Oiseau suspendait son travail à la hache pour faire glisser le sang jusqu'à la grille d'égout avec une raclette. Il leur fallut presque deux heures pour réduire les corps à des restes méconnaissables de sang, de chair, d'os et de viscères. Quatre sacs-poubelle bien attachés furent suffisants pour les transporter jusqu'à leur destination finale. Ils chargèrent les sacs avec les corps démembrés dans le coffre de la voiture. Quant aux vêtements et au reste des preuves, ils s'en débarrassèrent sur un terrain vague de la Ciudad Deportiva[1].

Cortez le Tucumano raconta l'affaire de la vidéo du politicien à Bustos sans entrer dans les détails parce que, moins il en saurait, mieux ce serait pour tout le monde, pour la survie de tout le monde. La patte graissée par les liasses de dollars que les travestis portaient dans leur culotte et qui étaient passées directement dans sa poche, l'Oiseau Bustos cessa aussitôt de se préoccuper des détails de l'affaire. Ce qui intéressait réellement Bustos, c'était de boucler ce travail au plus vite : récupérer la fameuse vidéo à l'appart et se débarrasser des corps.

Ils arrivèrent à la tour d'appartements vers midi. Cortez le Tucumano rentra de nouveau la Peugeot dans le parking du sous-sol. Il laissa tourner le moteur et l'Oiseau monta la garde pendant qu'il allait récupérer la vidéo clandestine. Cortez savait qu'il ne pouvait plus faire machine arrière, il était mouillé. Il avait renversé l'échiquier et, tôt ou tard, ceux qu'il avait trahis se mettraient à sa recherche. Sa tête serait mise à prix. Il monta les dix-huit étages, abruti par le cocktail de

1. Complexe sportif de Boca Juniors, laissé à l'abandon.

tranquillisants et de came qu'il avait dans le sang. Machinalement, il extirpa son pistolet de sa ceinture, ouvrit la porte de l'appartement et entra d'un pas décidé. Il avança, collé aux murs, en retenant sa respiration, jusqu'à la chambre principale. Il se pencha par la porte et rien, la voie était libre : il était le premier à arriver. Le Vengeur lui faisait encore confiance, se dit-il. Il reconnut sans peine le faux miroir derrière lequel se trouvait la caméra ; une semaine plus tôt, il avait vu le Vengeur en personne en ajuster le mécanisme, programmer le système pour que la caméra se déclenche dès que quelqu'un passerait le pas de la porte. Il fit glisser le miroir et sortit la cassette de la machine. Un sourire de jeune idiot s'accrocha sur son visage l'espace d'un instant. Sans perdre plus de temps, il quitta la scène avec les mêmes précautions qu'en entrant.

— Ça y est, reste plus qu'à faire disparaître les corps, Petit Oiseau, commenta-t-il une fois qu'ils eurent regagné la rue.

*

C'était aux alentours de Florencio Varela, en bordure de route, que se trouvaient les domaines de Bruman le Camus, un descendant d'Allemands qui exploitait un abattoir clandestin de porcs sur des terrains vagues municipaux. Bruman ramenait les porcs du fin fond de la province dans des bus Mercedes transformés en porcheries ambulantes. Il les engraissait une semaine ou deux et les tuait sur place. Sans chambres froides, ni permis, ni contrôles quelconques. Toute l'opération était soutenue par un conseiller municipal pour lequel Bruman militait. L'Allemand travaillait avec quatre gauchos paraguayens qui maniaient le couteau avec l'adresse de cuisiniers japonais : ils dépeçaient un porc en moins de dix minutes. Les Paraguayens étaient payés un salaire minimum, nourris et blanchis, et touchaient des extras pour les règlements de comptes dont le conseiller chargeait don Bruman. C'étaient des sauvages, ils faisaient tout au couteau ; l'Allemand donnait les ordres et les Paraguayens les exécutaient, expéditifs. La plupart du temps, les victimes étaient des types qui venaient foutre la merde dans les affaires du conseiller : des fonctionnaires récalcitrants qui hésitaient à lui accorder une concession municipale, des employés fictifs qui refusaient de payer leur part, des journalistes louches qui lui mettaient des bâtons dans les roues avec des accusations ; ou n'importe quel imbécile qui faisait sortir le conseiller de ses gonds : si minime que soit l'offense, il était jeté en pâture à l'escadron guarani. Le mode opératoire était simple : les Paraguayens enlevaient leur victime dans la rue à bord d'une voiture volée, fournie par le conseiller municipal en personne, et la conduisaient aux porcheries. Là, ils la déshabillaient et la bâillonnaient pour qu'on n'entende pas les cris. Après ça, ils torturaient le pauvre diable à coups de couteau et, quand il agonisait, ils lâchaient sur lui une bête castrée affamée qui le dévorait en un rien de temps sans même laisser les os.

Cortez le Tucumano avait fait la connaissance de Bruman le Camus lors de son passage à Batán ; Cortez n'était alors qu'un petit voleur et Bruman, le chef des taulards du pavillon où il était tombé. L'Allemand, condamné pour vol de bétail, s'était pris d'affection pour ce petit noiraud de province et lui avait offert sa protection pendant son séjour en cabane. Quand ils étaient sortis de l'ombre, chacun était retourné à ses affaires mais la relation avait perduré grâce aux passages épisodiques de Cortez le Tucumano chez le vieux Bruman, l'occasion de se remémorer leurs histoires de taule tout en partageant un cochon de lait grillé et du bon vin.

Le chemin menant à l'abattoir était un bourbier. Après avoir patiné un bon moment, la Peugeot du Tucumano parvint à rejoindre une baraque en tôle qui s'élevait au milieu d'un labyrinthe de porcheries. Les hommes sortirent de la voiture et se dirigèrent jusqu'à cette bicoque. Assis à une petite table en fer forgé, entourés d'un nuage de mouches, quatre péons paraguayens jouaient leur froc au *truco* en sifflant une bouteille de vin Pico Rojo. Ils avaient la peau tannée, le visage rugueux, ridé et barré de cicatrices obscures ; ils criaient et riaient, déchaînés, en agitant les cartes avec leurs gros doigts. L'odeur de viscères pourris qui flottait dans l'air donna une fois encore à l'Oiseau un violent haut-le-cœur. Impassible, le Tucumano interrompit la partie de cartes :

— Je veux voir Bruman, dit-il.

Un des Paraguayens, qui exhibait deux dents en or massif, se leva d'un bond, une main sur son poignard. Il étudia les types plantés devant lui et dit :

— L'est au fond, avec l'aubère.

Sur les terrains qui longeaient la baraque, derrière une file de porcheries pleines de gros porcs puants, un homme d'âge mûr, de presque deux mètres de haut, aux cheveux couleur moutarde, aux yeux clairs et au nez aussi épaté qu'une part de pizza, donnait de la luzerne à son cheval. Quand il le vit arriver, Bruman essuya sa main sur son jean crasseux et la tendit à Cortez le Tucumano :

— Qu'est-ce qui se passe, l'ami ? Vous avez l'air aussi paumé qu'un porc sur d'l'asphalte…

— Je suis venu donner à manger à vos bestioles, don Bruman. Là, avec mon associé, on a eu un petit incident avec des gens et, euh, vous savez, don, comment finissent toujours ces histoires.

Bruman fixa l'horizon du regard, caressa la tête de l'aubère et lâcha d'une voix avinée :

— C'est digne d'un gaucho de rend' des services et d'un fils de pute d'aller voir les amis rien qu'pour en d'mander. Toi tu m'connais bien, petit, tu sais que j'vais pas t'laisser dans la merde, mais c'est donnant donnant.

— Demandez-moi ce que vous voudrez, don Bruman, tout ce que vous voudrez, s'empressa de dire Cortez.

— Pour moi, suffit que tu m'amènes une de tes femelles, gaucho, et on sera quittes.

— C'est comme si c'était fait, chef.

L'Oiseau avait été impressionné par la dégaine de l'Allemand. Son esprit tentait de s'adapter à la vitesse à laquelle s'enchaînaient les événements, mais la réalité a toujours une longueur d'avance sur les esprits, et plus encore quand il s'agit de la cervelle cramée de l'Oiseau. Les hommes se mirent en marche et il les suivit par automatisme. Ils retournèrent à la baraque.

— Bon, toi, Osmar, tu vas aller avec Saturnino et à vous deux, vous allez me charger les sacs qu'ont apportés ces jeunes et vous les filez aux porcs.

Deux des Paraguayens posèrent immédiatement leurs cartes sur la table et se levèrent. Ils accompagnèrent le Tucumano et l'Oiseau jusqu'à la Peugeot, attrapèrent les sacs comme le patron le leur avait ordonné et les traînèrent en laissant un sillage de sang sur leur parcours. Le Tucumano soupira, soulagé, il avait écarté la preuve la plus compromettante sans aucun problème. Il dit au revoir à Bruman avec quelques coups de klaxon, mit la première et sortit du bourbier en patinant.

En milieu d'après-midi, ils arrivèrent à une casse de la Route 9 où ils changèrent la Peugeot pour une Renault 11 ré-immatriculée. Le sang dans l'habitacle de la voiture l'avait dévalorisée et ils durent mettre quatre cents dollars de leur poche pour qu'ils en veuillent à la casse.

Enfin libéré de l'entrave que la drogue et le vertige des événements avaient imposée à sa mémoire, Cortez le Tucumano parvint à se souvenir du chant avec lequel le père Alberto les enjoignait à la foi dans la maison de redressement. Il entendit, de nouveau, depuis les recoins poussiéreux de son esprit, le chœur maladroit et criard des gamins hurlant ce chant sur l'estrade de la chapelle : « Ceci est la lumière du Christ, je la ferai briller. Elle brillera, brillera, brillera. » La rancœur et la haine qui émanaient des voix du chœur flottaient dans la nef déserte, grimpaient le long de la tour du clocher et répandaient l'insignifiante gloire du Seigneur sur les champs gelés qui entouraient les pavillons de la maison de redressement. Le Tucumano entendit de nouveau l'écho de sa propre voix retentissant dans la chapelle : « Ceci est la lumière du Christ, je la ferai briller. Elle brillera, brillera, brillera. »

Club des Amigos du Fernet

VENDREDI 8 MARS

— Ça, Terminator l'a dit, il n'y a pas de destin. Il n'y en a pas !… Eh, vieux, ramène une autre bière, et plus de cacahuètes ! s'exclama un client depuis sa table.

Ríos le Maigrichon ne broncha pas. Il estima que la lecture de sa revue *Nippur de Lagash* était plus importante que ses obligations de serveur. Le type à la table ouvrit de nouveau la bouche mais il n'émit aucun son. Il vira au bleu et commença à cracher une bave épaisse et jaunâtre. Le pauvre diable fut secoué d'une série de convulsions, il envoya valdinguer au sol une bouteille de bière vide et s'écroula, agité par des spasmes. L'homme qui était à sa table, loin de lui venir en aide, disparut plus vite qu'un magicien ayant la diarrhée. Ríos fit un bond sur son siège. Il abandonna sa revue et s'approcha de la table en gueulant :

— Putain, mais qu'est-ce que tu me fais, là, bordel ?

Le type était étendu par terre, il tremblait, crachait de l'écume et battait frénétiquement des pieds, de moins en moins fort, jusqu'à finir recroquevillé sur le carrelage en damier. Ríos se gratta la tête avec le décapsuleur, pensif. À cette heure-ci, au Club, il ne restait que les gamins qui jouaient au billard dans la salle du fond. Pendant un moment, il sentit une énorme pression contre les parois de son crâne, comme si le bar s'était brusquement enfoncé à mille mètres sous l'eau. Il regarda le type par terre, puis vers la porte d'entrée du Club, puis vers la salle du fond, de nouveau le type, la porte, la salle. Tout défilait devant ses yeux à la vitesse d'un film. La pression lui perforait presque les tympans. Il focalisa de nouveau son attention sur le type, sur la porte, sur la salle, le type, la porte, la salle, le type, la porte, la salle…

— Fais passer un jeton, Ríos, dit le Mort, penché à l'entrée de la salle.

Avec la maladresse du désespoir, Ríos le Maigrichon fit trois enjambées en direction de la porte du Club. À mi-chemin, il se prit les pieds dans une chaise et tomba tête la première. Comme s'il avait rebondi, il se releva sur-le-champ, arriva à la porte et poussa le verrou.

— Personne ne sort d'ici ! cria-t-il.

Le Mort resta paralysé dans sa position, observant tour à tour Ríos et le cadavre par terre. D'une voix grave, il dit :

— T'as fini par liquider un type, Maigrichon.

Je savais que c'était pas un job pour toi : t'es trop nerveux, mec.

— Qu'est-ce que tu racontes ? Il a claqué tout seul, celui-là, comme un grand, il a fait une overdose. Il a commencé à mettre des coups de pied dans tous les sens comme un siphonné de la cafetière, il a tout foutu par terre et tchao, cramé. Moi j'suis pas responsable, j'ai rien à voir dans l'histoire. En plus de ça, il y avait un type avec lui, t'as bien vu ?

— Moi, j'ai rien vu, répondit le Mort en s'approchant du cadavre.

Les autres arrivèrent de la salle du fond. Le Gros Kingo venait en tête, une chope de bière dans une main et une queue de billard dans l'autre ; Brando marchait un peu plus loin, les jambes arquées à la John Wayne ; enfin, en renfort, se trouvait Caméléon. Ríos le Maigrichon regarda avec confusion et désespoir les quatre amis qui entourèrent le cadavre dans une espèce de veillée absurde.

— Alors ? demanda le Gros Kingo.

— Alors quoi ? redemanda Ríos.

— Allez, fais pas l'innocent, qu'est-ce qui s'est passé ici ? interpella de nouveau Kingo.

— Qu'est-ce tu veux que je te dise, vieux. Je viens de raconter à l'autre…

— Eh, un peu de respect, champion, « l'autre » c'est mon ami le Mort.

— Faites pas chier les mecs. Vous voyez pas

que je suis dans la merde ? Ce putain de négro qui vient me faire une overdose ici. La reine des putes ! Avec tous les bars qu'il y a, il a fallu qu'il crève là. J'ai une poisse sans nom, les mecs.

— Chhh, du calme, petit, l'interrompit Brando. Comment tu sais qu'il est mort ? Tu lui as pris le pouls ? Si ça se trouve, il a fait une crise d'espilexie.

— D'épilepsie, Brando, corrigea le Mort.

— C'est ça ! Je veux dire, ça tombe, le mec est un petit malade du ciboulot et il a tapé une crise. Tu devrais lui mettre sa ceinture entre les dents pour pas qu'il avale sa langue, je veux dire, pour pas qu'il s'étouffe. Moi j'ai vu Mac Gyver le faire à la télé et…

— Bon, on se calme, intervint le Gros Kingo. Le truc de la lanière entre les dents c'est quand le type est en plein dans les convulsions, là c'est fait. Mais Brando a raison, tu lui as pris le pouls, Ríos ?

— Ça va pas ?! Moi, je le touche pas, pas moyen, même pas de loin je le touche, hurla Ríos en reculant, rempli d'horreur. Je laisse mes empreintes et je me fais repérer comme un gros naze, après les flics rappliquent, et je suis grillé, mal joué les gars. Non, pas moyen que je le touche, touche-le, toi, pour voir s'il respire.

— Brando, prends-lui le pouls, ordonna Kingo.

— Va niquer ta sœur, Gros. Pourquoi tu lui prends pas, toi ?

— C'est toi qui as eu l'idée, non ?

— Et alors, c'est quoi le rapport ? Celui qui est dans la merde ici c'est le Maigrichon. C'est lui qui a vu l'action, c'est lui qui bosse là, il a qu'à tout expliquer aux flics quand ils arriveront.

Le Maigrichon se rongeait les ongles pendant que Kingo et Brando continuaient à s'engueuler. Caméléon les observait, ahuri, la mine défaite. Le Mort s'accroupit et poussa l'épaule du cadavre avec la queue de billard. Le corps se retrouva sur le dos, les jambes écartées, la chemise dégueulassée d'un vomi épais et jaunâtre. Le visage et les mains violacés étaient des boules de chair méconnaissables. Le reste du corps n'était plus qu'une masse bouffie saucissonnée dans les vêtements.

— Je vous présente un ami, les gars, fit le Mort.

Les autres purent alors voir les traits monstrueux du type. C'en était trop pour Caméléon, qui partit en courant vomir aux toilettes. Brando, qui n'allait pas tenir jusque là-bas, se précipita derrière le comptoir et gerba dans une des carafes en plastique que Ríos utilisait pour faire le *clericó*[1]. Le nez froncé de dégoût, Kingo descendit sa chope de bière d'un trait et, en guise d'oraison funèbre, il mâchonna :

— « Mieux vaut passer hardiment dans l'autre monde à l'apogée de quelque passion que de s'effacer et flétrir tristement avec l'âge. »

C'était une phrase qu'il avait lue comme ça, par

1. Boisson à base de vin et de morceaux de fruits.

hasard, en feuilletant un livre. Une phrase qui lui était restée gravée comme une épitaphe. C'étaient des mots qu'il aurait souhaité réserver pour sa propre mort, mais qu'il avait lâchés devant cet inconnu tant il faisait pitié à voir, couché là, mort, seul, violet et déformé. Une consolation boiteuse pour la mort, pour quelque chose d'aussi insensé et cru que ce Christ intoxiqué.

— Amen, dit Ríos et il se signa devant le corps.

— Et maintenant ? demanda le Mort avec son éternel pragmatisme.

— Maintenant, commença le Gros Kingo, Ríos va appeler une ambulance et leur dire qu'il y a un cadavre qui les attend. Nous, on se barre et le Maigrichon reste bien sagement là, à monter la garde comme un bon petit soldat jusqu'à ce que les flics arrivent, l'emmènent au poste et prennent sa déclaration. Tchao, Ríos.

— Non ! Partez pas ! S'il vous plaît, me laissez pas dans cette merde !

— Qu'est-ce que tu veux qu'on fasse, mon vieux ? Kingo a déjà une affaire sur le dos et s'il repasse au piano, même pour une connerie, ils le gardent. (Le Mort posa une main sur l'épaule de Ríos.) Qu'est-ce que tu veux, la vie est une merde.

— Non ! Abel va me tuer ! cria Ríos.

— Abel ? demanda Brando qui était en train de retirer, à l'aide d'une allumette usagée, les morceaux de vomi qui lui étaient restés coincés entre les dents.

— Oui, Abel, le proprio. Il a une autorisation bidon, super bidon. Ça va se voir direct et tchao, tout part en couille.

— Qu'il banque, frérot, il est proprio, non ? réfléchit Brando.

— Ouais, man, qu'il aille se faire foutre, ce con, renchérit le Mort.

— Bon, allons-y, conclut Kingo.

Il y eut un blanc. Ils demeurèrent immobiles pendant quelques secondes, comme si le fantôme du mort avait frôlé leur squelette. Caméléon ne pouvait pas détacher ses yeux sombres et strabiques du cadavre. Il poussa soudain un cri, un couinement de rongeur apeuré, et courut jusqu'à la porte de sortie. Il poussa un nouveau cri en la trouvant fermée et, après s'être jeté par une des fenêtres, à la Bruce Willis, il partit en courant comme un taré. Ils se regardèrent les uns les autres puis regardèrent le corps. Brando haussa un sourcil et, en claquant des doigts à sa manière, aussi sauvage qu'anachronique, il dit :

— On se casse.

Les trois amis partirent en direction de la rue. Ríos, inconsolable près de la table, passa le torchon à vaisselle sur son front trempé de sueur pendant qu'il essayait de trouver quelque chose.

— Allez, faites pas les trouducs, aidez-moi, supplia-t-il.

— Tchao, Maigrichon, dit le Gros Kingo en levant un bras sans se retourner.

Le Mort posa une main sur la poignée et l'autre sur le verrou.

— Allez, s'il vous plaît, Abel va me virer. C'est moi qui lui ai trouvé l'autorisation bidon, il voulait la faire à l'endroit, lui, insista Ríos.

Le Mort tira le verrou.

— En plus, si les flics m'interrogent, je vais devoir leur dire que vous étiez là derrière quand le type a clamsé. Y a des chances qu'ils vous appellent comme témoins.

Kingo fit volte-face et lui lança un regard venimeux.

— Y a aussi des chances que tu te prennes un gros coup de revolver après, Maigrichon. Si j'étais toi : motus, dit-il, et il passa deux doigts sur ses lèvres, comme si sa bouche était une fermeture Éclair.

— Pensez pas qu'à vos gueules, faites pas les enculés… Si vous m'aidez sur ce coup, vous picolez à l'œil pendant tout le mois.

Brando se gratta la tête, songeur. Le Mort ouvrit la porte et dit :

— Tchao, champion, pense pas trop à nous.

Désespéré, Ríos essaya un dernier truc :

— Partez pas… Vous vous rendez pas compte ? Ça va foutre un bordel pas possible, y aura un article sur nous dans *Crónica*. C'est la merde. Ils vont nous fermer le Club à vie. Tchao billard, tchao Fernet, tchao tout. Fermeture définitive. Tu rattrapes pas une histoire comme ça, c'est fait, c'est mort. C'est fini pour nous, et tout ça parce que vous avez pas voulu me filer un petit coup de main.

Les trois amis se retournèrent en même temps. Les paroles de Ríos leur résonnaient dans la tête. Le seul fait d'avoir mentionné la possible fermeture du bar, de leur bar, du Club des Amigos du Fernet, avait été un sacré coup dur. Ils n'étaient pas prêts à encaisser une catastrophe de cette ampleur. Ne plus avoir d'endroit où traîner, de maison commune où se retrouver, c'était quasiment de l'ordre de l'exil. C'était comme être condamné à errer dans la vie à la recherche d'une mystique que l'on sait perdue à jamais. Une terrible angoisse leur serra le cœur : perdre le Club, c'était bien plus que cela, c'était comme perdre une partie de leur vie. Leur rapport avec ce lieu était devenu maladif, à force d'avoir grillé des heures et des heures de leur existence parasitaire sous le plafond sordide de ce bar. Des heures passées à la limite, en équilibre sur le fil du rasoir, à se débattre entre la médiocrité et la folie. Leur enlever le bar, c'était presque la pire des choses qu'on pouvait leur faire.

Le Mort ferma la porte et remit le verrou.

— Un mois de Fernet et de billard gratos, négocia Kingo.

— Entendu, soupira Ríos le Maigrichon, soulagé.

Ils entourèrent à nouveau le cadavre, tous les quatre.

— Bon, moi je dis on l'emmène au gros évier de la cuisine et on le dissout dans de l'acide chlorhydrique, délira le Mort.

— Et moi je dis que tu regardes trop la télé, frérot, le freina Kingo. Ce qu'il faut, c'est le traîner en douce jusqu'à un terrain vague et le larguer là-bas.

— L'arroser de kérosène et lui foutre le feu, intervint Ríos.

— Eh, les gars, faudrait redescendre d'un cran, là. L'idée, c'est le sortir d'ici, le planter quelque part et que ça fasse naturel, genre, un petit timbré en overdose de médocs, point barre. Si tu veux camoufler le truc en faisant disparaître le corps, tu te fais griller. Les types de la Scientifique et de la Criminelle se mettent au taf et tu te fais repérer, y a pas un avocat pour te sortir de là. Non, faut pas déconner avec ça, les gars, affirma Kingo avec le sang-froid de ceux qui en connaissent un rayon.

Brando suivait la conversation en silence. Il se décrottait le nez avec l'index, puis malaxait le résultat de ses fouilles jusqu'à obtenir une petite boule compacte qu'il collait ensuite discrétos sous la table.

— Où, Ríos ? Vas-y, dis-nous, toi, le secoua Kingo.

— Il y a le terrain vague à trois pâtés de maisons, le petit terrain des bonnes sœurs.

— Super loin, dit le Mort.

— Super loin, approuva Brando en pilote automatique.

— La petite place Lugones ?

— Super éclairée.

— Super éclairée, répéta Brando.

Ríos plissa les yeux et porta une main à son front ; il était si concentré qu'on aurait dit qu'il était sur le point de résoudre un Rubik's cube.

— Magne-toi, le Maigrichon, il va bientôt faire jour, le pressa Kingo.

Ríos avait maintenant la tête d'un individu constipé.

— Ça y est ! (Ses yeux brillèrent.) Le chantier d'à côté, l'hôtel.

— T'es malade, toi. Et comment on fait pour rentrer là-bas ? Tu lui dis quoi au vigile ? « Bonsoir, M'sieur, je vous amène un copain pour faire un brin de causette » ? Non, ça marche pas ton truc. C'est juste bon à se faire griller.

— Mais si, Gros, fais-moi confiance. Le chantier est abandonné, ça fait plus d'un mois qu'il est abandonné. Y a pas plus de vigile que de beurre au cul, vieux. Le type qui mettait l'oseille s'est fait la malle, il a pris un crédit à l'Hipotecario et il a planté ses associés, il s'est barré en Jamaïque avec toute la thune. C'est sérieux, mec, c'est les p'tits Boliviens qui me l'ont raconté le jour où ils se sont fait virer, sérieux. On leur a filé cinquante *mangos*[1] à chacun et tchao, on les a renvoyés chez eux. Je les ai eus ici un mercredi jusqu'à trois heures du mat, après ça je les ai plus jamais revus. C'est vide là en face. J'y ai même sauté une petite nénette et tout.

Il y eut un nouvel échange de regards, cette fois c'était des regards chargés d'hésitation. Une sensation de fatalité irrémédiable parcourait leurs esprits. Tous s'imaginaient en train de traîner le corps de l'inconnu tout en sachant que ce fantôme les hanterait pour le restant de leurs jours, comme un mauvais tour que leur jouerait le destin, un tour irrévocable. Car qui aurait pu, sans passer pour un lâche, avouer que la peur leur tenaillait l'âme ? Qui serait le premier à faire machine arrière ? La lâcheté est une misère intime mal cotée sur le marché de la rue.

— Allons-y, grogna Kingo, en chassant les fantômes.

— Attendez, fit le Mort.

Aucun d'entre eux n'aurait jamais imaginé que le Mort était un lâche, mais à cet instant, la lueur d'un doute parcourut les visages des trois autres, même si ce qu'ils ressentaient, au fond, était plus proche de l'espoir : une lumière au bout du tunnel, un moyen d'échapper à ce cauchemar.

1. Pesos.

— File-moi une bière, Ríos, ajouta le Mort, briseur de doutes et d'espoirs.

— Pourquoi f… ?

— File-moi une bière, j'te dis. Et si t'as, ramène aussi des gants en caoutchouc.

Le Maigrichon partit en direction de la cuisine. Le Mort expliqua son plan :

— Le Gros Kingo a raison : faut que ça fasse naturel. Il faut monter le décor : le mec par terre, appuyé contre un mur, les bras ouverts comme un gentil petit ange, quelques mégots de clopes et des cendres, et la bière posée à côté du cadavre. Vous voyez la photo ?

— En couleurs, dit Brando et il se mit aussitôt à vider les mégots d'un cendrier en aluminium dans une serviette en papier.

Ríos était de retour de la cuisine avec une bouteille de Quilmes de 75 cl et des gants de vaisselle en caoutchouc. Kingo, qui regardait d'un air songeur la table où s'étaient trouvés les deux types, dit soudain :

— Des cacahuètes, faut qu'on mette un sachet de cacahuètes aussi, sinon, on est repérés. Quand ils vont l'ouvrir pour savoir de quoi il a claqué, ils vont voir qu'il a bouffé des cacahuètes et ils vont tout de suite capter qu'il a picolé ici. Vas-y, Ríos.

Le Maigrichon disparut à nouveau à la cuisine, à contrecœur cette fois.

Quand il fut de retour avec le sachet de cacahuètes, le Mort s'était déjà placé derrière la tête du cadavre, prêt à l'action. Kingo remplit sa chope de bière. Brando buvait directement au goulot.

— Toi, Brando, ordonna le Gros Kingo, tu mates à un coin de rue, et toi, le Maigrichon, à l'autre. Si jamais une bagnole arrive, ou quelqu'un à pattes, vous sifflez. Nous, on traîne le paquet jusqu'au chantier, et après on se retrouve tous à l'intérieur... Ah, Ríos, comment on fait pour entrer là-bas ?

— Y a une porte en tôle fermée avec une chaîne et un cadenas, mais les charnières sont pourries. Tu la soulèves un peu, tu pousses et c'est fait, t'es à l'intérieur.

Brando et Ríos se dirigèrent jusqu'à la porte du Club, ils tirèrent le verrou et sortirent sur le trottoir. Le Mort et Kingo les suivirent en traînant le type. Dans la rue, un vent tiède chargé d'humidité s'était levé, de gros nuages obscurs rayaient, une à une, les étoiles.

— Oubliez pas les accessoires et le torchon pour nettoyer, dit le Mort, les muscles du cou contractés par l'effort.

Brando, avec la bière et les cacahuètes, partit monter la garde. Ríos se rendit également à son poste en faisant virevolter son torchon à vaisselle comme s'il essayait de chasser les fantômes qui le hantaient.

*

Après l'avoir trimballé jusqu'au chantier, Kingo et le Mort assirent le défunt contre un petit mur près de la porte en tôle. Quelques secondes de lutte avec la porte, muni de gants, suffirent au Mort pour l'ouvrir. Il jeta un coup d'œil rapide et puis chuchota quelque chose qu'il avait entendu mille fois, mille fois de travers, à la télé :

— C'est bon, la « fois » est libre.

À l'intérieur du chantier, ils avancèrent à tâtons. Au rez-de-chaussée, l'obscurité était presque totale. Ils n'avaient, pour s'orienter, que la lueur atténuée des lampadaires à mercure de l'éclairage public, que les ténèbres avalaient sitôt qu'elle franchissait les tôles qui donnaient sur la rue. Brando et le Maigrichon arrivèrent enfin. En file indienne, ils commencèrent à avancer prudemment le long d'un mur qui leur parut délimiter un couloir. Ils arrivèrent au pied d'un escalier d'où descendaient un courant d'air frais ainsi qu'une clarté diffuse, presque fantasmatique. Kingo, en pleine crise de tachycardie, et le Mort, dont les bras et les jambes ne suivaient plus, lâchèrent le corps.

— Putain on voit que dalle, dit l'un des quatre.

— Chhh, coupa Ríos, allez, faut le monter. On va le laisser au premier, dans une chambre.

Le Mort arracha la bouteille de bière des mains de Brando et, après en avoir avalé une gorgée, il protesta :

— C'est bon, on le laisse là, j'en peux plus.

— Non, on y va, le Maigrichon a raison, faut l'emmener au premier, soutint Kingo.

Ils montèrent. Ríos le Maigrichon guidait la caravane en tâtonnant dans tous les sens, il avançait avec précaution pour ne pas se prendre une poutre ou se bouffer une marche. Juste derrière, le Mort et Kingo suivaient. Brando, toujours au rez-de-chaussée, avala une dernière gorgée de bière. L'éclat vaporeux d'un petit objet métallique qui reposait sur la première marche attira son attention. D'un réflexe propre à sa cuite, il saisit le bidule et le jeta machinalement dans la poche de son pantalon, sans le regarder. Il rejoignit immédiatement les autres.

*

Le premier étage suivait la structure habituelle des hôtels de passe : un couloir étroit à rendre claustrophobe sur lequel débouchaient une demi-douzaine de chambres de chaque côté. Le couloir, éclairé à intervalles par la lumière qui passait à travers les trous de ce qui serait ensuite les portes des chambres, avait quelque chose de glauque. En réalité, toute la scène était glauque : ces quatre types trimballant un cadavre le long de ce tunnel d'ombres faisaient penser à des employés de l'enfer conduisant une âme égarée vers sa destinée logique, les ténèbres éternelles.

La paranoïa faisait naître des visions de monstres :

— T'as vu ? dit Ríos, la voix déformée par la panique.

— Quoi ? demanda Brando, de derrière.

— Y a quelque chose, vieux, dans la pièce qu'on vient de passer y a quelque chose par terre, un type, un autre mort, j'sais pas.

— Allez, arrête tes conneries, souffla le Mort, exténué.

— Je te jure, mec, sur ma vieille. J'ai vu quelque chose là-bas.

Kingo et le Mort lâchèrent à nouveau le corps et s'appuyèrent contre le mur non crépi. L'un d'eux ordonna, à bout de souffle :

— Allez voir, comme ça, en attendant, nous on se repose un peu.

Brando et le Maigrichon entrèrent dans la pièce où Ríos assurait avoir vu quelque chose. Un vieux clochard plein de pisse roupillait par terre à côté d'une valise ouverte remplie de papiers manuscrits. Un filet de bave partait des commissures des lèvres du clodo, suivait ensuite un chemin sinueux le long de sa barbe de Père Noël en faillite, avant d'aller se perdre au sol, dans une flaque de bave de la taille d'un disque compact.

— Alors celui-là, il s'éclate, commenta Brando.

Ríos le Maigrichon ne releva pas. Son esprit était trop occupé par autre chose, il pensait laisser le cadavre dans cette pièce, près du clodo endormi. Ils rejoignirent les autres et il expliqua son plan :

— Demain le type se retrouve nez à nez avec un mort. Qu'est-ce qu'il fait ? Il se barre en courant, de bon matin, à la vue de tous. Si les poulets veulent interroger quelqu'un, le premier qu'ils vont aller chercher c'est le cartonnier Báez[1], le type qui a pioncé à côté de l'« occis ». Et nous, ni vus ni connus. Vous voyez le délire ?

— Tu veux faire porter le chapeau au vieux poivrot, ça c'est chien, man, protesta le Mort.

— Je lui fais rien porter du tout ! Ce type-là, ils lui remettent jamais la main dessus. Les clodos c'est comme les Japonais, ils se ressemblent tous. En plus, c'est juste au cas où, si les flics se mettaient à faire chier, c'est tout.

— O.K., c'est parti, ça fait une heure qu'on tourne en rond avec ce pantin, céda Kingo.

*

La mise en scène qu'ils montèrent autour du vagabond était plus que satisfaisante : ils placèrent le cadavre assis par terre contre le mur, près de la tête du clodo endormi. Le Mort fut chargé d'agencer les accessoires : la bière, les cacahuètes et les mégots.

1. Allusion au cartonnier Rafael Báez, seul témoin du meurtre d'Alicia Muñiz par son mari, l'ex-champion du monde de boxe, Carlos Monzón, en 1988.

Il les essuyait d'abord avec le torchon pour effacer toute trace d'empreintes digitales, il les passait ensuite sur les doigts du défunt, avant de les disposer autour de lui de façon faussement naturelle. Au dernier moment, il eut l'idée d'attraper un tas de papiers du clodo et de les placer dans la main gauche du cadavre.

— C'est bon, on le touche plus, il est parfait, dit Ríos.

— Moi je lui mettrais bien un petit sachet de chichon dans sa poche de chemise, suggéra Brando.

— T'as pris ce type pour un ekeko[1] ou quoi, couillon ? Allez, on y va, on se tire, on laisse tout comme ça et on se tire, hurla le Mort, les doigts toujours gantés.

Les quatre amis sortirent du chantier avec un naturel étudié. Ils retournèrent au Club effacer les traces de leurs remords dans les bulles amères d'un Fernet Coca, et museler les visions atroces de cette nuit grâce à la géométrie ordinaire du billard. Il commençait à faire jour quand ils grimpèrent dans la Torino du Mort.

— Mets le cap sur un bordel, le Mort, lui dit l'un des autres, qui était au moins aussi bourré que lui.

1. Amulette du dieu de l'abondance, avec un espace entre les lèvres pour y placer une cigarette.

DEUXIÈME PARTIE

LES VICES PUBLICS

Les poulets

VENDREDI 12 AVRIL

Tout le monde disait qu'Almada était timbré. L'inspecteur Sergio Almada, alias « le Timbré » ; trente-six ans ; taille : un mètre soixante-dix-neuf ; poids : quatre-vingt-cinq kilos ; teint clair ; nez aquilin ; signes particuliers : néant. On disait qu'il était timbré parce qu'il connaissait tous les articles du Code de procédure par cœur ; on disait qu'il les récitait comme un perroquet chaque soir avant de se coucher, qu'il regardait le plafond et parlait tout seul jusqu'à ce qu'il s'endorme. Almada avait fait partie de la troupe spéciale de la Brigade de Quilmes et auparavant, il avait écopé d'une mutation disciplinaire au fin fond de la province, un trou d'où l'avait tiré son mentor, le commissaire divisionnaire Víctor Achuri, alias « le Bouchon », alors à la tête de la Brigade. Mais de Quilmes, il dut décamper en vitesse après avoir été inquiété par la justice dans une affaire de privation de liberté, mauvais traitements et vol automobile aggravé. C'était de nouveau Achuri qui, grâce à ses bonnes relations avec le chef, était parvenu à le placer à un poste encore plus prometteur que le précédent : la Division Narcotrafic Sud. C'est là qu'il avait fait la connaissance de l'homme qui le comprenait réellement, son coéquipier, le sergent-chef Alberto Garmendia, alias « le Monstre », quarante-sept ans ; taille : un mètre soixante-dix ; poids : quatre-vingt-huit kilos ; teint mat ; yeux marron ; signes particuliers : la moitié du visage défigurée par une brûlure (en service, d'après ce qu'indique son dossier, même si en réalité ç'avait été un règlement de comptes). Le Monstre était celui qui avait réellement appris le métier à Almada. Le Monstre était un dur, un agent au sang froid, à l'œil torve, fort de plusieurs encoches à la crosse de son vieux et noble Ballester-Molina et d'autant de cicatrices de balles qu'il avait stoppées avec sa couenne. Il venait de l'Ouest, de la Brigade de Morón. On le transférait à la Zone Sud, qu'il connaissait des années de plomb pour avoir fait ses armes comme tortionnaire au Pozo de Banfield[1]. Il revenait aujourd'hui, des années et autant de vices plus tard, arpenter les rues qu'il avait saccagées sans scrupule durant sa jeunesse. Il revenait pour « combattre le narcotrafic » mais aussi pour sauver ses miches car il avait eu dans l'Ouest une grosse histoire avec un conseiller

1. Centre de détention clandestin de 1974 à 1978.

municipal accro au trafic de drogues. Un type à qui « l'Ivrogne », comme on surnommait également Garmendia, avait essayé d'escroquer une certaine somme. C'est Otero qui l'avait sauvé du règlement de comptes, le commissaire divisionnaire Otero, alias « Steak de Vipère », qu'il avait connu lors de son passage à la police routière et qui, avec l'inspecteur général Emilio Zárate, alias « la Fourmi », contrôlait toutes les casses de la Route 9.

Dans la maison de la rue Meeks où était situé le siège du commissariat, à l'intérieur d'un coffre-fort encastré dans son bureau, l'inspecteur général Armando Diana, alias « le Boucher », un homme très proche des hauts responsables de la Bonaerense[1], gardait la cocaïne saisie lors des procédures parallèles habituelles qu'effectuait le personnel de la division sous ses ordres. La drogue était ensuite vendue par des dealers qui travaillaient pour la Division. Ils collectaient les fonds qui consolidaient la structure policière et contribuaient à assurer la vie de nababs des commissaires corrompus. Diana était plus que satisfait de ses dernières recrues : le Timbré comme le Monstre étaient deux subalternes efficaces qui avaient parfaitement saisi la dynamique de la Division. Les faire travailler ensemble avait été un coup de maître. La froideur de l'un alliée à la

1. Police de la Province de Buenos Aires.

brutalité de l'autre faisaient d'eux un cocktail explosif et infaillible. En moins d'un an et demi, ils étaient devenus les chouchous du commissaire, tant et si bien qu'il les avait chargés de gérer le business de la Division en toute discrétion.

Dans le bureau de Diana, le gros sergent Garmendia lançait des fléchettes contre une cible suspendue à la porte. Les fléchettes allaient presque toujours se planter à deux doigts du centre. Almada était assis dans l'un des deux fauteuils en cuir du bureau ; il lisait, pour la énième fois, un manuel d'interrogatoires. Tous deux étaient en civil, comme toujours. Le Monstre portait un jean, une chemise à rayures Angelo Paolo et des mocassins. Le Timbré avait un costume noir Christian Dior auquel il manquait deux tailles pour dissimuler le holster avec son pistolet de service, mal assorti à une cravate bariolée style Versace et une chemise en soie gris perle.

La porte s'ouvrit et le Monstre manqua de crever un œil au commissaire Diana. Le Boucher entra, la mine défaite, la moustache mal taillée et des cernes de deux nuits. Almada se mit au garde-à-vous. Garmendia rangea la fléchette dans sa poche et sourit, discipliné.

— Repos, s'exclama Diana en s'adressant au Timbré.

— Bonjour, chef, le salua Garmendia.

Le commissaire l'ignora. Il s'installa dans le fauteuil de son bureau, sortit la bouteille de J&B qu'il gardait dans un de ses tiroirs et se servit un verre. Il était neuf heures et demie du matin. La lèvre inférieure de Garmendia subit une contraction : il se serait coupé un bras pour un bon verre de whisky.

— Le motif de cette réunion, commença Diana d'un air affecté, est de vous informer d'une série d'événements qui se sont produits depuis début mars mais que, pour des raisons de confidentialité, je me suis vu obligé de garder secrets.

Le commissaire fit une pause pour boire une gorgée de whisky et imprimer une note tragique à ses paroles. La boisson attisait la rougeur de ses yeux. Debout face au bureau, les deux hommes n'osaient pas le regarder en face. Almada, au garde-à-vous, avait le regard fixé sur un point au-delà des murs. Le Monstre, tête baissée, contemplait le bout de ses mocassins.

— Je disais donc, poursuivit Diana, que l'affaire requiert la plus grande discrétion, c'est pourquoi, messieurs, j'espère que vous saurez faire preuve du tact nécessaire au moment d'entrer en action. Comme vous le savez, le sénateur Achabala est un homme proche de notre commandement. Il a réalisé d'énormes sacrifices pour le développement de la force et, comme chacun sait, il aspire à accéder au gouvernement de la Province pour le prochain mandat. Cet ami de la maison a subi un petit contretemps que la direction veut solutionner de façon prioritaire.

Le Boucher tournait plus autour du pot que d'habitude. Garmendia comprit d'emblée qu'un sale boulot les attendait. Almada, de son côté, prenait tout ce verbiage très au sérieux.

— Comme tout homme, le sénateur a quelques petites faiblesses qui, si elles venaient à apparaître au grand jour, pourraient causer de sérieux préjudices à sa réputation, ce qui l'écarterait définitivement de sa course au poste de gouverneur. De vulgaires délinquants, des crapules de la pire espèce, ont filmé notre sénateur, le seul homme qui se soit engagé à assurer le maintien de la direction actuelle, lors d'une orgie à laquelle participaient, en plus de notre homme, deux travestis, un juge à la Cour suprême, un cadre d'une importante banque américaine et une prostituée.

Almada toussa, nerveux, et Garmendia fit une grimace de dégoût.

— L'auteur présumé de l'extorsion était Marcelo Cortez, alias Tucumano ou Tucu. Et je dis « était », parce qu'il a été retrouvé ce matin dans un chantier en construction près de l'avenue Pasco en état de décomposition avancée et l'estomac déchiqueté par une balle. (Diana sortit une feuille d'un de ses tiroirs et la tendit à Almada.) Voici la fiche de la crapule, ses antécédents, ses amitiés dans la pègre et les endroits qu'il fréquentait. À la demande du sénateur, l'opération a été menée dans le plus grand secret. Jusqu'ici, seuls la direction, un homme du SIDE[1] et un commissaire de la Police fédérale, homme de confiance du juge impliqué, étaient chargés de récupérer la vidéo. Aujourd'hui, compte tenu de la tournure des événements et de la forte probabilité que le matériel finisse par tomber dans les mains des médias, la direction a décidé de faire intervenir deux nouveaux éléments capables de s'infiltrer dans les réseaux de cette mafia, de la démanteler et, surtout, de récupérer la vidéo ainsi que toutes les copies qui pourraient être en circulation. En tant que proche collaborateur du commissaire général, je vous ai proposés tous les deux pour cette mission délicate. Des questions ?

Almada toussa de nouveau. D'un air respectueux cette fois, il demanda :

— Intervenir dans cette opération secrète implique-t-il de laisser de côté le reste des activités, monsieur ?

Almada faisait concrètement allusion au circuit d'encaissement parallèle.

— Pas tout à fait. Vous êtes dispensés de participer aux activités protocolaires de la force et aux opérations officielles, mais vous devez continuer à rendre visite à nos amis et encaisser les collaborations pertinentes.

— Si l'affaire dévie sur la capitale, qui nous

1. Secrétariat du renseignement de l'État.

couvre, chef ? demanda le Monstre, aveuglé par l'éclat du J&B.

— Rojas, le commissaire Rojas, du commissariat vingt-six de Palermo. C'est notre contact à la Fédérale. Si vous devez procéder à des écoutes téléphoniques, vous allez voir Colocci à la OJOTA[1], avenue des Incas, ou au Q.G. d'Escalada, mais soyez vigilants, vous connaissez la manière de procéder des types du SIDE… Autre chose ?

— Négatif, monsieur, répondit Almada.

— Non, chef, fit le Monstre.

— Je veux que vous vous rendiez immédiatement sur le lieu où a été retrouvé le corps de Cortez. Une équipe du SEIT[2] travaille actuellement sur place avec un caporal de garde. Interrogez les gens du quartier, récupérez toutes les preuves susceptibles d'être en lien avec l'opération avant l'arrivée du juge. On a fait traîner les formalités au maximum, je pense que vous avez encore une bonne heure avant l'arrivée du personnel judiciaire. Je veux un rapport détaillé dès ce soir ; je sais que vous n'allez pas me décevoir. Bonne journée à vous.

— Bonne journée, monsieur, s'écrièrent les deux policiers en chœur, puis ils se retirèrent.

*

1. Direction de la surveillance judiciaire.
2. Service spécial d'investigations techniques, équivalent de la police scientifique.

Ils se rendirent sur les lieux dans une Falcon blanche sans plaques, aux vitres teintées. Garmendia était au volant, comme toujours. Almada le Timbré récitait des articles du Code de procédure à voix basse. Le Monstre se gara devant le chantier abandonné. Avant de sortir, il but une gorgée du gin contenu dans la flasque qu'il gardait dans la poche du blouson en cuir ordinaire que lui avait offert son ex-femme, Raquel la Noire. Le chantier était constitué d'une ossature en béton aux murs à moitié dressés, clôturée par des tôles en zinc, dans un quartier situé à quelques pâtés de maisons de l'avenue Pasco. Trois voisines curieuses échangeaient des potins à la porte de la boucherie du coin. Almada enregistra les visages. Dès qu'il vit les deux enquêteurs approcher, le sous-officier qui contrôlait l'entrée se mit au garde-à-vous et les guida à travers le chantier jusqu'au premier étage. L'odeur de putréfaction se sentait jusque dans la rue. Pendant qu'ils montaient, Almada demanda, derrière un mouchoir dont il avait recouvert sa bouche et son nez :

— Qui l'a trouvé, caporal ?

— Une plainte anonyme, monsieur. Quelqu'un a appelé tôt ce matin au commissariat pour nous signaler qu'il y avait un mort dans le chantier. On a fait un rapport et le commissaire est immédiatement intervenu, monsieur.

— Putain, quelle odeur ! se plaignit le Monstre et il avala une autre gorgée.

— Les riverains avaient déjà déposé une plainte à la mairie, mais…

— Personne les a calculés, compléta Garmendia.

— Affirmatif, monsieur, confirma le caporal. Il est dans cette chambre. Les techniciens du SEIT sont là depuis un moment déjà mais le juge n'est pas encore…

— Vous pouvez disposer, caporal, ordonna Almada le Timbré.

— Oui, monsieur.

Dans la chambre, l'air était irrespirable. Trois hommes équipés de masques et de gants en latex prélevaient des échantillons de chair du cadavre. Un autre technicien prenait des photos sous tous les angles possibles. Le cadavre était appuyé contre un des murs. Le visage était violacé et difforme. Une partie de la joue, la quasi-totalité du nez, l'oreille gauche et les deux paupières manquaient ; un trou laissait apparaître la mâchoire et les dents. Les contours de la blessure étaient irréguliers et la peau tout autour tombait en lambeaux, ce qui laissait supposer, comme l'indiquèrent les techniciens par la suite, que les rats avaient dévoré le reste. Au niveau de l'estomac, il avait une ouverture circulaire d'environ vingt centimètres de diamètre d'où s'échappaient une partie des boyaux, des côtes brisées et des plaques de sang coagulé, le tout dans un état de décomposition avancée. L'auréole de poudre démontrait qu'on avait tiré de près avec une balle Brenneke.

Les murs, le sol et le plafond étaient maculés de sang sur un rayon de deux mètres. Le mort tenait dans sa main gauche une poignée de papiers pleins de sang ; il y avait à côté de lui une bouteille de bière presque vide, des mégots de cigarettes et un sachet de cacahuètes grillées.

— Officier Sergio Almada et sergent Alberto Garmendia, Division Narcotrafic Sud, chargés de l'affaire, fit Almada le Timbré sur un ton martial et en guise de présentation.

Un des techniciens de la Scientifique, qui tenait, dans sa pince à dissection, un long cheveu blanc, demanda :

— C'est le commissaire Diana qui vous envoie ?

— Ouais, p'tit, alors dis-nous quelque chose de neuf, fit le Monstre, menaçant.

— L'état du corps laisse supposer que la date du décès remonterait à trois ou quatre semaines. Il y a des empreintes dans tous les coins et les cheveux d'au moins trois personnes différentes. Nous avons trouvé trois cents pesos dans le portefeuille du défunt. C'est tout pour le moment. Je suggère d'attendre les résultats du laboratoire et l'autopsie du légiste pour établir un rapport plus précis.

Almada se baissa et, toujours avec son mouchoir sur le nez, arracha les papiers qui se trouvaient dans la main de Cortez puis commença à les lire. Le Monstre demanda le portefeuille du mort ; un des techniciens le lui fit passer dans un sac plastique. Garmendia sortit tout ce qu'il y avait dans le portefeuille excepté la carte d'identité, il le remit dans le sac et le rendit au technicien. Almada rangea les papiers dans une poche de sa veste. Enfin, il ordonna :

— Je veux les résultats à Meeks au plus tôt. Ne faites pas de rapports officiels et ne soumettez aucune preuve au juge avant d'en avoir reçu l'ordre de Diana. Autre chose : ne parlez de cette affaire à personne.

— Oui, monsieur, dit le technicien et il retourna au cadavre.

— Putain, quelle odeur de merde ! se plaignit le Monstre et il avala une autre gorgée.

*

Une fois dans la rue, Almada le Timbré remplit ses poumons de l'air frais du matin. Il avait la sensation de sortir d'un de ses cauchemars habituels, toujours hantés par des corps en décomposition. Par chance, Cortez ne bougeait pas, il ne cherchait pas non plus à le prendre dans ses bras, comme le faisaient les corps dans ses rêves. Quant au Monstre, l'air froid de la rue lui causa une forte démangeaison au niveau de la moitié brûlée de son visage. La mort ne l'impressionnait pas, il en avait trop vu, il en avait trop fait pour qu'un simple cadavre puisse l'émouvoir. Ils se dirigèrent vers la boucherie pour interroger les vieilles.

Dès qu'il les vit s'approcher, le boucher sortit

de son commerce en brandissant un fusil à canon scié. Il avait aperçu le visage du Monstre et souhaitait éviter le cinquième braquage de l'année. Les vieilles poussèrent des cris devant ce spectacle comme si elles avaient soudain retrouvé toute leur capacité orgasmique. Almada le Timbré s'avança, sortit sa plaque et cria presque :

— Police !

Le boucher baissa son Ithaca. Il s'approcha du sergent Garmendia et, après avoir essuyé sa main sur son tablier, il la lui tendit :

— Excusez-moi, officier, comme ça, en civil, je ne vous avais pas reconnus.

Garmendia l'Ivrogne réprima une expression de satisfaction : rien ne le stimulait autant que d'être appelé « officier ». Il laissa la main du boucher en l'air et lâcha :

— J'imagine que vous avez un permis pour cette arme, l'ami. Dans le cas contraire, vous allez devoir nous accompagner.

— On m'a torché cinq fois ! Demandez à ces dames, dit-il en pointant l'Ithaca sur les vieilles qui se mirent à hurler de plus belle. Il passe jamais une putain de patrouille dans le coin et maintenant c'est moi que vous voulez arrêter…

— Calmez-vous, monsieur, et changez de ton avec les autorités, intervint le Timbré. Nous voulons simplement vous poser quelques questions.

Le boucher invita les agents des forces de l'ordre à entrer dans son local et les vieilles s'empressèrent de les suivre comme des chiens de chiffonniers. L'odeur de la viande rappelait à Garmendia les mauvais souvenirs de ses débuts, du temps où il passait ses matinées à taxer les commerces de la localité de 9 de Julio : les grillades pour l'administration et les gésiers pour le commissaire Ayala, dont le taux d'acide urique était ahurissant mais qui avait continué à s'empiffrer de saloperies jusqu'à en crever. Almada sortit un petit carnet à spirale et un stylo de la poche de sa veste, il prit les noms et les coordonnées des gens et commença un interrogatoire informel :

— Depuis combien de temps le chantier d'à côté est-il abandonné ?

— Ça doit faire deux mois que j'ai vu le dernier maçon, dit l'une des vieilles en essayant de maîtriser son dentier rebelle.

— Non, Dorita, l'interrompit une autre vieille aux cheveux couleur saumon et au visage fripé, ça fait bien plus que deux mois, ça doit faire trois ou quatre mois que ces gens-là sont partis.

— Moi il me semble avoir aperçu des maçons il y a encore peu, réfléchit la troisième vieille, accrochée à son chariot déglingué.

— Et vous, vous dites quoi ? lança Garmendia au boucher.

— Deux ou trois mois, peut-être plus, qu'est-ce que j'en sais. Avec les emmerdes que j'ai, vous voudriez en plus que je sache à quel moment mon voisin a coulé ? Non, mon vieux, si je fais pas attention à mon cul, personne va le faire à ma place, non monsieur.

— Avez-vous remarqué des mouvements étranges ou des personnes suspectes rôder autour du chantier ? demanda Almada tout en notant quelque chose.

— Y a que ça, ici, des personnes suspectes, ça défile toute la journée, je vous ai pas dit que je me suis fait torcher cinq fois déjà ? C'est un quartier de merde, on se croirait dans la jungle. Ça grouille de voleurs et de camés.

— Ah, la jeunesse d'aujourd'hui, commença Dorita. De notre temps, on ne voyait pas ce genre de choses…

— Ça c'est bien vrai. L'autre jour, je me suis fait renverser par deux jeunes, là, juste à côté. Ils roulaient à toute allure dans une voiture marron, mais vous croyez qu'ils se seraient arrêtés pour voir si j'avais quelque chose ? (La vieille au chariot se frotta la taille.) C'est une chance que je n'aie pas fait une mauvaise chute parce que j'aurais pu me casser la hanche. Le docteur a dit que je m'en étais sortie par miracle, qu'avec mon ostéoporose, j'aurais pu rester handicapée à vie. Mais vous croyez qu'ils se seraient arrêtés ? Non, pensez-vous ! Ces jeunes gens étaient drogués, ils ne se sont même pas rendu compte qu'ils m'avaient fauchée.

Les vieilles usaient la patience de Garmendia.

— Mais vous avez vu quelqu'un entrer ou

sortir de ce putain de chantier, oui ou merde ? lâcha-t-il.

— Non, dit la vieille au chariot.

— Non, s'agita le dentier en acrylique de Dorita.

— Il y avait un clochard qui vivait dans ce chantier, commenta la vieille aux cheveux rosés, ça fait un moment que je ne le vois plus, mais avant je le croisais souvent en rentrant chez moi.

— Comment était-il ? demanda Almada.

— Vilain, ce qu'il était vilain, le pauvre.

— Décrivez-le.

— Oh, il sentait très fort, il sentait la merde, je peux vous dire qu'il fallait presser le pas pour ne pas avoir à supporter son odeur. (La dame fronça le nez et composa une grimace de dégoût.) Il était barbu et avait les cheveux longs, grisonnants, très grisonnants, et des papiers, il se trimballait toujours avec une valise pleine de papiers. Il devait être fou, le pauvre.

— Maintenant que vous le dites, Gladys, moi aussi il me semble l'avoir vu ce clochard, dit le boucher comme s'il réfléchissait à voix haute.

— Mais bien sûr que vous l'avez vu ! Il passait ses journées à tourner en rond et il parlait tout seul, le pantalon plein de pisse. C'était un fou, le pauvre, mais ça fait un moment que je ne l'ai pas vu dans le coin.

Almada en savait suffisamment, il fit un signe au Monstre et sortit du local.

Garmendia approcha son visage défiguré du double menton en sueur du boucher et dit, sur le ton de la confidence :

— Je souhaiterais voir le permis de votre arme, l'ami. Là, en face, un individu a été tué avec une arme semblable à la vôtre.

Le boucher pâlit, de longs filets de transpiration coulèrent sur son tablier.

— Vous savez, officier, là, justement je ne l'ai pas sur moi… Je…

— Ne dites rien, je ne supporte pas les mensonges. Faites-moi plaisir, préparez-moi un sac avec des grillades et des abats pour quatre, avec beaucoup de gésiers.

Le Monstre avait l'intention de rendre un petit hommage à la mémoire du commissaire Ayala.

Le Service

LUNDI 15 AVRIL

Manifestement, quelque chose ne tournait pas rond, se disait Garmendia. D'après le rapport du légiste, le Tucumano était mort d'un choc anaphylactique suite à l'absorption d'une dose, mortelle pour un allergique comme Cortez, d'acide acétylsalicylique. Un œdème aigu de la glotte avait provoqué son asphyxie puis sa mort. La balle dans l'estomac était postérieure, c'était ça qui ne collait pas. Garmendia éprouvait un picotement lancinant sur le côté brûlé de son visage, un fourmillement désagréable dont les médecins lui avaient assuré qu'il ne se débarrasserait jamais. La démangeaison était l'empreinte sensorielle de sa mémoire, c'était le souvenir d'un chalumeau qui s'approchait, c'était la chaleur insoutenable et puis la douleur, aussi déchirante qu'un million de poignards microscopiques lui découpant la chair, ruinant sa vie à jamais. Garmendia voyait un schéma commun entre l'extrême cruauté avec laquelle on l'avait torturé pour avoir cherché à berner de gros poissons du nord de la périphérie de Buenos Aires et ce malade, qui avait tiré sur un type déjà mort. Celui qui avait gaspillé de la poudre sur ce rapace savait que Cortez le Tucumano cachait quelque chose d'énorme, quelque chose qui justifiait une double mort. La personne qui avait remplacé la drogue par de la poudre d'aspirine était parfaitement au courant du problème d'allergie de Cortez.

Tué et achevé, pour que son cadavre ne soit plus qu'un atlas inutile. À tous les coups c'était des pros, un travail de pros, se disait Garmendia. Sur son bureau, il avait un cendrier en verre et une photo encadrée de sa Falcon Futura SP. Rien d'autre. Dans ses tiroirs, il gardait une demi-douzaine de magazines porno, une petite bouteille de gin Bols, un demi-paquet de Particulares et le dernier numéro du *Diario Popular*. Rien d'autre. Garmendia et Almada partageaient un petit local collé à celui du commissaire Diana. Les bureaux de l'officier Almada et du sergent Garmendia étaient situés face à face, de part et d'autre de la porte d'entrée. Le bureau d'Almada regorgeait de rapports à moitié remplis, d'éléments de preuves d'affaires en cours, de manuels de l'Académie, de textes légaux, de codes de procédure, d'arrêtés, de tampons, de papier carbone et de toute la panoplie de la bureaucratie policière. Outre les bureaux, et les fauteuils derrière les bureaux, il y avait dans la pièce un portemanteau en bois auquel Garmendia accrochait son blouson en cuir et le holster avec ses pistolets : un Browning FM de service et un Ballester-Molina 45 ACP. Almada le Timbré n'accrochait jamais rien au portemanteau. Il craignait trop de se faire voler par un de ses collègues ou d'être la cible d'une mauvaise plaisanterie, comme retrouver une merde de chien dans la poche de sa veste, par exemple.

— « Une fleur ensanglantée à la naissance de tes seins, les yeux ensorcelés par le fil tranchant d'une main… », après, on n'arrive plus à lire, il y a une tâche de sang. Qu'en pensez-vous, sergent ? demanda Almada.

— Des conneries, Almada, de pures conneries qui ne mènent nulle part. C'est des fausses pistes qu'on nous balance pour nous faire tourner en rond. Moi je me disais que…

— Pas du tout, sergent, aucune piste n'est à écarter. Cette feuille peut très bien renfermer la clef qui nous conduira à l'endroit où est cachée la vidéo que nous cherchons.

Garmendia s'emmerdait au bureau de la Division, devoir faire équipe avec Almada l'emmerdait aussi parfois. Le type ne comprenait pas bien les codes, il avait des accès de folie durant lesquels il était impossible de le ramener à la raison. Almada avait passé toute sa matinée à tenter de déchiffrer un message codé à partir des trois feuilles griffonnées de poésie retrouvées sur Cortez le Tucumano.

Garmendia en eut marre de perdre son temps. Il sortit son paquet de cigarettes du tiroir, se leva et se dirigea vers le portemanteau. Il décrocha son holster et l'enfila.

— Qu'est-ce que vous faites ? Vous allez où, Garmendia ?

— C'est lundi, c'est le moment d'aller faire notre petit tour pour empocher le fric des arrangements. Oublie pas ce qu'a dit le chef.

— Allons-y, dit l'officier.

Almada ne souhaitait pas laisser Garmendia en roue libre, encore moins lorsqu'il était question d'encaisser les collaborations.

— Je vous accompagne, comme ça, je m'aère un peu en passant, ajouta-t-il.

*

Garmendia et Almada sortaient précipitamment de la Division quand le caporal Rojas, le petit Rojitas, un des cabots préposés au maté et lécheur de bottes attitré de Diana le Boucher, les intercepta. Le sous-officier coupa la route à Almada le Timbré et, sans laisser à l'officier le temps de réagir, dit :

— Le commissaire m'a demandé de vous remettre ça en mains propres, monsieur.

Le petit Rojitas sortit d'une chemise cartonnée une enveloppe d'un format légèrement inférieur à une carte postale, la tendit à son supérieur et se mit au garde-à-vous.

— Repos, caporal. (Almada saisit violemment l'enveloppe.) Autre chose ?

— Négatif, monsieur, dit Rojas, décontenancé. Il s'attendait à un peu plus de camaraderie.

— Alors, vous pouvez disposer, aboya le Timbré, puis il sortit du commissariat.

Garmendia, qui était resté sur le côté, se fendit de quelques paroles de réconfort :

— Calcule pas, petit, il est barge. Il est comme ça parce que bobonne le fait cocu.

Garmendia le Monstre lui fit un clin d'œil avec sa paupière brûlée et se précipita derrière son collègue. Le petit Rojitas resta un moment immobile, perplexe.

Ils n'avaient pas l'habitude de se déplacer en véhicule de patrouille mais cette fois, ils n'avaient pas eu d'autre choix. La Taunus avait été utilisée au cours d'une opération du commissaire Mario Bermúdez, alias « le Truand », qui l'avait ramenée trouée comme une passoire ; la Renault 18, la Falcon et l'Opel, qui faisaient également partie de la flotte de la Division, étaient dans les rues depuis tôt le matin. Le véhicule 02214 avait un problème d'embrayage et avançait par à-coups comme s'il avait le hoquet. Tandis que le Monstre s'efforçait de stabiliser la marche, Almada lisait le document que lui avait remis Diana, les lunettes presque collées aux pages.

— Alors, Almada ? demanda Garmendia et il but une gorgée de gin de sa flasque en fer-blanc.

Le Timbré examinait le document avec une minutie d'entomologiste. Il remuait les lèvres comme il le faisait lorsqu'il récitait les articles du règlement. La communication était succincte, elle se limitait à une série d'ordres sommaires : missions de renseignement concernant les travestis et une réunion avec l'espion Colocci pour localiser une personne suspectée d'être impliquée dans l'opération contre le politicien. Almada le Timbré lisait chaque ordre, puis s'empressait de réciter à voix basse tous les articles du règlement et les lois pénales qu'il enfreignait. Le communiqué finissait sur l'ordre exprès de détruire le document une fois mémorisé.

— Alors, le Timbré ? répéta Garmendia.

Almada sortit son briquet Ronson de la poche intérieure de sa veste et mit le feu au papier, en le tenant du bout des doigts jusqu'à ce que la chaleur devienne insupportable. Puis il le jeta par la fenêtre.

Garmendia attendit les explications, la flasque aux lèvres. Le système de radio du véhicule de patrouille laissait passer, au milieu des appels désespérés d'agents chargés de réprimer une manifestation contre l'intendant d'Avellaneda, des bribes du commentaire de la deuxième course de l'hippodrome de Palermo. Garmendia associa la voix du commentateur à l'endroit où ils se rendaient : Los Dos Mundos, le casino clandestin de Zabala la Trombine. Un tripot de parieurs des bas-fonds de la sordide avenue Pasco où tricheurs, pickpockets et indics se mêlaient à d'honnêtes joueurs invétérés sous l'aile protectrice de Zabala et de son ange gardien, le commissaire Diana. Garmendia encaisserait la semaine de protection policière et en profiterait pour parier quelques pesos à la *quiniela*[1] et boire une liqueur de menthe avec un soupçon de vodka. Il continuerait ensuite sa tournée d'encaissement au Washington, un bordel géré par un ex-taulard ; là, il essaierait sûrement de tirer un coup gratis avec Martina, une fille revêche originaire du Chaco dont il était secrètement amoureux. Décidément, se disait Garmendia, les tournées de collecte des arrangements étaient bien le must du métier de policier, il y avait toujours un faux derche prêt à le traiter comme un prince. La route avait été longue, ça lui avait pris des années à trimer au bas de l'échelle dans des commissariats abjects où on l'avait baladé d'un côté à l'autre, en l'obligeant à se coltiner les tâches les plus dégradantes : promener la chienne à moitié crevée de la maîtresse du commissaire, cuisiner pour tout le service, préparer le maté de l'officier principal, poireauter dix heures dans un tribunal pour être reçu comme la dernière des merdes par un sous-fifre qui le prenait de haut jusqu'à le rendre dingue. Des années difficiles qui par chance étaient désormais loin

1. Jeu de loterie nationale.

derrière. Pendant la dernière dictature, et grâce à son extrême cruauté, Garmendia avait rapidement grimpé les échelons parmi les sous-officiers. Le Monstre, qui à cette époque répondait au nom de guerre de « Marcos », s'était forgé une aura de respect, une aura qui en imposait même aux officiers. Ç'avait été l'heure de la revanche. L'heure de faire payer, une à une, les humiliations de ses supérieurs, de déverser toute la haine et le mépris accumulés. Puis, l'heure était venue d'en récolter les fruits : les postes faciles, les horaires flexibles, l'alcool et la drogue qui le maintenaient à la fois anesthésié et sur ses gardes, qui l'aidaient à apaiser ses flashs de terreur, les pièges que son esprit lui tendait nuit après nuit. Sa rage s'était atténuée, maintenant il le faisait par amour du métier.

— Alors ? répéta Garmendia à son supérieur.

— Prenez la direction de Lanús. Nous avons des ordres à exécuter.

Garmendia le Monstre sentit qu'Almada le Timbré venait de lui bousiller la journée : tchao pari, tchao liqueur de menthe, tchao Martina.

— Il faut qu'on aille voir Colocci au Q.G., poursuivit le Timbré. Le commissaire pense que les types de la Fédérale font de la rétention d'informations. Colocci dispose d'enregistrements entre des types haut placés de la Fédérale, des commissaires divisionnaires, où il est question d'un certain Oiseau qui serait impliqué…

— Les Federicos[1] font des leurs, comme d'hab. Ça, c'est des ordres qui viennent de plus haut, des types du ministère de l'Intérieur, qui craignent toujours pour leur cul et se méfient de tout le monde. Ils veulent la vidéo pour catapulter leur chef. C'est une course, Almada, le premier arrivé rafle tout. Si tu tiens pas les politiciens par les couilles, tu peux pas travailler en paix, et les Federicos sont comme nous : ILS VEULENT TRAVAILLER EN PAIX, grommela Garmendia le Monstre, encore contrarié par ce brusque changement de cap.

Le raisonnement du sergent ne parvint pas à pénétrer l'esprit obsessionnel de l'officier. Almada demeurait concentré sur les vers de Cortez le Tucumano : « … le chant est une image veule de l'âme souffrante, la boue que désire encore ta langue fervente ». Les seuls vers que le Timbré ait jamais lus étaient ceux du *Martín Fierro*, au lycée et par obligation, mais il ne s'en souvenait plus. Il savait, ça oui, parce qu'on le lui avait enseigné à l'École des Officiers, que les poètes n'étaient qu'un ramassis de pédales et de communistes qu'il fallait toujours avoir à l'œil. Almada se souvenait parfaitement d'un cours de l'Académie où on leur avait demandé d'analyser un nombre considérable de strophes de plusieurs écrivains de gauche, des strophes où chaque vers était pétri de consignes

1. Façon péjorative dont les policiers de la Province de Buenos Aires désignent la Police fédérale.

pro-marxistes. À cette occasion, Almada avait jugé que ces hommes représentaient un réel danger pour le système. Mais avec les vers de Cortez le Tucumano, c'était différent, aucun mot ne renvoyait à une quelconque idéologie de gauche, c'était une sorte de bégaiement démentiel. La seule logique que voyait Almada était celle du message codé : déchiffrer le contenu de la poésie le conduirait à la vidéo, il en était convaincu.

Le véhicule prit l'avenue Hipólito Yrigoyen et, au niveau du pont d'Escalada, bifurqua vers Lanús Ouest. Il était midi, il y avait peu de trafic et les policiers purent atteindre leur objectif sans avoir recours à la sirène. On entendait maintenant, à travers l'émetteur du véhicule de patrouille, les informations de Radio Colonia. Le présentateur parlait d'un accident à Fray Ventos entre un camion qui transportait des fruits et une Golf. Garmendia se gara à la porte de l'immeuble de Colocci et sortit de voiture, tandis qu'Almada pliait les feuilles de poésie avec le plus grand soin. L'immeuble était une tour de cinq étages, carrée et terne, de la fin des années quatre-vingt. Il s'agissait principalement d'appartements deux-pièces sans parking, qui réunissaient des cabinets de professionnels médiocres et des familles d'employés municipaux, des chômeurs endettés et des escrocs en tout genre.

Les hommes traversèrent le hall d'entrée à la hâte et grimpèrent par l'escalier. C'était dans l'appartement B du deuxième étage que le service régional sud du SIDE menait ses opérations, bien camouflé entre un cabinet comptable et le local d'une cartomancienne sur le même palier. Le bureau de Colocci était meublé sans le moindre goût. Tout l'inventaire du lieu se réduisait à un bureau en métal, deux chaises pivotantes en plastique, un fauteuil en Skaï gris, un fax, un ordinateur, des écrans et des magnétoscopes, un appareil d'enregistrement à bande magnétique et d'autres gadgets technologiques que fournissait le SIDE pour réaliser des écoutes téléphoniques, ainsi que des mini-caméras. Le bureau croulait sous des piles de demandes d'information, de rapports d'enquêtes et de transcriptions d'écoutes téléphoniques réalisées par les espions. Un pot de fleurs avec une fougère en plastique et les portraits encadrés de Mussolini et Hitler étaient les seules décorations que l'espion se permettait. Colocci avait une tête en forme de pleine lune, il était toujours épuisé et traînait son obésité, les chevilles boursouflées et la bouche ouverte comme un poisson à l'agonie.

— C'est ce putain de Cushing. J'ai les glandes surrénales foutues. Je m'essouffle en marchant, expliquait-il toujours avant d'aborder n'importe quel sujet.

Le Monstre, qui le connaissait d'autres affaires, l'ignora royalement. Colocci rabâchait toujours la même rengaine au sujet de son étrange maladie, de ses nombreux maux et de son invalidité progressive. Garmendia savait que c'était une feinte, un truc de roublard. Almada n'attendit pas de présentation formelle. L'officier s'empressa de réclamer les rapports d'espionnage, des fois que Colocci crèverait d'une attaque.

— J'aurais dû être médecin, poursuivit Colocci sans tenir compte de la demande d'Almada. Mais ma vieille, paix à son âme, m'a tellement cassé les couilles pour que je fasse médecine qu'au final ça m'a coupé l'envie. (Colocci essuya la sueur de son front avec un mouchoir tout froissé.) Sers-toi un verre, Garmendia.

Le Monstre ne se fit pas prier. Il disparut dans la cuisine, sortit la bouteille de Chivas d'un placard en Formica et se remplit un verre à ras bord.

— Le commissaire Diana nous a informés…

— Ouais, je sais. (La façon dont Colocci coupa l'officier Almada aurait pu être interprétée comme une insulte directe.) Vous êtes sur l'affaire Achabala, Barbosa, Duval. Beau bordel. Tout le gratin est dessus.

— Que voulez-vous dire ? demanda Almada, qui l'avait mauvaise.

— C'est comme une fissure au plafond, ça commence par un petit point, après c'est une fente de rien du tout et un jour tu te réveilles avec une fuite de malade, s'essoufflait Colocci. L'information filtre dans les bureaux et les types de l'Intérieur nous mettent la pression pour qu'on brouille les pistes. Les Federicos foutent la merde et regardent ailleurs. Les hauts responsables de la Bonaerense jouent les inquiets… C'est comme à Jacques a dit : Jacques a dit…

— Qu'ils vont tous te casser le cul, le coupa Garmendia et il partit d'un gros rire gras de maçon bourré.

— Xactement, affirma Colocci qui se pencha, en faisant un terrible effort à cause de sa graisse, pour prendre un papier sur une des piles qui recouvraient son bureau.

— Tiens, jette un coup d'œil là-dessus, dit Colocci en tendant la feuille à Almada le Timbré.

STRICTEMENT SECRET ET CONFIDENTIEL
Requête d'Informations N° : 0578 / 96

ORGANISME / AUTORITÉ DESTINATAIRE :
SIDE Régionale Sud, Pce Bs As

INFORMATIONS À OBTENIR :
— Préférences sexuelles et toxicologiques des personnes suivantes :
- Eduardo ACHABALA, Sénateur.
- Marcelo BARBOSA, Juge Fédéral.
- Alejandro ARIAS DUVAL, Cadre Citibank.

— Filiation et tout type d'antécédents sur les personnes suivantes :
- Marcelo CORTEZ, (alias) Tucu, (alias) Tucumano.
- Gerardo FREITAS, (alias) Marilú.

- Rodrigo JAURÉ, (alias) Dalila.
- Gabriela PRINCIPIANO, (alias) Yiyí.

— Toute autre information pertinente liée à un enregistrement clandestin avec participation des susnommés.

REMARQUES : Transmettre les rapports avec la mention URGENT à la Direction de la Surveillance Judiciaire. Tamponné « Secret et Confidentiel », à remettre en mains propres au Directeur.

Quand il eut fini de le lire, Almada donna le papier à Garmendia, qui y jeta un coup d'œil désintéressé, comme s'il savait d'avance de quoi il retournait. Colocci mit ses mains dans les poches de son pantalon, adoptant ainsi une monstrueuse apparence de punching-ball sur pattes. Les rapports qu'il entretenait avec le commandement de la Bonaerense, aussi étroits que ceux qu'il avait avec la Police fédérale et les espions du ministère de l'Intérieur, faisaient de lui un individu à la réputation douteuse. On ne savait jamais de quel côté il déplaçait ses pions. Le fait de montrer la demande d'informations à la Bonaerense et de manifester sa volonté de résoudre le problème du sénateur pouvait être interprété comme un alignement de Colocci sur la direction, mais cela pouvait tout aussi bien être un moyen de plus de brouiller les pistes et de leur mettre des bâtons dans les roues. Derrière Cortez le Tucumano et sa vidéo il y avait un coup monté, c'était évident, un coup qui avait foiré à cause d'un grain de sable dans l'engrenage : le fameux Cortez. Il pouvait s'agir d'un coup du SIDE, de la Police fédérale ou même du commandement de la Bonaerense afin de conserver les faveurs politiques du sénateur. L'hypothèse d'une manœuvre individuelle ratée de Colocci qui essaierait maintenant d'effacer les traces de sa propre maladresse avec des petits jeux de contre-espionnage n'était pas non plus à écarter. Quand l'information commence à transiter par les circuits usés de la bureaucratie de l'espionnage, les mots finissent par perdre leur sens, comme au jeu du téléphone arabe. Rien n'est tel qu'il paraît. Les espions déforment la réalité parce qu'ils savent qu'on pêche mieux en eaux troubles, même si parfois il y a tellement de filets dans un même fleuve qu'on finit par ne plus pouvoir distinguer celui qui pêche de celui qui est pêché. Garmendia, qui avait appris à se méfier même de son chien, avait les limites intellectuelles de son rang pour apprécier le jeu dans toute son ampleur, mais il avait aussi un sixième sens, le même qui pousse certains chiens à mordre la main de celui qui les nourrit. Almada, de son côté, ne voyait aucun jeu ; ses automatismes formatés, produits des châtiments qu'il s'infligeait en se flagellant méthodiquement, ne lui permettaient pas d'imaginer la moindre conspiration : seuls existaient les ordres, des ordres qui devaient être exécutés. Almada était le prototype de l'officier opérationnel : loyal envers son supérieur et dépourvu de tout sens critique. Il finirait ses jours au sein des forces de l'ordre à la tête d'un commissariat de seconde zone dans un patelin de province, entouré de villageois et de ces subalternes qui purgent une mutation disciplinaire pour des « histoires » dans la périphérie de Buenos Aires.

— Ce qui veut dire que…

— Qu'on est dans la merde. (Colocci coupa de nouveau Almada et réaffirma en passant son alignement sur la Bonaerense.) L'affaire est arrivée dans les hautes sphères, de là à ce que l'information filtre parmi les personnes de l'opposition, ou qu'elle tombe entre les mains de personnes qui voudraient barrer la route à notre ami Achabala, il n'y a qu'un pas. Et de là à ce qu'un opérateur fasse passer l'information à un pisse-copie, il n'y a rien. Jusqu'ici, je me suis limité à monter quelques dossiers imprécis et moucharder quelques appels entre des types de la Fédérale…

— La question d'un certain Oiseau, le coupa Almada et il se sentit heureux pendant une seconde.

— Xactement, soupira le gros Colocci, entre autres.

— Y a autre chose ? demanda le Monstre, un peu éméché.

Colocci sortit les mains de ses poches, récupérant une vague apparence humaine, et se dirigea vers son bureau en métal. Il prit la souris de l'ordinateur et la fit glisser sur une pochette, les yeux fixés sur le moniteur de la machine. L'espion fouilla dans la marée de fichiers jusqu'à tomber sur celui qu'il cherchait. Garmendia était impressionné. Pour lui, les ordinateurs étaient comme les femmes, il ne parviendrait jamais à les comprendre. Il regardait avec des yeux ronds Colocci remuer cet étrange bidule en plastique jusqu'à ce qu'une imprimante se mette à faire du bruit et à cracher une ribambelle de pages. Il se réconfortait en pensant que jamais Colocci ne serait capable de pulvériser les genoux d'un suspect en fuite avec un de ses vieux Ballester-Molina et ça, c'était quelque chose que Garmendia pouvait faire les yeux fermés.

— Les Federicos bossent de leur côté dans le quartier des tantouzes, ils ont un agent infiltré parmi les travelos..., dit Colocci en tendant de nouveau les feuilles à Almada.

— Un officier travesti ? demanda le Timbré qui sentit un frisson le parcourir depuis le bas du dos.

— Arrête tes conneries, Colocci, s'exclama Garmendia.

— C'est pas des conneries, mon cher. Le type a un corps de rêve...

L'éclat de rire tonitruant de Garmendia étouffa complètement le rire-ronflement de Colocci. Leur fou rire stoppa net peu après avoir commencé. Almada, toujours aussi sérieux, se pencha sur les papiers.

— C'est tout frais, j'ai eu l'info hier, déclara Colocci en essuyant la sueur de son front avec son mouchoir. C'est un de mes gars qui l'a mouchardé. Une petite causerie entre Melo et Caffarena, deux commissaires divisionnaires, qui parlent de l'Oiseau et de travelos d'Avellaneda qui sauraient où se trouvent la Marilú et les autres excitées qui étaient à l'orgie.

— Et il sort d'où, cet Oiseau ? demanda Garmendia.

— Un tuyau du type qu'ils ont là-bas, de l'agent infiltré. Ils ont tous le pif dans cette affaire, et encore, remercions le ciel que les types des renseignements de l'armée soient sur autre chose. Ils sont trop occupés à enlever des riches à Madrid, ils ont besoin d'oseille pour sortir le Turc[1] de taule, y a rien d'autre qui les branche.

L'officier Almada fronça les sourcils. Les autres forces avaient l'air de progresser dans l'enquête. Il était plombé par la vitesse et l'ampleur qu'avaient prises les événements. Il regrettait de travailler aux côtés de Garmendia, un ivrogne violent sans une once d'intelligence. Almada prit une importante décision : à partir de maintenant, il dirigerait lui-même les investigations dans cette affaire.

1. Surnom du colonel Mohamed Ali Seineldin, militaire d'extrême droite, meneur du groupe Carapintadas, qui avait organisé un soulèvement militaire en 1988 durant la présidence de Raúl Alfonsín.

Commander l'opération « Sénateur Rose », comme elle avait été baptisée officieusement, et la mener à bon port, le catapulterait dans les hautes sphères du commandement.

— Allons-y, sergent, on a du travail, ordonna-t-il.

— Deux s'condes, laisse-moi finir ce whisky, Almada. Je peux pas laisser en plan un ami comme Colocci, ça la fout mal, dit Garmendia en levant son verre à la santé de l'espion.

— Allons-y, sergent, beugla Almada et il sortit du bureau.

Le Monstre finit son verre de whisky ; l'alcool lui brûla la gorge.

— Faut pas le calculer, dit-il d'une voix entrecoupée, il est comme ça parce que bobonne le fait cocu.

*

Ils arrivèrent à Avellaneda un peu après midi. L'adresse figurant sur le rapport de Colocci se trouvait près du stade du Racing. Le quartier rappelait des souvenirs au Monstre. Cela s'était passé six ans plus tôt, au cours d'une opération à laquelle il avait participé. Garmendia avait tiré dans le dos d'un des délinquants tombés dans la souricière montée par le commissaire Flores, alias « le Frère ». Il pleuvait des cordes et tous les voleurs avaient fini par déposer les armes, quand ils avaient compris qu'on leur avait tendu un piège : la police avait organisé le braquage via ses indics infiltrés, elle avait fourni les armes et les moyens pour commettre le vol et maintenant, elle venait encaisser, ramasser le butin sous couvert de la vieille combine du délinquant en fuite qui avait foutu le camp avec l'argent volé, pour ensuite faire coffrer ou liquider la bande de voleurs utilisés pour dévaliser l'entreprise. Cet après-midi-là, tous les voleurs s'étaient rendus à part un, qui avait ouvert le feu, barricadé derrière un coupé Sierra flambant neuf. Le type avait canardé pendant vingt minutes. Le coupé avait fini comme du gruyère. Garmendia, qui en avait eu marre d'être trempé comme un con, avait fait le tour par les jardins des maisons, en rampant, et avait tiré dans le dos de l'individu. Quand le sergent était arrivé près du délinquant abattu, il s'était rendu compte que le gamin n'avait pas plus de quinze ans. Au milieu de la tourmente de coups de tonnerre et d'éclairs, il l'avait pris dans ses bras, sans réfléchir, et il était parti en courant jusqu'à l'hôpital Fiorito. Garmendia pouvait encore entendre la voix du gamin, qui le suppliait, au milieu des flots de sang, de le laisser, de ne surtout pas l'emmener au stade du Racing, parce que lui, il était « Rojo[1] à mort ». Ému, le Monstre était resté à l'hôpital jusqu'à ce que le voleur soit tiré d'affaire. Le médecin qui

1. Supporter du Club Independiente.

l'avait opéré, un certain Ratinoff, lui avait ensuite expliqué que la balle était entrée par le dos près de la clavicule et qu'après être remontée par miracle à travers le cou sans toucher aucune artère, elle avait fini par se loger dans l'angle mandibulaire droit, d'où le chirurgien l'avait extraite sans aucun problème. Le geste romantique de Garmendia lui avait valu une enquête administrative et deux jours de détention. « La police ne porte pas secours aux malfaiteurs », lui avait signalé le commissaire Flores à cette occasion.

— Les voilà ! (Almada désigna deux travestis qui montraient leur cul à l'angle d'une rue.)

La rue était déserte. Les travestis se faisaient du blé avec les hommes mariés qui s'éclipsaient pour un petit tour à l'heure de la sieste, et avec la vente de coke aux toxicos du quartier. Garmendia leur fonça dessus. Les filles ne bronchèrent pas, elles étaient habituées à la brutalité policière. Il s'agissait de deux travestis corpulents qui portaient des perruques blondes, l'une platine et l'autre cendrée. Toutes deux étaient en minijupes, talons compensés en liège et soutiens-gorge en cuir. La blonde platine mâchait du chewing-gum et avait une voix criarde. Tandis que les policiers approchaient, matraque en caoutchouc à la main, elle dit :

— On a l'autorisation du chef de brigade, mes choux.

Le Monstre colla un coup de gourdin entre les nichons du travesti, qui se retrouva le cul par terre.

L'autre travesti ferma les yeux, se cacha le visage derrière son sac et attendit son tour. Almada ne tarda pas à lui mettre un coup de matraque dans les reins.

— Et maintenant tu vas me dire où vous planquez Marilú et les autres…

Le sergent fit voler un coup de gourdin dans la face de la blonde platine. L'impact du coup la projeta en arrière. Le travesti porta immédiatement ses mains au visage et se remit à hurler de douleur. Quand il retira ses mains, un filet de morve et de sang descendait par une des narines de son nez refait et tout son maquillage avait coulé sur son visage.

— Parlez, dépravé ! cria Almada et il flanqua un autre coup de matraque à sa victime.

L'expression était typique d'Almada, pourtant Garmendia dut faire un effort surhumain pour ne pas pouffer de rire. Le Monstre éprouvait autant de pitié que de dégoût pour les travestis. Le Timbré, en revanche, n'éprouvait que du dégoût, un dégoût profond pour ce qu'il voyait comme la pire aberration de la nature humaine. Par le passé, il avait milité dans la Brigade Morale, un sous-groupe para-policier qui dévastait les rues de la périphérie, exterminant homosexuels et prostituées. Vêtus de tuniques blanches, de sandales et de lourds crucifix en pendentif, ils sortaient dans les rues, survoltés par l'éphédrine et aveuglés par la rage accumulée pendant cinquante heures de réunion où on leur bourrait le crâne avec des discours d'extrême droite et des vidéos de viols sur mineurs, d'orgies homosexuelles, de rapports sexuels avec des animaux et des cadavres. Quand la Brigade tombait finalement sur un de ces corrupteurs présumés de la morale, le suspect était séquestré et soumis aux pires humiliations et tortures. Ils l'enfermaient ensuite dans une pièce avec une corde à portée de main et une bible. S'ils estimaient que le dépravé n'aurait pas le courage de se tuer lui-même, ils finissaient par lui couper le pénis et le lui enfonçaient dans le cul. Quant aux prostituées qu'ils capturaient, ils les violaient à tour de rôle, leur enfonçaient des gourdins, des bouteilles, des rats crevés, et ils les défonçaient avec le Phallus de Dieu, d'énormes godes couverts d'éclats de verre auxquels personne ne survivait.

— Je sais rien ! criait la blonde cendrée. Je te jure, je sais rien !

Une voiture passa à toute vitesse et un des passagers cria quelque chose comme :

— Deouuuuuuuillezles, cheff… !

Garmendia ne prit pas la peine de se retourner. Il sortit son Ballester-Molina et administra un coup de crosse dans le pif de la blonde platine. La fille cracha un pont de porcelaine.

— Quand as-tu vu le Tucumano pour la dernière fois ?

— Ça fait plus d'un mois que je l'ai pas vu, officier, intervint la blonde cendrée.

— Ferme-la, connasse ! cria l'autre fille.

— Chhh… (Almada envoya un coup de matraque si violent dans le thorax de la blonde édentée, qu'il lui fractura deux côtes.)

Le travesti perdit connaissance. La blonde cendrée resta interdite, on ne les avait jamais autant tabassées en plein jour. Le Timbré, sans se troubler le moins du monde, lui ordonna de traîner sa copine jusqu'au véhicule. Les travestis allaient passer le pire après-midi de leur vie dans la salle d'interrogatoire de la Division Narcotrafic Sud.

Brando

SAMEDI 20 AVRIL

Personne n'osait la toucher, cette pute. On savait tous qu'elle avait le sida et elle ne s'emmerdait pas à le cacher. Elle se trimballait hallucinée dans les rues puis elle entrait dans le bar et t'implorait un verre pour s'enfiler deux trois cachetons : Roche, Tamilan, Valium, Lexo, Trapax ; la nana gobait les médocs comme des bonbons Dorin's. Si elle avait été bonne à tirer un jour, plus personne ne s'en souvenait. Ce n'était plus qu'un squelette enveloppé dans une peau grise couverte de croûtes orangées et en plus elle puait, un truc insupportable, ça faisait penser à cette odeur de bouc que dégagent les junkies malades quand ils reviennent d'une semaine de défonce. Le seul fait de la voir me tordait les tripes, me donnait l'impression d'être misérable, faible, sans défense et en plus, cette grosse pute n'en finissait pas de mourir.

Bon, ce sont des choses qui arrivent. Je n'allais pas foutre la soirée en l'air pour une pute malade.

J'ai commandé un Fernet Coca, bien chargé et plein de mousse, et je suis retourné à la table avec les gamins. Le Mort bloquait, il n'arrivait pas à détacher ses yeux d'elle.

— Et mon Fernet ? m'a-t-il demandé.

— Et le fric de ton Fernet ? lui ai-je demandé.

J'ai rentré ma tête dans les épaules et je me suis amusé à chercher des formes dans la mousse de la boisson jusqu'à ce que la pute finisse par se barrer.

Kingo était hystérique.

— Putain, mais qui laisse entrer une pute comme ça ? a-t-il lâché, la bouche pleine de hamburger.

Il portait une chemise blanche en coton, ce qui lui donnait à peu près la touche du fils rockeur qu'aurait eu William Boo[1].

— Eh, du calme, man, c'est pas sa faute à cette nana si elle est foutue. C'est à cause de ce virus de merde.

Le Mort venait de me surprendre avec un côté solidaire que je ne lui connaissais pas ; bah, rien que du vent, bien sûr.

— C'est une pute aigrie qui nous balance toute sa merde à la gueule. Et tout ça pour quoi… ? Pour que tout ce petit monde la prenne en pitié, ai-je expliqué et j'ai fait un clin d'œil à la petite gueule d'ange surmontant une paire de nichons énormes qui respiraient la santé.

1. Arbitre dans l'émission de catch *Titanes en el Ring*.

— On sait jamais, Brando, on sait jamais. Faut garder les yeux bien ouverts, man, a dit le Mort tout en fixant mon Fernet. Pour un cadavre comme ça, il doit y en avoir des milliers d'autres qui ont la même merde dans le sang et qui ont l'air de respirer la santé.

Avec cette manœuvre, il avait commencé à boire dans mon verre et réussi à me faire renoncer à la petite gueule d'ange ; son truc était tout simplement génial. La soirée partait en couille tout doucement.

— Putain, le Mort ! Tu pourrais pas parler de ça à un autre moment ? Profitons, tu vois pas que ce bar grouille de chattes.

C'était la chose la plus juste que j'aie dite de toute ma vie. Il y avait des nénettes de tous les modèles : des lycéennes peinturlurées comme des travelos avec une méchante envie de se lubrifier le machin ; des nanas qui avaient passé le cap de la trentaine, mais qui essayaient de feinter en se sapant comme des gamines ; des salopes qui jouaient les saintes-nitouches mais capables, à la première occasion, de faire des partouzes avec des dogues et des ânes ; des merdeuses de douze ans qui crevaient d'envie de débuter sur la banquette arrière d'une voiture et un tas d'autres putes inclassables, même si toutes entraient dans la catégorie « baisables » sur l'échelle de Brando. Le Mort était soit aveugle, soit impuissant.

— Parler de ça à un autre moment ça pourrait

être trop tard. Ouvrons les yeux ! On va pas foutre notre vie en l'air pour la première pute à la gueule d'ange qui passe.

Maintenant je comprenais : le Mort était sur ma nana.

— Qu'est-ce qui t'arrive, le Mort ? T'es devenu évangéliste ? lui a balancé Kingo qui s'était goinfré son hamburger et s'attaquait maintenant à une chope de bière brune.

— Va te faire mettre, gros pouilleux, a rétorqué le Mort tout en buvant mon Fernet.

J'ai mis de l'huile sur le feu :

— Laisse-le, le Gros, la pute malade l'a autant écœuré que nous, seulement monsieur a décidé de pourrir la fête aujourd'hui. Il a déjà oublié où il a fourré sa bite la dernière fois.

D'un geste de prestidigitateur, j'ai récupéré mon verre.

— J'ai mis une capote, a-t-il dit.

— Tu parles que t'as mis une capote, t'étais défoncé ! l'ai-je inquiété. Menteur ! Allez, toi-même tu la crois pas celle-là. Cette nuit-là t'aurais même pas pu enfiler un sac-poubelle tellement t'étais raide.

— J'ai mis une capote, a-t-il répété et il s'est immédiatement éclipsé en direction du bar. Je vais me chercher un verre, bande de débiles, a-t-il dit.

Le type qui s'occupait de la musique s'est planté de CD. Il a collé à un morceau entraînant une super version instrumentale de *I shot the sheriff*, interprétée par Jaco Pastorius. Le Gros Kingo et moi on s'est laissé hypnotiser par la chimie du reggae qui nous abritait de la tempête de merde dans laquelle on était fourrés. Deux grosses, oxygénées jusqu'aux poils du cul, se regardaient à travers leurs lentilles vert fluo, paumées, se demandant où était passée leur musique.

Du côté des tables, ça se répartissait entre mecs seuls, mecs en groupe, filles en groupe (ces grosses putes ne se déplaçaient jamais seules) et couples qui s'emmerdaient. Je me suis mis à étudier les types – je voulais savoir dans quel genre d'endroit je me trouvais et le seul moyen de juger un bar c'est de regarder la clientèle masculine qui le fréquente. La plupart des mecs étaient des petits bourges qui avaient mendié la voiture à papa et qui dansaient avec un Gancia frappé dans chaque main. D'autres allaient encore plus loin dans leur course folle et exposaient à qui voulait la morve hors de prix qu'ils entretenaient avec une mini-dose de came planquée entre leurs couilles ; aussi flippés – ces pauvres types – que si c'étaient des narcos colombiens. Il y avait aussi les requins – des types super occupés à trouver une nénette qui les calcule un minimum –, qui s'entassaient à vingt par table et échangeaient en tout et pour tout quatre mots et deux bières au cours de la soirée. Enfin, bien à l'écart du reste, les débiles thématiques débattaient entre eux. Grosso modo, j'aurais pu les diviser en snobs, alternatifs, motards, accros à la gonflette, surfeurs et… un tas d'autres spécimens que je n'avais pas encore bien répertoriés mais que j'aurais pu facilement englober dans la généreuse catégorie d'« imbéciles heureux » sur l'échelle de Brando.

Il y avait encore quelques types que j'avais oubliés : ceux qui faisaient tache.

— Putain mais qu'est-ce qu'on fout dans ce bar de merde ? ai-je demandé au Gros quand j'ai compris dans quel groupe on se situait.

— Le Mort…, a dit le Gros, la bouche pleine de cacahuètes. En tout cas, c'est ce que j'ai cru comprendre.

Le Mort revenait justement à la table en sirotant un Fernet. Ses cheveux étaient aussi gras que le moteur de sa Torino et une ombre crade de barbe orangée lui salopait le visage. Quand je lui ai demandé ce qu'on foutait ici, il m'a répondu, en haussant les épaules :

— On a bien dit qu'on allait se lever des putes, non ?

J'ai eu soudain envie de lui demander comment un type qui avait à peu près la dégaine du cartonnier Báez pensait pouvoir se lever quelque chose qui aurait un trou à l'entrejambe – et qui soit devant –, mais ça aurait pourri un peu plus la soirée. Après tout, pourquoi est-ce que j'irais emmerder un type comme le Mort quand il y en avait tant d'autres dans ce bar qui méritaient d'être emmerdés.

— Avec cette gueule de clodo, même le plus moche des pédés te calculerait pas, lança Kingo.

Le Mort était vert de rage.

— Dis-moi, sac à merde : t'aurais pas un miroir où tu puisses te voir en entier par hasard ? Mon grand-père, celui de la maison de retraite, est plus sexy que toi.

— Suce ma bite.

— J'espère que tu la retrouveras un jour, sous cette montagne de graisse.

J'ai calmé le jeu :

— Arrêtez, les mecs, c'est bon, la nuit est assez pourrie comme ça, pas la peine d'en rajouter. Allons au Club et laissons tomber cette merde.

— Et les nénettes ?

— Les petites nénettes d'ici sont pour ces débiles, ai-je dit en signalant un des bourges.

Son corps dopé d'anabolisants se trémoussait au rythme paraplégique de la table de mixage, dans des mouvements répétés cent fois devant la glace de la salle de sport.

— Allez, le Mort, on va chercher de la came, j'ai déjà tout le corps qui tremble, ai-je dit à l'oreille de mon ami.

*

J'ai profité du fait que les gamins discutaient avec des motards à la porte du Tripzzi's – le bar péteux d'où on venait de sortir – pour aller m'acheter un paquet de clopes au kiosque d'en face. Avant de traverser, j'ai réussi à entendre :

— Putain, si tu la déplaces pas tout de suite, connard, je t'en fais un chapeau !

C'était le Mort qui gueulait sur un motard qui avait eu le malheur de laisser le guidon de sa moto un peu trop près de la Torino (trop près selon la règle du Mort : un mètre et quelques).

Les progrès de la mondialisation et toute cette merde avaient réussi à transformer l'ancien kiosque El Chueco en drugstore. La vieille enseigne métallique qui disait « Bonbons et Clopes » avait disparu au profit d'une enseigne lumineuse Lucky Strike. Avant que le détecteur infrarouge active la porte automatique de l'entrée, un des types au look Stones qui buvaient du vin en cubi contre la vitre de l'agence de *remís*[1] d'à côté est venu m'accoster :

— T'aurais pas un peso, vieux ?

Les yeux du type étaient rouges et vitreux comme un verre de Campari. J'ai avancé d'un pas et la porte s'est ouverte.

— Non, rien, mon pote, lui ai-je dit.

J'ai fait un pas de plus et la porte s'est refermée derrière moi.

Dans le local, sur des gondoles en métal et en acrylique, on trouvait un catalogue complet de la camelote indispensable à la survie : CD, bandes

1. Taxis sans couleur particulière, sans enseigne ni compteur, et qu'il faut réserver à l'avance.

dessinées, jeux électroniques coréens, cartes d'anniversaire (musicales ou standard), sèche-cheveux à piles, chips et noix de cajou importées de Turquie ou de Suède, petites bouteilles de liqueurs de couleurs et degrés variés, une collection de briquets Zippo et assez de peluches pour nourrir les mites de toute la planète sur plusieurs générations. Près de l'entrée, deux réfrigérateurs aux portes vitrées avec le logo Pepsi gardaient au frais les canettes de boissons gazeuses et des sandwichs sous vide sur des plateaux de polystyrène Telgopor recouverts de film alimentaire. Un micro-ondes et une machine à café reposaient sur un comptoir en Formica saumon, près d'un appareil de la taille d'un cageot de légumes avec, sur la partie supérieure, des rouleaux métalliques où tournaient des saucisses d'un marron suspect. Au fond du local, enfermée dans une cabine minuscule couverte de Formica et saturée de produits, se trouvait la caissière. J'ai esquivé le type de la sécurité et je me suis approché de la fille – une pétasse aux lèvres de suceuse et aux nichons si pointus qu'on aurait dit qu'ils allaient transpercer sa chemise –, avec ma démarche sauvage à la Marlon. J'ai claqué des doigts et je lui ai fait un clin d'œil :

— Un Marlboro rigide, poupée.

Cette grosse pute a attrapé le paquet, elle l'a frotté sur un appareil qui ressemblait à un gode d'où sortait une lumière rougeâtre, et elle me l'a passé.

— Un soixante, a-t-elle dit d'une voix criarde sans même me regarder.

Pute ! Sale pute ! me suis-je dit. Je lui ai filé un billet de deux pesos et, avec la monnaie, la fille aux gros nibards m'a donné un ticket à gratter qui promettait un voyage pour deux à Cancún. J'ai gratté avec une pièce de vingt-cinq centimes jusqu'à lire clairement « Essaie encore ». J'ai allumé une clope et, après avoir esquivé un gorille en peluche grandeur réelle, je suis allé rejoindre les gamins.

*

Le Mort était un fou bourré au volant et en plus il tombait cette rosée collante de l'aube qui nous faisait patiner à chaque virage. Putain, il était déjà trois heures du mat. Je n'arrivais pas à croire qu'on ait perdu tout ce temps au Tripzzi's !

— T'allumes ton joint là et tu te prends une balle dans les jambes, hurla le Mort en regardant Kingo dans le rétroviseur.

Kingo venait de finir de rouler un bédo et il était en train de le porter à sa bouche. Le Gros comprit tout de suite le message. Il enleva le joint, se le mit derrière l'oreille comme un crayon d'épicier et se contenta d'observer le paysage à travers la vitre. De toutes les fanfaronnades du Mort, les seules à ne pas prendre à la légère étaient celles qui étaient en rapport avec sa Torino. Pour le Mort, un siège – avec housse imitation léopard – brûlé méritait bien une balle dans une jambe.

Le type était défoncé.

— Putain de ta chienne de mère, grosse pute ! cria-t-il ensuite à deux nanas qui étaient en Fiat Duna et qui avaient eu le malheur de freiner à deux doigts du pare-chocs de la Torino.

— Bon, le Mort, va falloir te calmer, vieux. Tu passes une nuit de merde mais t'as pas à me la refourguer, lui ai-je dit tout en me lissant les cheveux.

Le miroir du pare-soleil me filait la nausée. Putain, je vais me retrouver chauve avant mes trente ans ! ai-je pensé, alarmé et bouffé par le stress.

— Qu'est-ce que t'as avec ta nuit de merde ? T'as vu comment elle a freiné c'te grosse conne ? Elle touchait ma voiture et je me voyais dans l'obligation de la buter sur place. Non, Brando, c'est une nuit de merde mais ça n'a rien à voir avec moi… Si on était restés au Tripzzi's peut-être que…

— C'est bon, tu vas nous lâcher avec ton bar de bourges ! Ils te font payer la conso comme si la baise était comprise.

— Et qu'est-ce que tu connais à la baise, toi, gros chapon ?

C'était reparti. Heureusement pour tout le monde, j'ai aperçu le Péruvien debout au coin de la rue.

— Là, le Mort, vas-y, arrête-toi.

Je me suis jeté hors de la voiture et je me suis dirigé, tendu, jusqu'à l'ombre du Péruvien, qui fumait une clope la jambe appuyée sur le bord d'une plate-bande en ciment en mode crâneur arrogant. Comme tous les Péruviens, on aurait dit le fils d'un Japonais au chômedu et d'une de ces grosses Noires qu'on voit, dans les émissions religieuses, chanter du gospel dans une église du Mississippi. Le seul fait de penser à ces grosses me retourne l'estomac. Quelle idée de chanter le Christ comme ça ? Qu'est-ce qu'elles s'imaginent ? Que le type s'éclate, là-haut, transpercé sur la Croix ? La Sainte Église catholique devrait pousser une gueulante contre les Yankees ; il y a des choses qui ne devraient pas être tolérées…

Le Péruvien interrompit mes pensées.

— Ça va, p'tit blond ?

Je ne me suis pas donné la peine de le saluer.

— Qu'est-ce que t'as pour dix *mangos* ?

— Tiens, prends ça, tu m'en diras des nouvelles.

— C'est de la merde ! me suis-je énervé.

Il m'avait filé un sachet avec un contenu marron, une petite merde enveloppée dans du plastique.

— La craie est comme ça, c'est le p'tit Bolivien qui l'a chiée, m'a-t-il expliqué en haussant les épaules. Apparemment, la capsule devait être un peu percée.

— Elle est humide ! ai-je ajouté sans pouvoir croire à ce que j'étais sur le point d'acheter.

— Faut la travailler.

— La travailler ?

Je me suis imaginé en train de piler ce petit morceau de merde avec une lame et de faire chauffer l'assiette une douzaine de fois. J'ai approché le sachet de mon nez. Ça sentait l'éther.

— C'est tout ce qu'il y a à c't'heure-ci pour dix pesos, p'tit blond, a-t-il dit.

J'étais trop défoncé pour réfléchir, je lui ai donc donné les dix *mangos*.

Quand j'ai mis la drogue dans ma poche, j'ai expérimenté la même sensation que des années plus tôt, quand j'avais acheté un sachet de Sea-Monkeys. Je n'avais pas fini de grimper dans la Torino que le Mort était déjà pied au plancher. On se serait cru dans une scène de *Shérif fais-moi peur* : le moteur qui brûlait deux litres de super en un rugissement, les roues qui crissaient contre l'asphalte et nous, suintant l'adrénaline jusque par les oreilles. Et toute cette mise en scène pour rien. Ils n'allaient pas me le pardonner.

— T'es niqué de la tête, frérot ! fit le Mort, sans me regarder.

— Dix pesos pour un morceau de merde dans un sachet ! Y a qu'à toi qu'on peut vendre ça, m'a pourri le Gros.

— J'étais pas le seul à acheter, ai-je menti.

— Moi j'ai pas l'intention de me foutre de la

merde dans le pif. Le Mort ne détachait pas ses yeux du pare-brise et parlait les dents serrées comme si, de rage, tous ses muscles s'étaient contractés.

— Ils t'ont vu arriver avec ta gueule de con, Brando, réfléchit le Gros tout en tripotant le sachet du bout des doigts. Il nous reste plus qu'à aller entuber un autre naze au Club.

Elle n'était pas mauvaise, l'idée de l'ami Kingo. Dans les W.-C. du Club, ça allait être un bon plan de fourguer cette merde à un des défoncés qui passent leur nuit enlacés à la lunette des chiottes à vomir jusqu'à perdre la mémoire. Le Gros était expert dans l'art d'enfiler les petits oiseaux. C'était pas mal comme conseil, pas mal du tout ; le problème c'était que je crevais d'envie de me faire un snif.

J'ai exposé mon point de vue :

— Le Gros, le Mort, ai-je dit en les regardant tour à tour : il faut absolument que je me fasse une ligne.

— Alors on va d'abord chez la Vieille Lili, dit le Gros.

Ce fut pour moi comme dix coups de marteaux dans la colonne. Je n'arrivais pas à le croire.

— La Vieille ? La Vieille Lili ?

— Ouais. (Le Gros Kingo s'est avancé vers le Mort et, en appuyant la main sur son épaule, il a dit :) Tourne à ce coin de rue, p'tit Mort et va jusqu'à la place.

— Mais ils l'ont défoncée la Vieille, Kingo. Tout le monde sait qu'ils l'ont défoncée.

— Du calme, Brando, t'as l'air d'un gorille avec Parkinson.

J'avais l'air de ça ? J'emmerde le Mort et son humour à la con.

— Ça c'était la semaine dernière, mais elle a recommencé à taffer depuis. Apparemment, elle a amélioré son arrangement avec les flics et maintenant c'est même eux qui lui filent de la came de meilleure qualité, expliqua Kingo. Des cailloux, Brando. Des cailloux !

Mon Dieu ! Je les voyais déjà. J'avais besoin de faire baisser la pression, j'ai allumé une clope et j'ai demandé :

— Et pourquoi tu me l'as pas dit avant pour la Vieille ?

— Tu m'as pas laissé le temps, champion. Si tu t'étais vu… T'as repéré le Péruvien et tu t'es jeté de la bagnole comme si c'était la Vierge.

— Déconne pas avec la Vierge, Kingo, l'ai-je repris.

— Je voudrais pas avoir l'air casse-couilles, mais rien de tout ça ne serait arrivé si on n'était pas partis du Tripzzi's. Y avait une pute avec une petite gueule d'ange qui me bouffait des yeux, vieux. Mais, bien sûr, ces messieurs ne se sentaient pas à l'aise… L'ambiance était trop bourge pour ce sauvage de Brando et pour ce monsieur je-saistout de Kingo. Les gamins les plus tordus du quartier ne suppor…

On a laissé le Mort se défouler tout seul. À l'angle de chez la Vieille Lili, je me suis de nouveau jeté hors de la bagnole comme si elle était sur le point d'exploser. Le Gros Kingo, au contraire, est sorti lentement et, je dirais même, avec une certaine élégance de mafieux. Chez Lili, c'était un appart en rez-de-chaussée avec fenêtre sur rue dans un bâtiment de deux étages gris et écaillé, un des plus laids de tout le pâté de maisons. Une lumière jaunâtre et un murmure paranoïde sortaient par les fentes des volets. Par la porte principale de l'immeuble, on voyait entrer et sortir, au rythme de deux ou trois par minute – et il était presque trois heures et demie du matin –, des types à des degrés variés de décomposition, ou d'aliénation, je sais pas. Le coin de la rue était un énorme bordel que les voisins se farcissaient sans protester, comme s'ils étaient O.K. avec le fait qu'une pute retraitée vende de la came dans le quartier comme on vend des aspirines dans un kiosque.

En tout cas, et sans se poser trop de questions, on a franchi la porte déglinguée du bâtiment avec le naturel de deux locataires qui seraient en train de se chier dessus. Kingo a frappé à la porte de l'appartement de Lili : toc, toctoc, toc… toc, toc.

Les coups à la Carlitos Balá[1] garantissaient un

1. Acteur et humoriste.

bon accueil. Il ne restait plus qu'à attendre que, de l'autre côté, on retire le chiffon coincé dans le judas par lequel négociait la Vieille Lili, et qu'apparaisse l'œil qui, avec les doigts de sa main droite, était tout ce que je connaissais de Lili. Après la seconde série de coups – la première avait été suivie d'un éternuement, du murmure d'au moins deux personnes et d'un violent reniflement –, l'œil de Lili est apparu, un œil sombre, un œil un peu fatigué de tant faire bosser la pupille.

— Quoi de neuf, Lili ? a demandé Kingo, mais il n'a pas attendu la réponse. File-moi pour dix pesos bien servis, a-t-il ajouté en lui faisant passer le billet par le trou.

Quinze secondes plus tard, qui furent pour moi comme quinze jours, les doigts boudinés de Kingo sortaient de là avec un sachet blanc et bien rembourré de pure – façon de parler – cocaïne.

On a salué l'œil et on a filé. En retournant à la Torino, on a été interceptés par un extraterrestre d'un mètre quarante, avec une tête énorme pour un corps ridicule et rachitique, des yeux comme des bigarreaux et un nez irrité d'où coulaient des bandes de morve translucide à la consistance semi-liquide jusqu'à la commissure des lèvres.

Il nous a parlé dans son étrange langage de l'espace.

— Eh, vieux, y a pour un ffesni ?

Le Gros a voulu la jouer diplomate.

— Elle a rien voulu nous vendre… Elle est persécutée, la Vieille.

— Ouais, hein ? Elle t'a pas vendu, hein ? Ouais, sûr, elle t'a rien vendu.

Impossible de rester cool avec ce genre de types. Le cafard s'approchait en émettant des couinements, à tel point que je pouvais sentir son haleine de poisson pourri. J'ai perdu patience.

— Disparais de ma vue, grosse larve, j'suis pas d'humeur à supporter un nain camé, aujourd'hui.

J'ai sorti mes mains des poches de mon super blouson en cuir noir, prêt à commettre le premier crime intergalactique. Pourtant la vraie magie ne fut pas la disparition du type. La magie, la seule magie de cette nuit-là, fut l'énorme ligne que je me suis sniffée dans la Torino et qui m'a laissé complètement défoncé.

L'Oiseau

SAMEDI 20 AVRIL

— Fils de pute, parle ou je te crève, dit Garmendia.

— Parlez, faites ce que vous dit mon collègue, ou il risque d'être encore plus violent, intervint Almada.

Le sergent Garmendia augmenta le régulateur de la gégène d'un cran et appliqua une nouvelle décharge électrique sur les testicules du prisonnier. L'Oiseau, étendu sur le lit de torture, poussa un hurlement interminable que le disque de Rubén Juárez, utilisé à la Division pour camoufler les cris des détenus pendant les sessions de torture, ne parvint pas à couvrir.

— Chante, merdeux, chante ou je t'arrache les couilles et je te les enfonce dans le cul, dit Garmendia et il tira une taffe sur sa cigarette.

La salle d'interrogatoires de la Division était dans l'obscurité. La pâleur nue du corps de l'Oiseau brillait au centre de la pièce sur les ressorts métalliques auxquels on l'avait attaché. Son visage tordu de douleur souffrait, aveugle, sous la cagoule qui le recouvrait.

Les deux travestis arrêtés quelques jours plus tôt à Avellaneda n'avaient pas tardé à révéler les infos concernant le repaire de l'Oiseau. Un peu de gégène et de sous-marin sec avaient suffi à leur faire cracher le morceau. Almada le Timbré était incontrôlable. En proie à la répulsion que lui inspiraient les travestis, il avait voulu recourir au Phallus de Dieu, mais Garmendia avait réussi à l'en dissuader, il avait même eu la délicatesse d'utiliser des torchons mouillés pour ne pas les marquer pendant la session de gégène. L'Oiseau fut privé de liberté quatre jours plus tard. Les policiers l'avaient arrêté dans la rue alors qu'il rejoignait la petite cabane où il faisait son trafic de cocaïne, son petit kiosque. Tout était allé très vite. L'Oiseau n'avait pas eu le temps de réagir. En un éclair, une voiture grise avait manqué de le renverser ; aussitôt, un type au visage brûlé s'était mis à le tabasser, puis on avait crié et il avait eu mal, très mal, il n'y avait pas un atome de son corps qui ne l'ait pas fait souffrir depuis.

L'Oiseau perdit connaissance. Impatient, Almada le gifla par-dessus la cagoule jusqu'à ce qu'il revienne à lui, au milieu de délires et de balbutiements. Rubén Juárez, à plein volume, s'attaquait aux premières strophes de *Tormenta*.

— Je sais rien, dit l'Oiseau sans comprendre

comment il n'était pas encore mort, je sais rien… M'man ?… c'est toi, maman ? délirait-il.

— Ouais, je suis ta chienne de mère, petit merdeux, et j'vais te castrer avec une pince, menaça Garmendia.

— Maman ? Pourquoi tu me frappes, M'man ?

Suivant la stricte procédure préconisée dans les manuels de psychologie criminelle, l'officier Almada décida d'exploiter le délire du détenu. D'un mouvement des sourcils, il demanda à Garmendia de le laisser prendre la situation en main. Il caressa la cagoule au niveau du front de l'Oiseau et affina sa voix :

— Oui, mon petit chéri, c'est moi, maman, et il y a certaines petites choses que je voudrais que tu me dises…

Garmendia rougit. Il s'efforçait de ne pas éclater de rire en entendant ce timbré d'Almada imiter une voix de femme.

— M'man, t'étais où, M'man ? pleurait l'Oiseau.

— Chhh, calme-toi mon petit, je suis là maintenant, je veux que tu me dises toutes les vilaines choses que tu as faites…

— Me frappe pas, M'man, s'il te plaît, me frappe pas.

Le Monstre était à deux doigts d'exploser, le grotesque de la situation lui foutait les nerfs. Il approcha la gégène des parties génitales de l'Oiseau et augmenta le régulateur de quelques crans. Almada le réprimanda du regard, il voulait continuer à exploiter le filon psychologique, il était convaincu qu'il obtiendrait une confession du prisonnier.

— Ne t'inquiète pas, je ne te ferai plus rien, poursuivit-il de cette voix féminoïde et ridicule, je veux seulement que tu me dises les vilaines choses que tu as faites.

— D'accord, M'man, c'est moi, pardon, c'est moi…

— Oui, je te pardonne. Si tu me racontes tout, je te pardonne, promis.

Le regard d'Almada le Timbré s'éclaira.

— C'est moi, c'est moi qui te volais tes petites culottes. Je voulais… je voulais te toucher comme te touchait ce vieux fils de pute. C'est moi, M'man, pardonne-moi, s'il te plaît, je voulais…

Cette fois, Garmendia le Monstre éclata de rire et s'acharna sur les testicules du prisonnier jusqu'à en faire une plaie méconnaissable. La douleur de la torture acheva de déglinguer l'Oiseau. Il avait franchi l'ultime barrière qui le reliait à la réalité. Il entendait maintenant des voix qui l'insultaient, des voix inconnues. C'étaient des murmures que lui soufflaient à l'oreille des démons invisibles, ou des cris gutturaux qui montaient de son estomac pour éclater dans sa tête comme des coups de tonnerre. Dans la tempête de son esprit, il entendit un autre cri déchirant : c'était son propre cri, le cri qu'il avait poussé le jour où le vieux l'avait chopé en train de l'épier, planqué dans l'armoire.

L'Oiseau, qui n'avait pas onze ans à l'époque, avait vu le vieux baisser le slip de sa maman et la lui enfoncer dans le cul, et sa maman criait elle aussi, et après le vieux fils de pute lui avait baissé son caleçon et la lui avait enfoncée à lui aussi, et ça faisait mal, ça faisait très mal. Les insultes arrivaient maintenant de toutes parts : PÉDÉ, SALE PÉDÉ, SALE PÉDÉ, hurlaient les voix. Sa vie avait mal tourné, ce n'est pas ce qu'il avait voulu, mais à un moment donné il avait perdu le fil. La route qu'il avait empruntée s'était transformée en un fleuve au courant déchaîné, un courant contre lequel il n'avait même pas songé lutter, parce qu'il est impossible de lutter contre son destin. Le courant l'entraîna en aval, une lance le transperça dans son délire, l'éclat brûlant de la folie l'enlaça comme un bébé endormi et le ramena au ressort mouillé de la Division. Garmendia tira une autre taffe sur sa cigarette et l'écrasa sur le téton gauche de l'Oiseau.

— Chante, merdeux, chante, bordel de merde.

— Ah, be… re… ah, be… re.

— Qu'est-ce qu'il dit ? demanda Almada.

— N'importe quoi, ce merdeux nous a lâchés.

— Ah, ba, be… re, ba, be, re…

Le Timbré enleva ses lunettes et se frotta les yeux. Il avait mal à la tête. Les choses ne marchaient pas comme il le voulait. Ils avaient séquestré un suspect, ils étaient en train de le torturer, et rien. Toutes ces violations de règlements, et rien.

Les numéros des articles enfreints se bousculaient dans son esprit. Almada prenait sur lui pour ne pas se mettre à les réciter, comme il le faisait chaque nuit quand il essayait de s'endormir : réciter de mémoire les règlements jusqu'à obtenir la récompense de quelques minutes de sommeil. Parce qu'Almada ne dormait presque pas, son esprit ne connaissait aucun repos. Le seul remède que tolérait son insomnie galopante était la récitation frénétique d'articles. C'était la seule et unique façon d'obtenir le quota de décontraction nécessaire pour apaiser ses idées, pour museler l'avalanche de délires qui le poussaient, au beau milieu de la nuit, à sortir son FAL et ses M16 de l'armoire vitrée de son salon, et à se précipiter dans la rue pour massacrer tout le monde, éliminer cette peste de civils qui lui volaient son sommeil. Parce que Almada savait que mémoriser les articles et les réciter était un palliatif, un analgésique qui atténuait sa souffrance de façon temporaire, mais il était convaincu que tuer était le remède ultime à sa folie. Tuer tous ces camés, ces négros, ces pédés, les éliminer un par un pour ne plus avoir à penser à eux, pour ne plus souffrir d'insomnie et recouvrer la raison une bonne fois pour toutes.

La porte de la salle d'interrogatoires s'ouvrit violemment et la lumière brillante qui arrivait du couloir les aveugla. Garmendia mit sa main en visière pour identifier la silhouette qui se détachait sur le pas de la porte. C'était le caporal Díaz. Aux sourcils froncés et à la respiration agitée du sous-officier, Garmendia flaira les mauvaises nouvelles.

— Qu'est-ce qui se passe, petit ? demanda-t-il.

L'Oiseau perçut la clarté qui s'infiltrait par les rebords de sa cagoule et délira, croyant qu'il était mort, qu'un ange aliéné venait le sortir de cet enfer et l'emmenait tout droit au ciel.

— C'est le commissaire qui m'envoie, monsieur, cracha le sous-officier, hors d'haleine. Il dit que vous vous êtes trompés de suspect, que celui-là c'est l'Oiseau Melingo et vous, celui que vous cherchez, c'est l'Oiseau Bustos.

— Quoi ? Almada le Timbré sentit les poils de sa nuque se hérisser.

— Faut le relâcher, il a dit. Cet individu n'est pas le suspect. C'est ce qu'il a dit, monsieur.

Une mutation surnaturelle déforma le visage du Monstre, où la contraction nerveuse des muscles brûlés ajoutait à sa laideur naturelle. Il fit voler la gégène contre le mur et cracha un chapelet d'insultes. Le caporal Díaz disparut en vitesse avant de devenir la cible de cette violence incontrôlée.

— Ba… re, be… ra, be, re…, dit l'Oiseau.

Pour Almada, c'était un coup des types de la Fédérale, ou même de Colocci, qui les avait foutus dedans avec une fausse information. Le Monstre, incapable de contrôler sa rage, sortit de la pièce et déboula sans frapper dans le bureau du commissaire.

— Calmez-vous sergent, ou je vous suspends

sur-le-champ, le stoppa le commissaire Diana en le voyant.

— Mais, chef, mais... (Le Monstre ne pouvait pas s'arrêter.) Quelqu'un nous a refilé cette merde parce qu'on veut nous faire sauter...

— Calmez-vous. Il y a beaucoup d'intérêts en jeu dans cette affaire. Les informations fournies par les services de renseignement ne sont pas fiables à cent pour cent. Dorénavant nous travaillerons avec nos propres rapports d'espionnage.

— C'est un coup de la Fédérale ? demanda l'inspecteur Almada en entrant dans le bureau.

Diana haussa les épaules. Il but une gorgée de whisky du verre qui était sur son bureau et se laissa retomber contre le dossier de son fauteuil en cuir.

— Nous allons vérifier tous les renseignements provenant de l'extérieur. Nous ne nous fierons plus qu'à nos propres informateurs, les habituels. (Diana tendit une photo et des photocopies à l'officier Almada :) Voici notre homme, l'Oiseau Bustos. À l'instant où je vous parle, il doit être dans la rue, en train de vendre ses doses. Rendez-vous à son domicile et collectez des informations.

— Oui, monsieur.

*

Les policiers grimpèrent dans le premier véhicule qu'ils trouvèrent à la porte de la Division, la

Falcon blanche. Garmendia prit sa place au volant, sortit la flasque de la poche intérieure de son blouson en cuir et s'envoya une gorgée. Almada prit le guide Filcar dans la boîte à gants et chercha l'adresse de l'Oiseau Bustos indiquée sur les photocopies agrafées à la photo.

— C'est à La Boca, prenez cette avenue et mettez la sirène, ordonna-t-il tout en sortant son pilulier en argent pour avaler deux Valium à sec.

Ils étaient perturbés. Le Monstre vida sa flasque d'un trait et se sniffa quelques traces de cocaïne sur le revers de la main. Le Timbré remuait les lèvres, il récitait à voix basse une rafale d'articles en même temps qu'il vérifiait le parfait état de son Browning FM de service. Des interférences continuelles se glissaient à travers l'émetteur de la Falcon. Des voix de C.B. amateur, des conversations de téléphonie mobile et même quelques radios locales venaient se mêler aux demandes d'interventions de divers commissariats. Au milieu de ce concert de voix, on entendit la voix de Gardel qui chantait *Por una cabeza*. Garmendia le Monstre essaya de siffler la mélodie mais la drogue l'avait laissé sans salive et sa langue lui collait aux lèvres. Malgré les effets indésirables, la cocaïne restait la seule substance qui l'aidait à maintenir un semblant de stabilité, qui lui permettait de raisonner quand les événements le dépassaient et l'aidait à garder ses esprits, faisant barrage à la bête féroce qui gouvernait ses émotions instables. Garmendia était un fou qui évoluait aux bords de la raison.

*

La façade de la maison du suspect donnait sur la rue Brandsen. La porte d'entrée et celle de l'accès au garage étaient en tôle recouverte de peinture au latex noire ; entre les deux, une fenêtre carrée dormait, tous volets baissés, derrière une grille à losanges noirs. Les policiers dégainèrent leurs armes et se postèrent de part et d'autre de la porte principale. L'officier Almada appuya sur la sonnette mais personne ne répondit. La tension reflétée sur leur visage augmentait à chaque instant. Le sergent Garmendia écrasa la sonnette. Les secondes passaient et il n'y avait pas le moindre signe de vie. Au troisième coup de sonnette, ils décidèrent d'entrer par la force. Ils soulevèrent la porte avec un pied-de-biche semblable à ceux qu'utilisait Almada le Timbré pour décapiter les homosexuels lors de ses sorties furtives les nuits d'insomnie, et ils la dégondèrent.

L'intérieur de la maison était propre et soigné. On se serait plutôt cru chez une présentatrice de l'émission de déco *Utilísima* que dans la maison d'un trafiquant, à tel point que le Monstre demanda :

— T'es sûr que c'est ici, Almada ?

— Affirmatif, répondit le Timbré, laconique,

tout en fouillant dans une commode de la chambre de l'Oiseau.

Le sergent Garmendia se planta au milieu du salon et regarda autour de lui : les deux fauteuils en velours côtelé couleur café, la table basse couverte de bibelots, la lampe au pied en céramique avec abat-jour en tissu, le tapis en cuir de vache, la table ronde en caroubier entourée de cinq chaises, le buffet assorti, des tentures pendues aux murs, à côté de masques en noix de coco. Garmendia regardait tout ce qui l'entourait et tentait d'imaginer sa proie, l'Oiseau Bustos, en train de déambuler dans la maison. Il reniflait l'air comme un chien de chasse, truffe au vent, dans l'attente d'un signe lointain apporté par la brise. Le Monstre, guidé par son instinct, s'approcha du meuble en caroubier ; il se fit une ligne sur une des étagères et la sniffa avec un billet de deux pesos enroulé. Quand il se redressa, ses yeux mydriatiques repérèrent une série de cadres photos qui montraient l'Oiseau dans diverses situations : enfourchant une Harley Davidson impeccable ; dans les bras d'une vieille femme bien en chair – sa grand-mère, sans doute ; allongé sur une plage de la côte avec deux gamins défoncés ; petit, en short et maillot aux couleurs du River, tenant entre ses mains un trophée et affichant un large sourire ; et enfin – la photo la plus intéressante pour Garmendia – l'Oiseau Bustos bras dessus bras dessous avec Cortez le Tucumano et deux autres inconnus à une table de restaurant.

Garmendia retira la photo du cadre et la glissa dans la poche intérieure de son blouson.

L'officier Almada appela le sergent depuis la chambre où il se trouvait. Le Timbré était assis sur le lit de Bustos ; il avait étalé autour de lui le résultat de sa fouille : un fusil à répétition Mossberg 12/75 semi-automatique, un fusil FM modèle FSL calibre 308 Winchester, un Colt Python 357, un coup-de-poing en bronze, un gode à piles, un fouet en cuir, des photos de gamines de dix ans pénétrées de la façon la plus répugnante, des magazines porno de lesbiennes et une balance électronique.

— Regardez ce que j'ai trouvé, Garmendia. Il y a là de quoi faire enfermer ce sauvage pendant un bon moment. Ces éléments suggèrent que notre homme est un narcotrafiquant, ultraviolent et aux tendances sexuelles déviantes. Et maintenant, écoutez ça.

Almada tendit la main jusqu'au bouton du répondeur. Après une sonnerie, la machine lâcha les messages gardés en mémoire. Les deux premiers étaient de la même personne : un toxico qui suppliait l'Oiseau de lui vendre de la drogue. Le troisième appel était d'une femme, une certaine Claudia, qui lui commandait pour cinquante pesos de drogue. Cet appel était suivi de deux autres où l'on n'entendait que le halètement entrecoupé d'un dégénéré. Dans le dernier message, la voix nerveuse d'un homme disait : « Salut l'Oiseau, c'est moi. Il faut qu'on se capte ce soir sur le coup de neuf heures, neuf heures et quart, au Tropicalandia d'Avellaneda, c'est au sujet du Tucu… Oublie pas, neuf heures, neuf heures et quart, on se retrouve là-bas. Je serai avec mon associé. Me fais pas faux bond. »

Garmendia, qui s'était vautré sur le lit comme un phoque sur son rocher, lâcha le magazine porno qu'il était en train d'examiner pour jeter un coup d'œil à sa montre. Il était neuf heures moins vingt. Il se leva d'un bond et dit :

— Allez, Almada, bouge ton cul, si on met le paquet, on leur tombe dessus.

— Et toutes ces armes ? On ne peut pas les laisser ici, on ne peut pas laisser tout ça comme ça. Il faudrait faire une perquisition, saisir tous les éléments de preuves, contacter le juge chargé de l'affaire. Il faut enfermer ce sauvage, Garmendia.

— Fais pas chier, Almada. On va le faire à notre sauce, tu crois pas qu'on est suffisamment dans le pétrin avec ce merdeux qu'on a passé à la gégène. C'est pas la province, Almada, ici c'est les Federicos qui commandent. Tu peux pas monter ta petite opération comme tu veux, là. Prends ce flingue au cas où on en aurait besoin et barronsnous. Allez, magne-toi, si on se bouge, on les attrape.

Comme toujours, au moment d'agir, c'était Garmendia le Monstre qui gérait la situation. L'officier Almada, conformément aux directives du sergent, glissa le Colt de l'Oiseau dans une poche extérieure de sa veste et sortit de la maison derrière Garmendia.

Ils traversèrent le pont Pueyrredón sur les chapeaux de roues et arrivèrent à la boîte de cumbia à un peu plus de neuf heures. C'était un hangar énorme, situé près de la gare d'Avellaneda. Une série de puissants projecteurs installés sur le toit visaient le ciel comme pour un grand événement hollywoodien. Les abords de l'entrée étaient bondés d'accros au vin en cubi qui cherchaient à entrer sans faire la queue. Garmendia, debout près de la Falcon, plissa les yeux et calcula les chances de trouver l'Oiseau Bustos au milieu de tout ce peuple. Elles étaient faibles.

— Menons l'enquête, Garmendia, suggéra le Timbré, encore abasourdi par le voyage éclair et les tranquillisants.

— Dans ce bordel ? (Le Monstre le regarda avec mépris.) Ici, on se fait repérer tout de suite, Almada. Il faut se séparer, passer tous les petits bars du coin au peigne fin et après, si ça ne donne rien, on entre dans la boîte. Toi, occupe-toi de ce côté (Garmendia pencha son visage brûlé sur la droite) et moi, je me charge de celui-là.

— On se retrouve ici dans vingt minutes précises, dit Almada le Timbré avant d'obéir aux ordres de son subalterne.

Perdus au milieu de la foule bruyante, ils scrutaient les visages à la recherche de leur homme. Le Monstre avançait avec prudence. La drogue l'avait mis en état d'alerte, le moindre mouvement intempestif des passants le faisait sursauter et friser la syncope. Il entra dans l'un des bars éparpillés aux alentours de la boîte et s'accouda au comptoir. L'ambiance était lourde : des néons fluorescents, une odeur de vieille friture, des enragés prêts à l'assommer d'un coup de bouteille à la moindre inattention, des prostituées avec leurs macs, des toxicos flippés réfugiés derrière un pichet de vin blanc. Absolument rien que son esprit puisse associer à ce qu'il venait de voir au domicile de l'Oiseau Bustos. Il but une eau-de-vie et passa aux toilettes se mettre un peu de poudre dans les narines, avant de ressortir.

Un caporal en surpoids faisait office de présence policière à quelques mètres de l'entrée de la boîte. Almada le Timbré s'identifia et le sous-officier se mit au garde-à-vous en tremblant. Il était soûl et ses yeux vitreux avaient une teinte cerise. Almada sentit son esprit se tordre à l'intérieur des parois rigides de son crâne. Il s'était dit qu'il pourrait lui montrer la photo de Bustos, l'alerter pour qu'il soit en mesure d'intervenir, en cas d'identification du suspect, mais le malheureux était complètement bourré, il aurait été incapable de faire la différence entre l'Oiseau Bustos et le chanteur de cumbia Ricky Maravilla. Almada disjoncta, la qualité de la troupe s'effondrait, entraînant avec elle le prestige de sa chère institution. Il attrapa le policier par le revers de l'uniforme et lui cracha une insulte généreuse au visage. Il extirpa ensuite son petit carnet à spirale de la poche intérieure de sa veste, nota le numéro de plaque du sous-officier et le laissa continuer à noyer sa peine dans du vin bon marché. La situation l'avait rendu particulièrement instable, sa colère pouvait éclater au moindre incident. Il accéléra le pas, aveuglé par la rage. Il fallait qu'il se calme et pour se calmer, il lui fallait l'Oiseau, cet animal dépravé capable de violer une gosse de dix ans, une gosse de l'âge de sa nièce. Almada imagina Bustos en train de violer Ayelén et voulut se retrouver face à face avec cette raclure shootée d'Oiseau et le tabasser jusqu'à lui fracturer tous les os.

Du trottoir opposé, Garmendia parvint à repérer, sur l'aire de la station-service Shell, une poignée de motards en train de boire de la bière près de leurs motos, devant les toilettes de la station. L'évidence envahit le sergent une fraction de seconde. Il traversa la rue, survolté. Il jeta un coup d'œil rapide aux jeunes : l'Oiseau n'était pas parmi eux, mais ils avaient tous, à peu de choses près, la même dégaine. Il aborda un blond avec une énorme bouche à la Mick Jagger, des cheveux jusqu'à la taille et complètement défoncé.

— Eh, petit, dis-moi où je peux trouver l'Oiseau Bustos, lâcha-t-il.

— Et toi t'es qui, vieux ? T'es flic ? répondit le motard tandis que les autres s'approchaient peu à peu, entourant Garmendia.

— Écoute-moi bien, merdeux, si tu veux pas finir enfermé pendant une semaine dans une boîte à chaussures, déballe vite où est Bustos.

— Qui ?

Le sergent Garmendia approcha la moitié brûlée de son visage du jeune, lui fit un clin d'œil, et murmura entre ses dents :

— Me chauffe pas, merdeux, tu sais très bien de qui on parle.

— Boucle-la, Joker ! ordonna l'un des autres.

Un réflexe fit sauter la main de Garmendia le Monstre jusqu'au cou du Joker et s'y accrocher comme un vampire. Il sortit en même temps son flingue de service et le fourra dans la bouche du gamin. Le Joker pâlit. Les quatre autres motards restèrent pétrifiés. La porte des toilettes s'ouvrit derrière cette carte postale absurde et la silhouette de l'Oiseau Bustos, le nez salopé de coke et un casque à la main, apparut sur le pas de la porte. Bustos comprit tout de suite qu'on venait le chercher.

La photo du suspect à la main, Almada tentait de faire réagir une adolescente défoncée aux cachetons et au vin, affalée contre le rideau métallique d'un magasin de vélo à trois pâtés de maisons de la boîte. Almada attrapait la fille par la nuque et lui mettait la photo de Bustos sous le nez, il la secouait dans tous les sens et lui criait dans l'oreille :

— Allez, mademoiselle, ou vous allez devoir

m'accompagner, si vous refusez de collaborer, vous allez devoir m'accompagner. Allez, dites-moi où se trouve l'individu de la photo.

La fille entrouvrait les yeux, balbutiait une connerie, roulait des yeux et s'évanouissait de nouveau. À ce moment-là, comme sortie de sous terre, Almada entendit la voix du sergent Garmendia :

— Halte, bordel !

Le Timbré se redressa d'un bond et ajusta les distances derrière ses lunettes de myope. Par l'angle éclairé de la ruelle, il aperçut, pendant une fraction de seconde, la silhouette de l'Oiseau Bustos qui courait. Quelques secondes plus tard, il vit passer, boitant rapidement et son pistolet de service à la main, le sergent Garmendia. La graisse flasque de Garmendia facilitait la fuite de sa proie désespérée.

— Arrête-toi, merdeux ! cria de nouveau Garmendia. Arrête-toi ou je te bute !

L'Oiseau tourna plusieurs fois la tête pour s'assurer de l'avantage qu'il avait et allongea les foulées de ses pattes de cigogne enragée. Le Monstre s'arrêta, redressa son pistolet et appuya deux fois sur la gâchette. La première balle frôla l'oreille de l'Oiseau, la deuxième toucha le sol près de son pied droit. L'Oiseau commença à zigzaguer, étourdi. Avant de tirer le troisième coup de feu, Garmendia prit une bouffée d'air – son cœur allait exploser – et il visa en serrant son pistolet des deux mains. Il allait lui pulvériser les genoux en une décharge.

— Halte, Garmendia, cria l'officier Almada, hors d'haleine.

Garmendia appuya sur la gâchette et l'arme s'enraya. C'était la deuxième fois en un mois que le Browning FM le lâchait. L'Oiseau, encore sonné par les coups de feu, parvint à se glisser dans une rue latérale.

— Putain de garce de merde ! T'es vraiment qu'une salope, criait Garmendia après son arme. Quand est-ce que tu me laisseras pas en plan, sale pute !

— Halte, Garmendia, répéta Almada le Timbré qui avait repris son souffle. Il faut l'attraper vivant, sergent.

Le Monstre leva les yeux, il venait juste de se rendre compte de la présence de son collègue.

— Et toi, tu sors d'où ?

— Allez, il s'est faufilé dans cette ruelle, dit Almada et il partit en courant derrière l'Oiseau.

La sciatique tuait Garmendia le Monstre ; sans la drogue qui l'anesthésiait, il aurait été incapable de faire un pas de plus. Il rangea le Browning FM dans son holster et ressortit son vieux Ballester-Molina 45 ACP. Il vérifia d'un coup d'œil rapide les encoches gravées sur la crosse, chacune correspondait à un cadavre enregistré et il y en avait plus de vingt. Dans sa tête, les morts passèrent en un défilé fugace. Ils y étaient tous, comme toujours, comme chaque nuit quand il allait se pieuter, bourré, et que la file de fantômes le poursuivait le long des couloirs de son esprit. Son Ballester-Molina réclamait du sang, il voulait un nouveau membre au club. Garmendia le savait, cela faisait plus d'un an qu'il ne l'avait pas nourri.

— Allez bébé, on va attraper ce petit oiseau, susurra-t-il à son arme.

*

La ruelle dans laquelle l'Oiseau s'était volatilisé était lugubre. On voyait se suivre, les uns derrière les autres, les hangars abandonnés des tanneries ruinées par la crise, ou désertés par ceux qui s'étaient lassés de graisser la patte aux inspecteurs pour obtenir la permission de jeter leurs déchets dans les eaux du Riachuelo. Le Timbré avançait, collé aux façades ; silencieux, il tenait son Browning de service armé, le doigt ferme sur la gâchette. Il récitait dans sa tête les articles du Code de procédure au fur et à mesure qu'il les transgressait. Il se penchait à la porte des hangars sans jamais se décider à entrer. Le profil grassouillet du Monstre apparut au coin de la rue ; il était hors de lui. Almada lui fit un signe pour qu'il inspecte le trottoir opposé au sien. Garmendia entra dans le premier hangar et en ressortit aussitôt, les mains vides. À son tour, il fit signe au Timbré pour qu'il procède de la même façon de son côté. L'officier Almada ajusta ses lunettes sur son nez et poussa la porte déglinguée d'un dépôt de cuir abandonné. L'obscurité était totale et l'odeur, nauséabonde. Il attendit que ses yeux s'habituent aux ténèbres et avança à tâtons, sans trop se décoller du mur.

Presque cinq minutes étaient passées et Almada n'était toujours pas ressorti du hangar. Le Monstre commençait à s'inquiéter ; il avait la bouche sèche à cause de la drogue et une tachycardie de malade. Le hurlement des sirènes s'intensifiait à chaque seconde. Il traversa la rue et, penché à la porte du dépôt qui avait englouti son collègue, il demanda :

— Tout va bien, Timbré ?

— Affirmatif, dit la voix de l'officier qui s'approchait.

D'en face, parvint le son amorti de pas. C'était l'Oiseau qui courait en direction de l'angle de la rue ; il s'échappait. Garmendia avala le sirop épais de sa salive, releva son pistolet et lui tira dans le dos. Le corps de l'Oiseau, disloqué par l'impact, décrivit un court vol et retomba sur le pavé froid. Garmendia esquissa un sourire, le même tir avec le Browning l'aurait traversé net et l'Oiseau aurait pu s'envoler. Il en avait marre de perdre des proies, les 9 mm de service ne servaient à rien, en revanche, son vieux Ballester-Molina 45 continuait à abattre des pantins comme au premier jour.

Almada sortit du dépôt au moment même où l'Oiseau respirait sa dernière bouffée d'oxygène. Il prit les nerfs. Il se retint d'insulter Garmendia le Monstre et s'approcha de l'endroit où gisait le suspect. Garmendia ne prit pas la peine de se justifier. Il suivit son supérieur, songeur, essayant de tramer une histoire crédible pour le rapport. Le sergent se pencha sur le délinquant abattu, il sortit un petit tube spécialement confectionné avec un stylo dont il avait coupé les extrémités et souffla sur l'orifice qu'avait fait la balle en entrant, dans le dos de l'Oiseau, au niveau du poumon droit. L'air soufflé sur la blessure ouverte estompa suffisamment l'auréole de poudre pour que les experts ne puissent pas préciser la distance exacte de l'exécution du tir. C'était un vieux truc qui lui permettait de jouer avec plus de liberté au moment des explications. Almada était toujours debout près du cadavre, il fulminait. Cette affaire devenait de plus en plus compliquée. Sa promotion tant attendue au poste de commissaire-adjoint était de plus en plus incertaine. L'incident leur attirerait sûrement un énorme casse-tête de paperasses, des sanctions et pas mal de merde pour leurs dossiers. Garmendia alluma une cigarette.

— Si je n'avais pas tiré, il nous aurait filé entre les doigts, Almada, fit le Monstre en guise d'explication, et il rejeta la fumée contenue dans ses poumons.

Pour toute réponse, Almada enleva ses lunettes et se frotta les yeux. Il était fatigué.

À l'angle de la ruelle, apparut alors l'agent qui

patrouillait, bourré, près de la boîte de cumbia. Il vit la scène et son visage s'éclaira. Il avait un sacré bol, quelques minutes plus tôt, ce même officier, qui se trouvait maintenant près d'un type tué dans le dos et désarmé, avait pris son numéro de plaque pour le dénoncer à ses supérieurs ; maintenant son silence valait cher. De la destitution à la promotion, il n'y a qu'un pas, se dit-il, et il s'imagina les primes et la mobilité interne qu'il exigerait de l'officier à la face de malade mental. À quelques mètres des policiers, son visage basané se fendit en un large sourire aux dents branlantes et aux gencives purulentes. Almada lui rendit son sourire comme s'il venait de se réveiller. Il sortit le Colt qu'il avait pris chez l'Oiseau Bustos et fit exploser la tête du caporal d'un tir précis. Les fragments du crâne du caporal Zabala vinrent décorer çà et là le pavé humide. Sans perdre de temps, et avec le plus grand soin, Almada planta l'arme assassine dans la main de l'Oiseau.

De la destitution à la promotion, il n'y a qu'un pas, se dit le Timbré pendant que Garmendia finissait sa cigarette.

Achabala

SAMEDI 20 AVRIL

Il saisit le cadre et étudia la photo. Elle avait toujours été là. Un de ses conseillers lui avait recommandé de la placer bien en vue, comme il convient à tout leader, à tout homme : toujours avoir ses êtres chers près de soi. Sa femme avait une coiffure qui avait été à la mode deux élections plus tôt, une robe en lamé noire signée Elsa Serrano et l'alliance traditionnelle en or parfaitement visible. Ses fils étaient en jean et polo Lacoste, ils posaient de chaque côté de son épouse, décontractés, sûrs d'eux, rayonnants. La photo avait été prise dans le studio chargé des affiches de campagne. Le photographe avait mis plus de trois heures pour obtenir des expressions artificielles d'un si grand naturel. Dans la vraie vie, les choses étaient encore plus difficiles. L'époque où le sénateur Achabala donnait ses interviews entouré de sa famille était définitivement révolue. Sa femme passait ses journées enlacée à une bouteille d'Absolut, prenait des cachets pour dormir et pour se réveiller. Elle parcourait l'Europe escortée par un gorille, était accro à la chirurgie esthétique et dépensait des fortunes dans le toilettage de ses pékinois. Son fils aîné était un débile profond et le plus jeune, qui avait été éduqué dans les meilleures écoles et promettait d'être le digne héritier de son père, traversait sa période marxiste, quelque chose qui, par chance, se guérit tout seul.

Achabala reposa la photo, ajusta le nœud de sa cravate – un tic rebelle que les thérapeutes ne parvenaient pas à corriger – et soupira. Depuis une semaine, c'était la déprime. Il avait perdu trois points par rapport à son rival et ses ennemis politiques ne manquaient pas une occasion de le ridiculiser dès qu'un sondage était rendu public. S'il n'était pas élu gouverneur, ce ne serait plus qu'un cadavre politique. Les traits d'Achabala trahissaient sa fatigue chronique.

Sans s'annoncer, la marée de ses conseillers en image fit irruption dans son bureau. C'était un groupe physiquement hétérogène à la tenue homogène. Six individus vêtus de costumes sombres et équipés des téléphones portables de rigueur, des Motorola StarTAC, attachés à la ceinture. À chaque instant, un des appareils se mettait à sonner, créant l'impression désagréable d'une seule et même sonnerie continue. Un petit homme au visage truffé de grains de beauté, portant des lunettes épaisses comme du verre blindé, se fraya un chemin au milieu des autres et dit, en agitant une ramette de papiers :

— Sénateur, voici les derniers sondages, ils sont de ce matin. 48 % se montrent favorables à la construction de l'hôpital, 20 % sont contre et le reste ne sait pas, ne se prononce pas. En ce qui concerne le mécanisme d'autogestion, les résultats sont plus mitigés. Par exemple, parmi les femmes au foyer entre quarante et cinquante ans, il y a une forte tendance au rejet, alors que dans le groupe des hommes plus âgés non actifs, les réponses s'orient…

— Excusez-moi de vous interrompre, Ojeda, dit en s'avançant un petit homme à la barbe de gnome, mais j'ai pensé que le sénateur serait intéressé d'apprendre que nous avons bouclé le discours à prononcer aujourd'hui au centre pour handicapés mentaux dans le cadre de l'inauguration du pavillon de stimulation précoce. Nous avons glissé deux ou trois messages percutants à l'attention des électeurs et, à la fin, quelques critiques bien senties à l'encontre de l'opposition. La routine, quoi.

— La routine, acquiesça Achabala, fatigué.

— Oui, il faut maintenir l'attitude agressive, c'est ce que les gens veulent.

Le gnome souligna ses paroles en levant le bras, poing fermé.

— C'est faux, Obrist, intervint de nouveau Ojeda. Ce que les gens recherchent chez un candidat c'est un référent parental, quelqu'un qui leur inspire confiance, sécurité, et qui respire l'honnêteté. 42,2 % des électeurs sont contre les attitudes autoritaires et agressives, seuls 12,8 % réclament une main de fer.

Le sénateur observait avec indolence la surenchère entre les conseillers ; ils lui faisaient pitié. Il demanda un verre d'eau et deux analgésiques Geniol. Reiner, le conseiller vestimentaire, se fraya un chemin entre les deux petits hommes qui se querellaient. Reiner était mince et élancé, une petite moustache contournait sa lèvre supérieure et lui donnait des allures d'efféminé, c'est du moins l'interprétation qu'en avait faite Achabala le jour où on les avait présentés. Le sénateur, enclin aux fantasmes sexuels les plus bizarres, s'imagina un instant, charmé, dans les vestiaires du bureau, en train de tirer un petit coup rapide face au miroir, le pantalon sur les genoux et cette petite moustache lui effleurant les couilles. Reiner donna le verre et les analgésiques à son chef. Le sénateur l'imagina nu pendant quelques secondes. Reiner dit :

— Moi, je ne vous laisse aller nulle part dans cette tenue, sénateur.

Achabala regarda ses vêtements comme s'il venait de réaliser qu'il était habillé. Il portait un costume gris clair et une cravate en soie rouge. Il prit ses médicaments et avala son verre d'eau.

— Le costume gris acier et la cravate assortie vous attendent au vestiaire. Il me semble qu'on avait déjà évoqué la question de la sobriété. Ce n'est vraiment pas le moment de vous laisser aller, chef, le réprimanda Reiner.

Le sénateur obéit aux ordres de son conseiller, il n'avait plus la force de parlementer avec cette foule de jacasseurs de service. Il se mit sur pilote automatique et se laissa traîner jusqu'au vestiaire. Le conseiller en image Louza se précipita devant les autres et, avant que le sénateur ferme la porte, il l'informa :

— À la cérémonie d'aujourd'hui, il faudra saluer le public depuis le balcon, les pouces relevés, pas de V, ni de bras en l'air ; les gens n'aiment pas. Quand vous couperez le ruban d'inauguration, ne vous avisez pas de sourire, le ton d'aujourd'hui est sérieux et plein d'espoir. Avant le ruban, vous allez embrasser deux petits Noirs dans les bras de leur mère, sur la droite, collés au cordon. On les a examinés, ils sont sains. Vous saluerez ensuite, un par un, tout le personnel, du directeur jusqu'aux petites mains. Avant de s'en aller, pour finir, il faudra assister à un petit spectacle donné par les débiles, rien du tout : une chanson et un *zapateado*. Alors là, il est essentiel de ne pas sourire. Applaudissez de bon cœur mais ne vous avisez pas d'approcher les gogols, cela pourrait donner lieu à une association négative chez les électeurs, par contre applaudissez, n'oubliez pas.

Achabala ferma la porte et observa son image dans le miroir. Il avait des cernes épouvantables ;

les anxiolytiques Trapax semblaient ne plus faire aucun effet. Il se déshabilla les yeux fermés pour ne pas assister au spectacle écœurant de ce ventre gras, de ces poils qui recouvraient sa poitrine et son dos comme un gorille, de ce double menton flasque, de cette cicatrice qu'avait laissée l'implant capillaire sur son front, de ces couronnes en porcelaine assorties comme des chewing-gums Adams qui lui avaient coûté le prix d'une Mercedes, de ces lentilles de contact, de cette manucure, de ce caleçon en soie aux imprimés bulgares. Secoué par un spasme, il ouvrit les yeux et réussit à vomir pile dans le porte-parapluie. Il essuya son visage en sueur avec un foulard Versace orange – que Reiner brûlerait immédiatement s'il le voyait – et il commença à se sentir un peu mieux. Il traversait une crise de fin de campagne. Le psychiatre l'avait mis en garde contre les crises de panique, les phobies et autres pièges que pouvait lui tendre son propre esprit. Il respira profondément, avec le muscle du diaphragme, comme le lui avait appris son professeur de maîtrise de l'esprit, pour être à l'écoute des besoins de son moi profond, débusquer les peurs, les expulser et les transformer en énergie positive. Il serra dans sa main le talisman paraguayen que lui avait donné une sorcière, la vieille Purificación del Rosario, qui chassait les mauvais esprits et rééquilibrait son cercle énergétique. Il parvint ainsi à sortir de son état de choc. Il se regarda à nouveau dans le miroir jusqu'à reconnaître son image. Il frotta ses yeux irrités, lissa ses cheveux et, avec la résignation d'un vieux clown de cirque ruiné, il enfila ses vêtements de campagne.

*

Le discours d'Achabala avait été brillant, explosif et poignant, c'est du moins la définition qu'en donna son secrétaire ; en vérité, le sénateur s'était montré bien plus exalté que de coutume. Avant la conférence, monsieur Brotto, son chauffeur et garde du corps personnel, l'avait mis en orbite avec un cocktail intraveineux à base de cocaïne et de chlorhydrate de morphine. Bien qu'il ne soit pas adepte de la piquouze, la déprime du matin et la chute vertigineuse de son image dans les sondages l'avaient poussé à accepter le conseil de son homme de confiance.

Les maquilleuses avaient réussi à rajeunir le sénateur de dix ans et il avançait maintenant, un sourire crispé aux lèvres, le long de l'allée flanquée de cordons, jusqu'au ruban qu'il devait couper pour officialiser la cérémonie d'inauguration du pavillon. Le directeur de l'hôpital, en blouse blanche, marchait à ses côtés. C'était un petit homme complètement dégarni sur les côtés, qui avançait le dos voûté (en fait, le vrai directeur était un type beaucoup plus grand et élégant, mais les conseillers avaient jugé bon de le remplacer à la dernière minute par la personne chargée des chiottes). Un des conseillers incita deux femmes à porter leur mioche au-dessus du cordon de sécurité. Le sénateur s'approcha et imprima un baiser à chacun des marmots en priant de toutes ses forces pour qu'on leur ait enlevé les poux. Les flashs des reporters étincelèrent de toutes parts. La lumière violente aveugla un instant ses pupilles narcotisées, mais il ne chancela pas. Il arriva au ruban, saisit la paire de ciseaux que lui tendait son conseiller en accessoires et attendit que les appareils photo se mettent en place. Il coupa le ruban d'un geste précis et les militants poussèrent les sympathisants aux applaudissements et au vacarme. Achabala ajusta le nœud de sa cravate ; ce maudit tic avait recommencé à le trahir.

Le cortège conduisit le candidat dans le nouveau pavillon. Excités par les flashs des appareils photo, un groupe de trisomiques parqués derrière une barrière en bois tenta de se frayer un chemin vers le sénateur et son cortège. Achabala fut pris de panique, la drogue accéléra les battements de son cœur. Les débiles mentaux hurlaient, complètement déchaînés. Le sénateur sourit, nerveux. Le cortège de conseillers, reliés par des talkies walkies, ordonna à l'équipe antiémeute d'entrer en action. Une poignée d'hommes pénétra aussitôt dans le parc des attardés, fit une injection de Dormicum aux trois trisomiques les plus agités et les laissa K.O. Le calme régna de nouveau. Les conseillers du sénateur analysèrent immédiatement l'impact de l'incident : l'image d'Achabala n'avait pas été altérée. Tout l'épisode pouvait être réduit à un désordre mineur dû à l'excitation que l'imposante image du sénateur avait suscitée chez les déficients. Quelqu'un proposa de faire appel au vieil argument des « agitateurs de l'opposition décidés à saboter le leader ». La motion fut approuvée et ils firent passer cette version aux journalistes de confiance.

Pour ne plus courir de risques inutiles, on plaça le sénateur à une distance prudente de la scène. Il occupa un fauteuil au huitième rang, près de l'allée, au cas où il devrait quitter le spectacle avant la fin. L'épisode des mongoliens avait éteint la narcovitalité du sénateur ; il avait besoin d'un autre shoot pour l'aider à supporter le reste de la matinée. Achabala avait un programme d'enfer qui comprenait l'inauguration d'un scanner à l'hôpital de Morón – inauguré un mois plus tôt par le gouverneur actuel –, un circuit à vélo à Tigre, plusieurs interviews à la radio, la participation à une émission de cuisine sur une chaîne du câble, un cours de théâtre à midi, un barbecue avec les employés des lignes de chemin de fer, la sieste officielle, un rassemblement au centre d'Avellaneda, le reportage de Bernardo… Il allait avoir besoin de pas mal de drogue s'il voulait tenir le coup. Il fit un geste des sourcils à monsieur Brotto et s'éclipsa, décidé, aux toilettes.

Assis sur l'abattant des W.-C., il attendit que son chauffeur lui fasse une autre injection. La drogue était un combustible en or pour les veines du sénateur. Tout son corps retrouvait la vigueur de ses jeunes années et son esprit engendrait les idées les plus loufoques. Dans ces cas-là, la désinhibition d'Achabala était sans limites. D'humeur joueuse, il attrapa les couilles de Brotto et, impatient, il ne s'arrêta que lorsque son chauffeur consentit à baisser sa braguette. Ils sortirent peu après des toilettes, en silence. Achabala se dirigeait, flegmatique, jusqu'à son fauteuil. Monsieur Brotto lui emboîtait le pas, blindé derrière son inexpressivité habituelle.

Un couple de mongoliens, tous les deux en costume de gaucho, dansait un malambo au centre de la scène, ils confondaient les pas et se rentraient dedans. Achabala avait le goût de Brotto dans la bouche. Il se pourléchait comme une pute et ne songeait qu'à une chose : tout envoyer bouler et s'enfuir sur une île de Polynésie, vivre des bénéfices de ses placements à Miami et des intérêts de ses comptes en Suisse. Mais il savait que ce n'était qu'un délire impossible. Achabala était enlisé dans un jeu qu'il ne pouvait abandonner, qu'il n'avait pas le droit d'abandonner, à moins d'avoir envie d'être retrouvé un matin suicidé d'une balle dans la tête. Sa vie ne lui appartenait plus, il avait fait un pacte avec le Diable ; la drogue le faisait délirer sur ce pacte : c'était le négatif de celui de Dorian

Gray. Il se disait que plus son image se faisait vile et sinistre, plus son corps tombait en déchéance, plus son âme, purifiée par la corruption physique, se faisait diaphane, libre. C'était une âme sensible ! Il aimait l'art, la lucidité de l'esprit, l'héroïsme patriotique. Il détestait la politique de toutes ses forces. Il eut soudain une folle envie de se mettre debout sur son fauteuil et de crier haut et fort : « Je suis pédé ! Je suis pédé et j'aime ça ! », mais il réprima son élan. La drogue lui faisait parfois perdre la raison.

Soudain, le plancher de la scène céda et le mongolien qui dansait fut englouti par les planches. Tout le public éclata d'un rire spontané. On voyait, par le trou de la scène, les bottes du gaucho balourd taper dans le vide. Achabala se mordit les lèvres de rage. Le spectacle était terminé. Le vrai directeur de l'asile fit descendre le rideau et allumer les lumières. Le groupe antiémeute sortit le gaucho du trou, l'entraîna jusqu'à l'un des parcs en bois à coups de pied dans le cul et lui fit une injection. Il commençait à mesurer le professionnalisme de ses agents. Il fallait inverser le fiasco et vite, il était impératif de prendre une photo du sénateur souriant à côté du mongolien accidenté. Il fallait exploiter la boulette. La marée de collaborateurs transféra illico le sénateur jusqu'au petit parc du gaucho en détresse. Tout le monde lui répétait à l'oreille qu'il était inoffensif, chimiquement contrôlé, qu'il ne sentait pas ses os cassés.

Achabala s'approcha, tendu ; l'effet de la came lui était passé d'un coup. Un des conseillers agita un sachet de sucettes derrière la tête du sénateur, le mongolien rit comme un bébé et les flashs firent le reste. « Grand geste du sénateur Achabala », lancèrent les agences de presse officielles.

*

La nuque de monsieur Brotto était ridée, c'était un cou trapu et couvert de poils rasés de près, qui se prolongeait par une tête carrée comme une boîte à biscuits d'où dépassaient les deux poignées minuscules des oreilles. Installé sur la banquette arrière de la voiture officielle, le sénateur ne s'intéressait qu'à une chose : cette tête. Il cherchait à la répertorier dans une catégorie de criminel lombrosien. L'idée que derrière Brotto se cachait un tueur en série l'excitait ; il eut aussitôt une érection. De temps à autre, Brotto jetait un coup d'œil dans le rétroviseur et le regardait, inexpressif, avec ses petits yeux noirs éteints, deux petites têtes d'épingle piquées au-dessus d'un nez aplati à force de coups. Ils se rendaient à Morón pour inaugurer le scanner. Le secrétaire Garcete accompagnait le sénateur Achabala à l'arrière. Garcete était un individu à la voix fluette et sans un poil sur le caillou, qui compensait cette carence au moyen d'une barbe drue taillée avec soin. Tandis qu'Achabala s'imaginait en train de mordiller les oreilles charnues de monsieur Brotto,

Garcete prenait des notes sur son ordinateur, répondait aux téléphones portables, encensait le sénateur et vérifiait que Brotto n'appuie pas trop sur le champignon de la 406, accidentée à plusieurs reprises à cause de sa manie de conduire comme un fou. Le secrétaire, qui ignorait les penchants sexuels de son chef, ne comprenait pas comment le sénateur pouvait garder à son service un collaborateur pareil.

— Attention au virage, Brotto, dit Garcete, un téléphone collé à l'oreille. Non, pas vous, dit-il à la personne au bout du fil. Il me faut un vieux docteur à lunettes, et deux jeunes doctoresses à placer près du micro.

Achabala lisait maintenant le programme préparé par ses conseillers.

— J'en ai rien à foutre, trouvez-moi des personnes avec ces caractéristiques ou je vous fous à la porte, hurla Garcete. Non, pas d'exigence pour la couleur des yeux… Oui, quatre bébés… Oui, boliviens, c'est très bien.

Achabala fit une grimace de dégoût, il allait devoir prendre dans ses bras quatre « petits Boliviens » et les embrasser. Et ce n'était pas tout, le programme indiquait également qu'une femme s'approcherait de lui flanquée de son mioche aveugle avec une pétition pour la construction d'une bibliothèque braille, ce qui le dégoûta encore plus. Il se dit qu'il devrait penser à changer son équipe de conseillers pour les prochaines élections. Passer son temps à embrasser des négros et des estropiés comme s'il était Jésus était des plus dégradant. Il jeta un coup d'œil aux feuilles du discours ; il était presque identique à celui qu'il avait prononcé un peu plus tôt.

— Combien de personnes ? (Garcete parlait avec un autre interlocuteur, avec un autre portable.) Mais c'est beaucoup trop peu, ce n'est pas du tout ce qui avait été convenu… J'en ai rien à foutre que le bidonville ait été inondé, ramenez les gens en canots, mais ramenez-les. Ce nombre ne couvre même pas un gros plan, vous imaginez. (Garcete mit sa main sur le combiné et dit au sénateur :) Il me réclame plus de fric, ce con, vous pouvez le croire, monsieur ?

Achabala leva les yeux de ses papiers, fit une grimace en conséquence et retourna aux sondages qui l'obnubilaient.

— Non, Turdó, il n'en est pas question ! Et moi qui pensais parler avec une personne de principes, je constate que vous… J'en ai rien à foutre du prix des choripanes, des ballons de foot ou de ce que vous allez devoir filer à tous ces gens, je m'en tape. Tout ce que je peux vous assurer c'est que s'il n'y a pas le nombre de personnes qui avait été convenu hier, vous pouvez effacer mon numéro de votre répertoire, vous m'avez compris ? Le feu, Brotto !

Monsieur Brotto grogna. Il ne comprenait pas comment Achabala pouvait supporter cet hystérique de Garcete. Il avait déjà largement prouvé son inefficacité, mais le sénateur s'obstinait malgré tout à le garder à ses côtés. L'esprit étriqué de Brotto ne voyait qu'une explication à cela : l'existence d'un chantage sexuel entre le secrétaire et le sénateur. Ses soupçons avaient été confirmés un après-midi à la mi-mars. À cette occasion, Brotto était avec le sénateur dans l'appartement où ils se retrouvaient une, voire deux fois par semaine, selon le moral et l'emploi du temps du candidat. C'était après une session amoureuse intense ; ils étaient en train de fumer, nus sur le lit, quand un appel de Garcete sur le portable du sénateur l'avait laissé pâle et perturbé comme un zombie. Ce jour-là, Brotto avait décidé de supprimer Garcete dès qu'il en aurait l'occasion. Il avait pensé à une chose simple : il profiterait de la confusion de la foule lors d'une manifestation pour le poignarder dans la nuque. Il laisserait le corps de l'immonde Garcete se faire piétiner jusqu'à être méconnaissable et ensuite, il annoncerait la grande nouvelle au sénateur. La cérémonie de fin de campagne était l'occasion rêvée. Monsieur Brotto attendait ce moment avec impatience.

— Non, mon ami, ça c'était déjà réglé. (Garcete parlait maintenant dans un téléphone miniature, de la taille d'une moule.) Tu me mets cinquante ou soixante chorizos de côté pour le sénateur et l'équipe de campagne… Non, ni light ni rien du tout, du pur porc, sur un barbecue à part… Je sais pas mon vieux, vois ça avec le nutritionniste du sénateur…

Au feu de bois, le sénateur les aime au feu de bois. (Il mit sa main sur le combiné et s'adressa à Achabala :) Le chorizo, vous le préférez à point ou bien cuit, monsieur ?

Achabala fut à deux doigts de l'envoyer se faire foutre, mais il se contenta d'un geste qui laissait deviner qu'il ne fallait pas le déranger avec des détails.

— Ouais, fais-les à point, gaucho, dit-il à la personne au bout du fil. (La voix de l'autre côté se perdit quelques instants en explications, alors Garcete poursuivit :) Écoute, dis aux types du Senasa [1] que la sciure, elle est dans leur tête, qu'ils viennent pas nous faire chier avec leurs conneries juste au moment où on est coincés… Qu'est-ce que tu veux qu'ils connaissent au chorizo, les employés du chemin de fer ?… Mais non, mon ami, la sciure est tout ce qu'il y a de plus sain, c'est ce qu'il y a de plus nourrissant dans le chorizo. T'as déjà goûté ?… Un léger goût de bois, ça me pose aucun problème, tu comprends ? On a déjà dépensé une fortune, il faut réduire les coûts, un point c'est tout, et s'il faut mettre un peu de sciure dans les chorizos… Bon, si la moitié du chorizo est remplie de sciure c'est parce que le budget ne permet pas de faire mieux et les gens vont les manger avec plaisir, qu'ils le veuillent ou non, et ils auront l'air contents sur les photos, autrement votre

1. Service National Sanitaire et Qualité Agroalimentaire.

délégué vous le retrouvez demain criblé de balles dans un ravin, tu m'entends ? Et dis aux gens du Senasa d'aller s'occuper des chorizos de l'opposition.

Garcete raccrocha, indigné. Son crâne en sueur brillait comme de la porcelaine de Chine. Il en avait jusque-là de se bagarrer avec des incapables. Brotto venait de renverser un chien mais il n'avait même plus la force de le reprendre. Il se rappela soudain quelque chose, se concentra sur le moniteur de l'ordinateur et fouilla parmi les dossiers jusqu'à trouver celui qu'il cherchait :

— Regardez, monsieur, ça m'était complètement sorti de la tête. Ce matin, en transférant les mails de votre boîte, j'en ai encore trouvé un de ce bouffon, vous vous souvenez ? dit-il et il inclina l'écran pour le faire lire au législateur.

Achabala pâlit. Monsieur Brotto l'observait dans le rétroviseur, il se disait que Garcete avait dû noter dans la machine quelque chose en rapport avec le chantage sexuel. Il fut tenté de piler et de lui fracturer le crâne avec l'extincteur de la voiture mais il parvint à se contenir en attendant la réaction de son chef.

Achabala lut en silence :

Sénateur, t'es pas prêteur
Achabala, la grosse pédale.
Arrêtons les conneries,
Je connais bien votre ardeur,

J'ai enregistré sur la cassette,
La partouze de Libertador.
Si vous n'voulez pas d'un scandale,
Et pas pouvoir être Gouverneur,
Il vous faudra être loyal,
Envers les hommes du Vengeur.
N'oubliez pas qu'une balle,
Vaut plus que n'importe quel penseur,
Réfléchissez, don Achabala,
Fiez-vous à votre serviteur.

Le sénateur resta sans voix. Garcete s'essuya le crâne avec un mouchoir et demanda :

— Vous comprenez quelque chose à ces conneries, monsieur ?

— Rien, souffla Achabala, livide.

— Apparemment on a affaire à un couillon qui se prend pour un poète. Ça, c'est typique d'un groupe de hackers, monsieur. Je me suis renseigné : ce message a été envoyé via un tiers pour qu'on ne puisse pas le tracer. C'est un coup classique de petites racailles informatiques. Je propose de ne rien faire pour l'instant en attendant d'avoir des menaces plus concrètes. Notez que tout cela n'a ni queue ni tête, ou vous connaissez quelqu'un surnommé le Vengeur ? Quand on aura quelque chose de plus concret, on le fera passer aux services de renseignement et tchao. Qu'en pensez-vous ?

— Très bien, comme vous voudrez, Garcete. (Achabala faisait une crise de tachycardie.) Je me sens un peu indisposé… Ce voyage me donne mal au cœur, appelez un médecin s'il vous plaît.

— Brotto, arrêtez-vous, le sénateur a tourné de l'œil ! cria Garcete et il appuya un portable contre son oreille.

Le Mort

DIMANCHE 21 AVRIL

C'est bien connu : ce qui commence mal finit mal et franchement, y avait rien à attendre de bon d'une soirée pourrie comme celle d'hier. En résumé, on avait été méga survoltés, du coton plein la bouche, depuis dix heures du soir, et il était déjà presque neuf heures du matin. Une bonne douzaine d'endroits étaient passés sous nos semelles, dont un bar pour handicapés mentaux et une cave où une tripotée d'anarchistes planifiaient de faire sauter une ambassade tout en se mettant dans les narines des rails longs comme des lacets. On s'était nous aussi pas mal dégueulassé le nez, et on avait calmé nos nerfs avec je ne sais combien de litres de Fernet, et ainsi de suite.

On avait perdu Caméléon et Kingo dans un des virages et moi, j'avais plus la force de débattre avec ce brave Brando, du coup, pas très emballé, je lui ai dit que j'étais O.K. pour aller finir dans un bordel. Brando fait partie de ces types qu'il vaut mieux satisfaire plutôt que d'avoir à se les coltiner pendant des heures à te fatiguer la cervelle, et comme ça faisait un moment déjà que ma tête avait cessé de fonctionner, j'ai décidé de me laisser traîner dans cet endroit où, selon lui, on pouvait tirer un coup pour vingt *mangos*.

On est arrivés là-bas assez détruits. Brando conservait encore un semblant d'allure, il camouflait son agonie sous le blouson en cuir noir avec lequel il nous fait tant marrer quand il nous imite ce sauvage de Marlon. Moi, par contre, j'avais les jambes et la mâchoire qui tremblaient au même rythme, le cœur comme un nœud pap dans la gorge et les muscles du cou super tendus. On s'est posés sur des tabourets près du comptoir et on s'est contentés, pendant un moment, de contempler le bout de nos pompes et nos ongles. À part une employée qui nettoyait le sol, Brando et moi étions les seuls êtres vivants de cet endroit, et ça, je le dis surtout pour la fille qui nettoyait. En plus, l'ambiance n'aidait pas. Les lampes rouges qui pendaient au plafond me donnaient l'impression d'être dans l'antichambre de l'enfer. Pour couronner le tout, il flottait dans l'air une puanteur tenace, un mélange d'odeurs d'humidité, de clope, de gerbe, de vin rance et de vieilles chattes qui entamait l'équilibre fragile de nos estomacs malmenés par les vices.

Brando a allumé une clope, il a demandé à la femme de ménage où étaient passées les filles et le type qui servait à boire et là, il a exposé avec une extrême politesse notre besoin urgent des deux choses, ainsi que la possibilité que l'on meure prématurément si tout ce petit monde n'arrivait pas dans les plus brefs délais. J'étais en train d'essayer de réprimer une crise de solitude en me bouffant l'ongle du pouce, quand la nana à la serpillière est venue nous calmer en expliquant que les filles du matin seraient là dans une demi-heure, fraîches comme du jasmin qu'on vient de cueillir, mais que, a-t-elle précisé, la question des boissons était liquidée parce que le « batman » – je jure que c'est ce qu'elle a dit – était allé se pieuter et qu'il n'y avait pas moyen qu'elle aille le réveiller pour deux trois verres. J'aurais souhaité avoir une réaction d'indignation explosive, mais tout ce qui est sorti de ma bouche à ce moment-là, c'est un mouvement de la langue accompagné d'une vibration de la lèvre inférieure qui, dans l'ensemble, ressemblait à ce que font les vipères avec leur langue bifide. Brando, de son côté, n'a pas eu l'air gêné par la privation d'alcool – je crois plutôt qu'il n'a même pas capté –, et il a continué à s'entretenir avec la nana à la serpillière avec une fougue de marin tout juste débarqué, il fallait voir ça. J'étais assez perturbé tout à coup et j'ai essayé de me rabattre sur la perspective des putes fraîches qui nous attendaient. Se faire celles de l'équipe du matin était sans doute beaucoup mieux que se taper celles de la nuit, même si les filles de la dernière équipe devaient sûrement inclure les boissons. Bon, la perfection n'existe pas sur cette terre. Ce matin-là, la grande question était : putes ultra-baisées versus petites putes fraîches, mais gosier sec. Comme je n'arrivais pas à trancher, j'ai décidé d'en toucher un mot à Brando, qui avait cessé de parler avec la nana à la serpillière et se contentait maintenant de la lorgner en remuant les jambes nerveusement.

Brando n'a pas dû comprendre ce que je lui demandais parce qu'il m'a seulement dit que si les filles n'arrivaient pas rapidement, il commencerait à faire du rentre-dedans à la nana à la serpillière. Si on avait pu faire un concours entre toutes les filles de l'univers, la fille à la serpillière aurait eu de sérieuses chances de remporter le prix de la plus laide. Elle avait à peu près le style d'un épouvantail qui serait passé sous un tracteur et se serait ensuite fait chier dessus par une meute de loups ayant la diarrhée. Mais ça, ça échappait à Brando. Il était possédé comme on peut l'être quand on force sur la chimie et que la vue se trouble, et qu'on commence à penser que la meilleure des choses qui puisse arriver dans une vie, c'est de finir avec la fille à la serpillière. Bien que je ne sois pas un grand philanthrope – je ne suis pas non plus le dernier des fils de pute comme beaucoup le pensent –, je ne pouvais pas rester là à rien faire alors que mon ami Brando était sur le point de commettre la terrible connerie de perdre la tête pour cette fille. Je lui ai donc proposé d'aller s'enfiler quelques verres à une station-service, et faire passer le temps jusqu'à ce qu'il soit l'heure de niquer les putes. Tout le monde sait qu'un bon verre aide souvent à réfléchir et à calmer les nerfs. À cette heure-ci – il était presque dix heures –, s'il y avait bien quelque chose dont nous avions besoin, c'était de réfléchir.

Comme je m'en doutais, mon invitation à réchapper de ce cauchemar n'a donné aucun résultat chez Brando, qui a marmonné je ne sais quelle débilité avant de s'appliquer à lancer des regards libidineux à la fille à la serpillière, qui nettoyait le sol près des toilettes d'où nous parvenait une odeur de merde à désintégrer les cloisons nasales.

Une boule à facettes tournait au-dessus de nos têtes. Ça me rendait nerveux, super nerveux, à tel point que je craignais de me mettre à baver de l'écume comme ça m'arrive quand les choses ne marchent pas comme je veux. J'ai essayé de trouver un charme caché à la fille à la serpillière, histoire de sortir un peu de mon blocage, mais ça n'a fait qu'amplifier ma nausée et mes envies de meurtre. Deux minutes plus tard, la situation était devenue insoutenable. J'ai éclaté. J'ai attrapé Brando par le revers de son blouson noir, qui lui va si bien quand il nous fait le sauvage à la Marlon, et je lui ai craché à la gueule mon besoin urgent de me mettre un peu d'alcool dans le sang ou de drogue dans le corps, avant d'avoir ma crise du matin et cette douleur aiguë et épouvantable qui me prend chaque fois qu'il va se passer quelque chose de grave, de très grave. Sans le lâcher, j'ai tenté de lui expliquer, à travers le claquement de mes dents, que ces maudites putes nous avaient laissés crever comme des chiens malades, et que la meilleure chose à faire c'était de retourner à la Torino pour aller chercher quelque chose à se foutre dans les narines ou, à défaut, nous tirer une balle dans la tête pour mettre un terme à l'agonie que supposait le fait d'être assis dans un bordel vide, face à une étagère bondée de boissons qu'on pourrait pas s'enfiler, pendant qu'une salope munie d'une serpillière remuait son cul immonde.

C'est à ce moment-là que ce brave Brando a ouvert la bouche. Il en est sorti un rot qui a duré au moins deux minutes et qui m'a balancé aux narines les effluves de tous les produits en décomposition que Brando avait ingurgités pendant la semaine. J'ai tourné de l'œil sur mon tabouret, mais j'ai pas complètement perdu connaissance. J'arrivais encore à distinguer, comme si elle sortait d'un escargot, la voix mielleuse de Brando – l'homme à l'haleine soporifique –, dire à la femme à la serpillière des choses comme : « Viens, on va tirer un coup dans ma Torino », ou « Tu veux pas me tailler une petite pipe sur la banquette arrière de ma Torino ? », alors qu'on savait parfaitement tous les deux que la Torino était à moi et que, même mort de gangrène, je n'aurais jamais accepté que la nana à la serpillière aille se vautrer sur ces sièges exquis en imitation léopard.

Furieux comme je l'étais contre Brando, je me suis relevé d'un bond histoire d'insulter un peu sa mère et lui enlever la nana à la serpillière de la tête, pour qu'on puisse se barrer de cet endroit de malades où on était tombés. À ce stade, ce cinglé attardé de Brando n'en avait plus rien à foutre de sa mère ni de qui que ce soit en dehors de cette horrible pute à la serpillière. Épuisé, je me suis laissé retomber sur le tabouret, résigné face aux problèmes : le manque de substances, le manque de filles et la perte progressive de neurones, qui semblait avoir davantage affecté Brando. J'ai attendu de voir si Dieu nous prendrait un peu en pitié et nous foudroierait sur place d'une crise cardiaque. Je me suis même imaginé le titre dans *Crónica* : « Jeunes toxicos morts dans un antre de perdition. » J'ai raconté mon trip à Brando histoire de lui changer un peu les idées, mais le type n'était plus bien de la caboche, du coup, il a pris l'histoire au tragique et s'est mis à compter ses pulsations parce qu'il était persuadé que son cœur allait exploser. Il transpirait beaucoup et, dans une crise de psychose, il a halluciné que des flics étaient planqués derrière le comptoir. Là, son blouson ne faisait plus du tout le même effet que quand il nous jouait les sauvages à la Marlon, et toute sa silhouette semblait trembler comme si elle avait été taillée par un parkinsonien avec une tronçonneuse Segelín aux batteries sulfatées.

Ce n'était vraiment pas beau à voir. Du coup, ému, je lui ai dit qu'il pouvait, si ça le branchait toujours, ramener la nana à la serpillière à la Torino à condition de ne pas tacher les housses en léopard. Brando a entendu les mots magiques et il a immédiatement retrouvé la forme. Il est reparti sur la nana à la serpillière. La fille était en train de sortir des chiottes avec deux superbes sacs pleins d'ordures parfaitement assortis à ses nichons qui dégringolaient. Mon ami Brando s'est rué sur elle. Il a profité d'un moment où la nana se baissait pour fourrer sa main dans le pire cul de l'univers.

Le cri de l'horrible guenon est arrivé en même temps que ma crise et j'ai commencé à baver de l'écume. Deux types, un peu plus grands que Tantor, sortis de je ne sais où, nous sont immédiatement tombés dessus. Je suppose qu'ils n'étaient pas très contents de la main de Brando, qui était toujours bien au fond du cul de la nana à la serpillière, parce qu'ils nous ont tartés avec leurs doigts boudinés et on s'est vus dans l'obligation de tacher tout le local avec la cascade de sang qui nous giclait des narines.

J'espère que les types auront compris la leçon, et surtout la nana à la serpillière qui, à l'heure qu'il est, doit encore être en train de nettoyer les taches qu'on a laissées et peut-être même une ou deux dents. De notre côté, on est remontés dans la Torino convertis en un amas de sang et d'os brisés, et on est partis chercher à boire à un 24 h / 24 où ce brave Brando a recommencé à me faire marrer en jouant le sauvage à la Marlon.

Le clodo

DIMANCHE 21 AVRIL

Tout l'état-major de la police se pressa aux funérailles du sous-officier Zabala. Les commissaires présentèrent leurs condoléances à la veuve, posèrent pour les photos de rigueur de la presse et regagnèrent immédiatement le siège. Le commissaire Diana assista à la veillée funèbre avec ses hommes. Almada et Garmendia, en uniforme, entourés d'autres membres de la Division, accompagnaient l'agent tombé en service jusqu'à sa dernière demeure. Almada le Timbré observa une minute de silence devant le cercueil fermé. Une minute durant laquelle il médita sur le malheureux concours de circonstances qui avait voulu que ce garçon se trouve au mauvais endroit au mauvais moment. Loin de se reprocher sa conduite meurtrière, l'officier Almada tentait de se justifier en se disant qu'il n'y avait pas de hasard. Si le caporal Zabala avait trouvé la mort dans cette ruelle d'Avellaneda, c'était sans doute que cela devait arriver, fatalement, pour une raison obscure et inconnue, c'était inexorable. Loin d'Almada et du cercueil, appuyé contre un mur, Garmendia le Monstre buvait un café avec Zabala la Trombine, le propriétaire du casino clandestin qui avait ses arrangements avec la Division. Garmendia n'en revenait toujours pas : le sous-officier qu'ils avaient liquidé était le neveu d'un complice de Diana. Si les expertises des médecins légistes les incriminaient, c'était la fin. Par précaution, Garmendia comptait se trouver un expert bidon au tribunal afin de classer définitivement l'affaire.

— C'était un mec comme ça, le Monstre, dit la Trombine.

— Et il s'est comporté comme un vrai, il a tenu bon face à ce taré de drogué. J'ai encore son image gravée ici, j'te jure (Garmendia se tapota le front), ça a été l'affaire d'une seconde : le type a sorti son flingue et poum, c'était fini. Avec Almada on arrivait de derrière et moi j'ai pas hésité, je l'ai tout de suite buté.

— J'imagine, le Monstre, j'imagine… Mais je suis retourné. C'est moi qui avais fait rentrer le gamin dans la police par l'intermédiaire de Diana. On attendait qu'il soit transféré à la Division et regarde… (Zabala la Trombine éclata en sanglots.) Regarde où il est maintenant, le pauvre.

— C'est terrible, frérot, je comprends. Moi aussi j'en ai perdu du monde. Mais qu'est-ce que tu veux ? Avec ce boulot, c'est comme ça, aujourd'hui t'es là et demain, poum, tu te fais secouer par un taré et tu passes de l'autre côté, sans tambour ni trompette. On te fout dans une boîte, on file une médaille à bobonne et tchao, rideau.

— Mon frère est hospitalisé, il n'arrive pas à y croire, le pauvre. Il a perdu sa fille dans un accident et maintenant ça. Mais quel malheur, mon Dieu !

Garmendia tapota l'épaule de la Trombine, jeta son gobelet en plastique dans un cendrier et sortit prendre l'air à la porte du funérarium. La nuit était fraîche et sans étoiles. Garmendia alluma une Particulares et s'adossa à un véhicule de patrouille en attendant Almada le Timbré. Le Monstre se sentait asphyxié dans son uniforme. Il était perturbé par la tournure qu'avaient prise les événements. La mort du neveu de Zabala avait fini de le détraquer. C'était comme si cette affaire était maudite, régie par un pouvoir transcendant n'importe quelle logique. Toute cette histoire était trop tordue pour son horizon rationnel limité. Garmendia se dit qu'il était peut-être proche de la fin, qu'à un moment ou à un autre, le malheur alentour allait finir par l'atteindre. Il jeta son mégot sur le trottoir, relâcha la boucle de sa ceinture et défit un bouton de sa braguette. Il se sentit aussitôt soulagé. Il ferma les yeux, laissa échapper un long soupir et, l'instant d'après, il dormait comme un bébé. Garmendia rêva qu'il était allongé sur une plage au soleil près d'une femme, près de Martina, son amour secret. Dans le rêve, les grosses mains de Garmendia approchaient le corps nu de Martina et le caressaient, lascives. La peau blanche et glacée de la fille originaire du Chaco demeurait insensible au contact. Le Monstre parcourait maladroitement ses cuisses, son ventre, ses bras ; il s'attardait sur la fragilité du cou pour ensuite effleurer la joue et le lobe de l'oreille, mais rien. Le son monotone des vagues qui se brisaient s'intensifia jusqu'à n'être plus qu'un murmure hypnotique. Plongée dans l'hermétisme le plus obscur, Martina avait l'air d'un mannequin posé sur une plage. Ses lèvres serrées et ses lunettes sombres la rendaient encore plus énigmatique. Garmendia approcha son visage mutilé de celui de Martina, il l'embrassa sans grâce à deux reprises, mais ne parvint pas à l'arracher au sortilège. Il tendit sa main vers ses lunettes et tira dessus d'un coup sec, et avec les lunettes c'est tout le visage de Martina qui se décolla comme un masque en caoutchouc. Et maintenant, sur le corps de Martina, le visage du sous-officier Zabala le regardait avec ses yeux morts. Terrifié, le Monstre attrapa le sous-officier par le nez et tira de nouveau. Le visage se décolla avec la même facilité que la première fois. Sous le visage de Zabala se trouvait celui de l'Oiseau Bustos, les lèvres violacées et les paupières boursouflées par la drogue. Garmendia tira sur les oreilles de l'Oiseau et alors apparut le visage de Cortez le Tucumano, bouffé par les rats. Sa peau putréfiée dégageait une odeur fétide. Garmendia recula, effrayé, et le mort s'écria : « Ne m'emmenez pas, chef, ne m'emmenez pas, s'il vous plaît, ne m'emmenez pas… »

Il ouvrit les yeux et ils s'emplirent de larmes. Il était en sueur et la brûlure sur son visage le démangeait plus que jamais. Ça n'avait été qu'un cauchemar ; un de plus, mais cette fois il ne venait pas du passé, de ses années au Pozo de Banfield, il venait du présent, ou peut-être même du futur. Cette succession de morts pouvait être un avertissement. Des années plus tôt, Chango Posas, un ancien collègue de la Police routière, leur avait raconté qu'il avait fait un rêve où il avait vu sa propre tête dans une boîte à chaussures. Il leur avait dit ça un matin et le soir même ils le veillaient à cercueil fermé. Posas s'était encastré sous un camion à remorque avec le véhicule de patrouille. La plaque déchirée et effilée du pare-chocs lui avait tranché la tête comme si c'était du beurre.

Almada le Timbré sortit du funérarium et rejoignit le véhicule de patrouille à côté duquel Garmendia frottait ses yeux rougis. Le commissaire Diana suivait l'officier ; son uniforme impeccable était constellé de décorations. Garmendia se mit au garde-à-vous à contrecœur.

— Tout va bien, sergent ? demanda le Timbré.

— Oui, j'ai dû sortir, la fumée de cigarette me bousille les yeux. (Le Monstre sourit au commissaire.) Comment ça va, chef ?

— Comme une merde, très cher, comment voulez-vous que ça aille ? J'ai tout notre commandement sur le dos en attendant que vous rameniez des résultats positifs.

— C'est que c'est une grosse affaire, chef, ils sont tous dessus. Vous saviez que les Federicos avaient un officier infiltré, un travesti ?

— Plus rien ne m'étonne, sergent. Aujourd'hui, il faut s'attendre à tout. Notre commandement veut des résultats immédiats et si la solution vient du côté de la Police fédérale, je peux vous assurer qu'ici, il y a des têtes qui vont tomber. Nous avons une semaine pour trouver la vidéo, c'est l'ultimatum qu'on a reçu de La Plata. Ce matin, le sénateur a été victime d'un pré-infarctus. Il est très nerveux. Il reçoit des courriers électroniques d'un certain Vengeur, qui lui fait du chantage sous forme de poèmes.

Garmendia le Monstre imagina une espèce d'enveloppe reliée à un fil, ou une lettre à piles ; il n'avait pas la moindre idée de ce que pouvait être un courrier électronique. De toute façon, pour ne pas avoir l'air d'un imbécile, il fit une moue en accord avec ce qu'il pensait être la gravité de la question. Almada le Timbré bomba le torse et s'avança :

— C'est justement la piste que j'étais en train de suivre, monsieur. (Il toucha la monture de ses lunettes et poursuivit :) J'essaie de déchiffrer le message caché des poèmes retrouvés sur Cortez.

Si j'avais accès aux messages dont vous parlez, je pourrais peut-être trouver des similarités. La clef qui nous mènera à l'endroit où est cachée la vidéo.

Diana le Boucher regarda Almada d'un air étonné. Il lui tapota sur l'épaule et dit :

— C'est très bien, mon garçon, je sais que vous irez loin. Je vous fais parvenir une copie des messages dès demain… Vous avez une semaine pour trouver la cassette. Je sais que vous n'allez pas me décevoir.

— Et les autres types ? (Pour Garmendia, ces poèmes, c'était une manœuvre des services de renseignement, de fausses pistes. Il connaissait la manière de bosser des espions, leur goût pour déformer les faits, leur façon de brouiller les pistes pour se réserver la plus grosse part du gâteau.) Le juge et le banquier, qu'est-ce qu'ils sont devenus ?

— Le juge Barbosa s'est brouillé avec la Police fédérale, il a changé de camp, il travaille pour le ministère de l'Intérieur maintenant. Ils lui ont promis de le sortir de ce bourbier s'il classait une série d'affaires délicates. Arias Duval, le banquier, a démissionné et il est parti avec toute sa famille à Villa Gesell. Il ne veut plus entendre parler du monde extérieur. Il s'est fait évangéliste. Autre chose, sergent ?

— Je sais pas, chef, cette histoire est indémerdable. On a déjà perdu un des nôtres et on n'y comprend que dalle. Moi j'ai l'impression que les services de renseignement sont en train de nous préparer quelque chose. Ils tiennent le sénateur avec cette histoire de vidéo, mais la vérité c'est que personne ne peut assurer que cette vidéo existe vraiment. Regardez un peu où nous ont menés les infos de Colocci. Vous voulez que je vous dise ce que j'en pense ? Pour moi, c'est une action typique du SIDE, ou même du SIE[1]. Et si c'est le cas, ça ne fait que commencer, on n'a pas fini de voir apparaître des morts... C'est une grosse affaire, je vous ai dit, tout le monde veut se sucrer au passage.

— Et qu'est-ce que vous proposez, sergent ? Qu'on reste assis les bras croisés à regarder les autres nous passer devant ? Faites comme votre collègue, voulez-vous, prenez des initiatives et réglez-moi cette affaire pour dimanche prochain. S'il n'y a pas de vidéo, je veux des preuves. Et s'il y a une vidéo, je veux la voir avant lundi avec le commissaire général. Passez-moi en revue tout ce que vous avez à ce jour, à commencer par les rapports du SEIT et des légistes. Revoyez toutes les transcriptions d'interrogatoires, les poèmes, les déclarations des témoins et des informateurs. (Diana le Boucher éleva le ton de plusieurs décibels :) Je veux que vous fusionniez avec l'affaire, je veux que vous y fourriez le pif et reconnaissiez l'odeur du cul de chaque travesti de Buenos Aires et je veux vous voir au travail immédiatement.

1. Service de Renseignement de l'Armée.

C'est ça, ou votre prochain poste est au milieu de la pampa, c'est clair ?

— Affirmatif, monsieur, répondirent avec respect et en chœur les deux subalternes.

*

VENDREDI 26 AVRIL

Le sous-officier Alberto Garmendia s'écroula sur son lit au bord du coma éthylique. Il s'était enfilé du gin jusqu'à trois heures du matin dans une pizzeria de Banfield après une autre journée de travail interminable. Les jours passaient et l'affaire s'était enlisée. Le délai fixé par la direction était sur le point d'expirer et rien n'indiquait qu'ils pourraient sortir vainqueurs de cette mission. L'angoisse quant à son avenir incertain le poussait à boire. L'alcool l'aidait à oublier mais il payait aussi le prix fort qu'exige la gueule de bois en échange. À cinq heures du matin, la sonnerie du téléphone résonna dans la tête de Garmendia le Monstre, l'arrachant au massacre auquel il était en train de rêver.

— Quoi… quoi ? bava-t-il sur le combiné, sans savoir où il se trouvait, ni quel jour on était. Il pensa un instant que c'était le divisionnaire Guastavino qui l'appelait pour qu'il se présente au Pozo.

— Officier Almada à l'appareil. Habillez-vous, Garmendia, on a retrouvé deux morts.

Il fallut une bonne demi-minute au Monstre pour identifier la voix d'Almada, décoder ce qu'il avait dit et réagir en conséquence.

— Où, où je te retrouve? demanda-t-il et il appuya la paume de sa main sur son front.

— Rendez-vous à la Division et demandez Burruchaga. Je ne peux pas vous donner plus d'informations, toutes les lignes sont sur écoute.

Almada raccrocha et, au fond du combiné, on entendit flotter le bourdonnement caractéristique de l'écoute téléphonique.

Garmendia mit un vieux Levi's, une chemise claire et ses mocassins marron. Il enfila son holster avec le Ballester-Molina et le Browning tout en démontant son réveil, à l'intérieur duquel il trouva un micro sans fil de la taille d'une mouche. Il prit un comprimé antiacide, rechargea de gin sa flasque en fer-blanc et jeta le petit appareil dans les chiottes. Il regarda sa Falcon Futura SP du coin de l'œil mais n'osa pas monter. On avait dû lui poser une bombe; un demi-tour de clef et on pourrait passer une semaine facile à essayer de trouver quelque chose à enterrer. Le sergent prit un bus et arriva à la Division un peu avant six heures. Il ne connaissait aucun caporal du nom de Burruchaga et alla questionner le petit Rojitas qui était en train de préparer le maté dans la cuisine du commissariat.

— Burruchaga, bien sûr, don Rubén, c'est le propriétaire du kiosque du coin, dit-il en lui tendant un maté amer. L'aveugle. Tout le monde le cherche aujourd'hui, le vieux. Qu'est-ce qui s'est encore passé ?

— Comment ça, tout le monde ? demanda Garmendia, déconcerté.

— Ouais, y a un livreur de la compagnie Oca qui le cherchait tout à l'heure. On lui avait donné cette adresse, le pauvre.

Garmendia sortit du commissariat au pas de course. Le commerce de Burruchaga occupait la moitié d'une pièce dans une grande bâtisse aux plafonds hauts. Les clients étaient servis par une petite ouverture rectangulaire de la taille d'un carreau pratiquée dans le mur. Une petite trappe métallique fermait l'orifice de façon hermétique. Le sergent pressa la sonnette du commerce de Burruchaga avec insistance. La trappe s'ouvrit et apparut alors la tête d'un homme d'environ soixante-cinq ans, les cheveux gris cendre, une moustache à la tartare et des lunettes carrées avec des verres comme des culs de bouteille. Garmendia se dit que le vieux n'était pas un aveugle, que c'était un type des renseignements déguisé. Il imagina qu'on avait endormi le vieux au chloroforme et qu'un type des renseignements avait pris sa place. Il s'attendait à ce que l'espion sorte une arme d'une minute à l'autre pour le buter.

— Qu'est-ce qu'il vous fallait, jeune homme ? demanda le vieux.

— Et qui vous dit que je suis un type ? s'énerva Garmendia.

— C'est à cause de l'odeur de gin, mon ami, fit le vieux sous sa moustache. C'est l'heure où les buveurs rentrent chez eux. Il vous fallait des cigarettes ?

Garmendia sentit monter en lui une envie irrépressible de baffer le vendeur mais il retint sa colère, se mordit la lèvre inférieure et poursuivit :

— Ce que je voudrais, don Burruchaga, c'est que vous me donniez ce que mon collègue, l'officier Almada, vous a laissé pour moi.

— Ah, vous êtes le collègue de Sergio, enchanté. (Le vieux sortit une main tremblotante à travers l'ouverture :) Rubén Antonio Burruchaga, à votre service.

— Sergent Alberto Garmendia. (Le Monstre fourra sa main dans celle du vieux, qui valsait comme celle d'un tourneur de manivelle.) Vous n'avez rien pour moi ?

— Une seconde, laissez-moi voir. (L'homme disparut sous la petite ouverture et dit :) Vous savez quel est le problème ? C'est que des tas de gens viennent me laisser des babioles à remettre. Tiens, pas plus tard que tout à l'heure, un jeune homme m'a laissé un paquet, je n'ai même pas encore eu le temps de l'ouvrir, mais le truc de Sergio, il était par là. Ah, voilà, il est là.

Burruchaga fit passer une enveloppe kraft standard à travers l'ouverture. Garmendia s'en empara et l'ouvrit nerveusement. L'enveloppe était vide. Garmendia réfléchit un instant, il fourra sa main à l'intérieur du kiosque et attrapa le vieux par le cou.

— Fais pas ton malin avec moi, vieux con. File-moi ce que t'a laissé Almada ou je te retire de la circulation.

— Je vous jure que c'est tout ce qu'il a laissé, je vous le jure, dit Burruchaga d'une voix à peine audible.

Garmendia le lâcha et retourna à l'enveloppe. Il fourra sa main dedans mais rien, c'était vide. Il déchira l'enveloppe par les bords et trouva le message d'Almada dans la partie intérieure. C'était un schéma griffonné au crayon, le lieu de rendez-vous était marqué d'une croix : Ingeniero Budge, près des piscines de Villa Albertina. Almada l'attendait au bord du Camino Negro, sur un terrain vague au niveau de la rue Ginebra. Le Monstre connaissait bien le secteur : un bidonville qui fourmillait de trafiquants casseurs de flics. Si Almada s'y était rendu seul, le nombre de morts s'élèverait sûrement à trois. Influencé par le nom de la rue, il sortit la flasque de la poche de son blouson en cuir et s'envoya une gorgée d'un coup sec. Il secoua la tête et dit à Burruchaga :

— Si j'étais vous, je jetterais ce paquet sans l'ouvrir… Enfin, si vous voulez conserver vos doigts.

— Le paquet que m'a laissé le jeune homme tout à l'heure ?

— Exactement, grand-père, faites-moi confiance et débarrassez-vous vite de cette merde. Si ce n'est pas une grenade, c'est un piège avec de l'acide, un petit cadeau de nos amis des renseignements.

Burruchaga dit quelque chose mais Garmendia n'avait pas le temps de l'écouter. Il regagna la Division en vitesse, prit un pistolet-mitrailleur MP5 et le coupé Taunus qui sortait de chez le carrossier. Il enfila l'avenue Larroque et appuya sur l'accélérateur du coupé comme s'il voulait griller le moteur. Quand il passa devant les tribunaux de Lomas, il repensa au sous-officier Zabala et à l'expertise qu'il devait commander pour être définitivement blanchi dans cette affaire. Le soleil avait coupé l'horizon depuis un moment, mais les nuages, qui s'accumulaient dans le ciel comme d'énormes monstres d'écume, étiraient l'ombre de la nuit en un présage funeste. Le Monstre trouva l'officier Almada sur le bas-côté de la route, une lampe torche à la main, face à un terrain vague où des tonnes d'ordures s'élevaient en montagnes pestilentielles. L'officier était accompagné d'un caporal de la Division, tous les deux en civil. Garmendia sortit du coupé, le pistolet-mitrailleur dans une main et son Ballester-Molina dans l'autre. Il était comme fou et regardait dans toutes les directions ; il s'attendait à ce que l'on commence à tirer depuis les petites cabanes en carton.

— Que se passe-t-il, sergent ? demanda Almada. Je vous trouve particulièrement exalté.

— T'es timbré, Almada, tu vois pas qu'on va tous se faire buter ici. Retournons à la bagnole et barrons-nous.

— Du calme, sergent, ne vous inquiétez pas. Avec les sous-officiers, nous gérons la situation.

Almada fit signe au Monstre de le suivre. À cinquante mètres du bas-côté, au beau milieu du terrain vague, un clochard mort et putréfié reposait au fond d'un puits d'environ trois mètres de profondeur. L'odeur du mort se mêlait à celle, pestilentielle, du reste de la décharge. Une valise en carton et un tas de feuilles jaunies se trouvaient près du mort. Almada braqua la lampe torche sur la valise.

— Voilà ce que l'on cherchait, Garmendia, la clef de notre affaire se trouve à l'intérieur de cette valise.

— Arrête tes conneries, le Timbré, on va se faire buter d'une minute à l'autre. Putain, mais qui t'a envoyé ici, bordel ?

— Le commissaire Diana a eu accès à une plainte anonyme déposée au commissariat du secteur. Il se charge d'examiner personnellement toutes les plaintes susceptibles d'être liées à l'affaire. Ce matin, quand je me suis présenté à la Division, le commissaire m'a suggéré de venir enquêter. Et maintenant je sais que nous avons quelque chose de très important là, en bas.

— Un clodo crevé ? demanda Garmendia, stupéfait.

— Jetez-moi un coup d'œil là-dessus.

Almada lui tendit une feuille identique à celles qui se trouvaient près du défunt.

Le Monstre rangea le Ballester-Molina dans son holster et lut le papier. C'était un poème semblable à ceux que le Timbré avait tenté de déchiffrer.

— Cette feuille se trouvait à côté du puits. (Almada ajusta ses lunettes sur son nez et poursuivit :) Elle est identique à celles que Cortez avait sur lui quand on l'a retrouvé, c'est la même écriture et le même papier. Et maintenant, quand l'autre sous-officier sera de retour avec la corde que je l'ai envoyé chercher, on va récupérer la valise et le reste des feuilles.

— Mais c'est de la folie, Almada. On veut nous supprimer. Je ne sais pas qui, mais en tout cas, quelqu'un veut nous faire la peau. Tous les téléphones sont sur écoute, on m'a planté des micros jusque dans le cul, et je n'ai même pas osé prendre ma voiture aujourd'hui… Et ton ami Burruchaga, on lui a envoyé un colis avec une bombe pour l'éliminer.

— Don Rubén est blessé ?

— Ou peut-être déjà mort, va savoir. La seule chose que je sais c'est qu'on cherche à nous supprimer. Et je vais te dire : même Diana, je lui fais plus confiance.

— Ne racontez pas de conneries, sergent, vous êtes soûl, vous exagérez. Nous sommes à deux doigts de retrouver la vidéo et vous, vous me sortez n'importe quelle ânerie. Ne manquez pas de respect à vos supérieurs, voulez-vous ?

Le Monstre était sur le point de balancer une belle insulte à Almada quand arriva la Falcon avec le caporal qui revenait avec la corde. Les deux sous-officiers s'approchèrent de leurs supérieurs avec respect. Aidé par les autres, le moins ventripotent des deux caporaux glissa le long de la corde, la lampe torche entre les dents, jusqu'à arriver près du mort. Il attrapa la valise contenant les papiers et demanda à ce qu'on le remonte. Almada et l'autre caporal tiraient sur la corde, pendant que Garmendia balayait la zone avec sa mitraillette dans l'attente du premier coup de feu. L'agent émergea du puits, en nage, comme s'il sortait d'un volcan, il était en train de remettre la valise à l'officier Almada quand une balle lui détruisit la clavicule.

— Tout le monde à terre ! cria Garmendia, et il se mit à tirer en direction des cabanes.

Almada se jeta à terre et sortit son pistolet. L'autre caporal, celui qui était encore indemne, resta paralysé par une crise de panique. Les balles provenant du bidonville criblaient le sol à côté des policiers. Garmendia le Monstre, retranché derrière une épave incendiée, ordonna aux autres de se replier vers les voitures pendant qu'il les couvrait. Le caporal blessé tenait à peine sur ses jambes. Son collègue et l'officier Almada, qui tiraient sans arrêt, l'aidaient à se déplacer. Une fois qu'Almada et les sous-officiers eurent regagné les voitures, Garmendia abandonna l'épave et tenta un sprint. Un tir de mortier explosa à côté de lui ; la détonation le sonna et lui fit perdre l'équilibre. Le sergent tomba de tout son long. Il avait un horrible bourdonnement dans les oreilles, comme si un moteur diesel tournait dans sa tête. Il entendit les autres lui crier quelque chose depuis la voiture, mais il ne comprenait rien. Il pensa qu'il avait été touché, qu'il se vidait de son sang par un trou. Il resta dans cette position jusqu'à ce qu'une rafale de mitrailleuse pulvérise un pot de peinture vide à quelques centimètres de sa tête. Il prit son souffle, se releva et fonça jusqu'à la Falcon.

Ils laissèrent le caporal blessé à l'hôpital Gandulfo avec l'autre sous-officier, encore en état de choc. Garmendia le Monstre avait toujours son bourdonnement dans la tête, il parlait en braillant et comprenait la moitié de ce qu'on lui disait. Almada le Timbré expliquait :

— Je vous ai dit que le commissaire Diana n'a rien à voir avec ça. Il m'a suggéré de me rendre sur les lieux avec plus d'effectifs. Il m'a également conseillé de me munir de gilets pare-balles et de lance-grenades. Je suis seul responsable pour le sous-officier blessé, et je compte bien le faire figurer dans le rapport.

— Arrête de raconter n'importe quoi, Almada, j'comprends rien, braillait le Monstre. Ce clochard, c'est encore un coup du SIDE. Ils cherchent à nous supprimer, le Timbré.

— Du calme, Garmendia, ne perdez pas votre sang-froid. Vous vous êtes conduit en héros là-bas, ne venez pas me raconter des foutaises maintenant.

— C'est pas des conneries. Ils veulent nous supprimer, le Timbré.

*

Le commissaire Diana monta une opération avec deux cents hommes de diverses sections, des hélicoptères et des chars d'assaut, pour récupérer le corps au fond du puits. L'officier Almada resta à la Division, plongé dans la lecture des papiers qui se trouvaient dans la valise du mort. Il y avait des piles de poèmes et de papiers manuscrits entassés dans tous les coins. Le Monstre, remis de sa surdité, entra dans le bureau dès sa sortie de l'infirmerie. Il avait un bout de coton avec du Mercurochrome dans chaque oreille et un pansement sur le nez. Il regarda le Timbré avec mépris et lâcha sa question :

— Et l'autre mort, Almada ? Ce matin tu m'as dit qu'il y avait deux cadavres.

Almada leva les yeux de la feuille sur laquelle il

était concentré, dévisagea Garmendia comme s'il s'agissait d'un inconnu et dit :

— C'est sur toutes les chaînes, sergent, aux informations. On a retrouvé un travesti étranglé en plein Palermo Viejo, une personne très liée au bar Harlem où travaillaient les travestis qui ont disparu. Le nom du défunt est Walter Pineda, alias Luci. Ce nom vous dit quelque chose ?

— Qu'il était pédé, et que celui qui l'a crevé voulait le faire taire avant qu'il chante. Les Federicos doivent être bien informés, ils ont ce type infiltré qui bosse au Harlem. Il faudrait lui rendre une petite visite…

— Quelque chose d'officieux, j'imagine.

— T'occupe, Almada, laisse-moi faire. Continue à perdre ton temps à des conneries, je vais aller lui remettre les pendules à l'heure à ce merdeux.

Almada retourna à ses feuilles et se plongea dans la lecture d'un texte qu'il trouva hallucinant :

L'amour est un mécanisme de survie pour le genre humain. Un dispositif inné et pervers dont la finalité est d'exercer un pouvoir sur autrui. D'un point de vue purement biochimique, l'amour est la libération d'une cascade d'hormones et d'intermédiaires chimiques dans le sang. La présence de l'être aimé, ou sa seule évocation, déclenche le cocktail d'humeurs responsable de la sensation que l'on appelle l'amour. L'effet produit, qui, dans le cas de relations très intenses, est seulement comparable au syndrome d'abstinence provoqué par les opiacés, et s'apparente, dans les autres relations, à la sensation désagréable que produit la soif, cet effet, disais-je, est une des atrocités de l'amour.

Il n'existe pas de réciprocité absolue, mais une effervescence chimique, la tonalité désagréable de l'absence que seule la présence apaise, la satiété de la présence de l'être aimé. L'amour, chez l'homme, fonctionne comme un mécanisme adaptatif lui permettant d'exercer un pouvoir sur son espèce comme sur les autres. Reste à déterminer s'il s'agit d'une autre catégorie de l'apprentissage phylogénétique ou de la simple extériorisation d'une habileté directement inscrite dans le code génétique.

Prenons l'exemple de la première relation établie par l'être humain, nous faisons allusion à la relation d'une mère avec son enfant durant la gestation, une relation prénatale. Ici, nous ne pouvons pas dire qu'il existe une symbiose, il serait plus juste, au contraire, de parler de parasitisme, d'un cas de biocompatibilité parasitaire. Le bébé se nourrit de sa mère, il puise en elle les nutriments nécessaires à son développement. Il y a donc une soumission (agréable, acceptée) de la mère vis-à-vis de son bébé. C'est l'amour de la mère qui rend possible la viabilité de l'être en gestation. On pourrait objecter que la femme enceinte n'a aucun contrôle sur son corps et que la soumission est passive, mais une telle affirmation serait absurde : on recense, dans la littérature médicale, une infinité de cas d'avortements spontanés qui se sont produits chez des mères n'acceptant pas la maternité. En outre, si la mère fécondée contre sa volonté ne génère pas d'elle-même un avortement spontané, elle finit la plupart du temps par le faire pratiquer. Dans ces cas-là, si la grossesse arrive malgré tout à son terme, le bébé traînera généralement de graves problèmes physiques et psychiques. Les relations aberrantes entre la mère et l'enfant en gestation engendrent des vies aberrantes, conséquences du manque d'amour, du manque de la tyrannie de l'amour.

L'amour fonctionne donc comme un système autoritaire : l'amour est l'empire de l'esclavage, c'est la lutte pour exercer le pouvoir sur cet empire.

Almada lut attentivement le texte deux fois de suite. De temps à autre, il consultait le dictionnaire pour chercher des termes qui lui étaient inconnus. Ceci ne ressemblait en rien à la rigidité des articles de lois qu'il ressassait nuit après nuit. L'officier croyait entrevoir derrière ces mots l'homme qui les avait écrits, et il s'efforçait de l'associer à l'image du pauvre diable qu'il avait vu quelques heures plus tôt, au fond d'un puits, au beau milieu d'un bidonville. Il se disait que Garmendia pouvait bien avoir visé juste avec sa thèse du corps déposé par les services de renseignement. De toute façon, il devait attendre que l'opération déployée par le commissaire Diana aboutisse et que l'on établisse l'identité du corps et les causes du décès, avant de pouvoir arriver à une conclusion correspondant à la réalité. Le Timbré releva ses lunettes sur son front et frotta ses yeux irrités. Il était fatigué.

*

Garmendia avait confisqué une Dodge Polara orange. Il avait un faible pour les grosses voitures aux moteurs capables de lui donner une sensation de toute puissance. Pour lui, une bonne voiture devait être comme une arme : solide, fiable et bruyante. Rien de ce que l'industrie automobile avait sorti ces dix dernières années ne correspondait aux goûts du sergent. Le moteur de la Dodge Polara était trafiqué et le pot d'échappement, en plus d'être bruyant, la faisait rouler à vingt kilomètres heure au-dessus de la normale. Avec une adresse enviable, Garmendia réquisitionna le véhicule, et le fit démarrer à l'aide d'un tournevis Philips.

Il rejoignit la capitale par le quartier Pompeya et chercha la rue Ancaste. Le commissaire Diana lui avait fourni l'adresse de l'officier Sandoval, le policier fédéral infiltré comme travesti au bar Harlem. Garmendia tourna un peu autour de la maison du policier pour s'assurer qu'elle n'était pas surveillée. Satisfait, il se gara devant la maison, enfila un passe-montagne et sortit de la Polara comme un hors-la-loi. Il franchit une haie de troènes et força la serrure de la porte d'entrée avec un crochet.

La femme de Sandoval était une rousse boulotte et joufflue, dont les yeux verts enfoncés dans la chair faisaient penser à deux morceaux de fruits confits dans une brioche. Le cri d'effroi, causé par cette rencontre inattendue avec Garmendia le Monstre dans son salon, resta bloqué dans la gorge de la femme grâce à la gifle retentissante avec laquelle le sergent l'assomma. Garmendia attacha et bâillonna sa victime à l'aide d'une cravate et d'une paire de bas. Peloter cette chair finit par exciter le sous-officier. Il songea un instant à se soulager avec la petite grosse de Sandoval, mais le temps pressait : Sandoval allait rappliquer d'une minute à l'autre et il ne pouvait pas l'accueillir le pantalon sur les chevilles. Il flanqua la fille dans le placard histoire d'oublier son existence et attendit le policier fédéral dans la cuisine. Le frottement du passe-montagne en laine sur sa brûlure lui hérissait le poil. Il ouvrit le réfrigérateur et avala une gorgée de vin rouge au goulot. Soudain, l'officier Sandoval apparut sur le pas de la porte. C'était un blond aux yeux déteints et pisseux. Son corps léger aux gestes nerveux lui donnait l'air d'une gazelle. Sandoval demeura une seconde interdit face à ce type au passe-montagne qui buvait son vin. Il porta machinalement sa main à la ceinture à la recherche de son pistolet de service mais Garmendia, qui avait essayé de l'imaginer habillé en femme, lui était déjà tombé dessus avec deux coups de poing sur la tempe droite qui lui firent perdre connaissance.

Un frisson réveilla l'officier Sandoval. Il était dans sa salle de bains, les mains et les pieds attachés, nu dans sa baignoire remplie d'eau glacée. Garmendia masqué s'était muni de gants de vaisselle en caoutchouc jaune et tenait un fil électrique dont les bouts étaient dénudés. L'autre extrémité du fil faisait un pont avec l'ampoule électrique du plafond. Le sergent Garmendia s'exclama :

— Putain, rien de pire qu'un flic pédé.

Il plongea le fil dans l'eau et la lumière de l'ampoule vacilla pendant que Sandoval grillait dans la baignoire. Il ressortit le fil et la tension se stabilisa. L'officier poussa un hurlement, Garmendia lui flanqua une gifle.

— Prends sur toi, bordel, fais pas ta pédale. Moi je peux te faire cramer comme ça toute la journée si tu déballes pas ce que je veux savoir, menaça-t-il.

Les traits de Sandoval étaient ceux d'un homme bouleversé. Depuis que le commissaire Rojas lui avait promis une promotion, sa vie était devenue un cauchemar. D'abord, il avait dû supporter le déshonneur de se travestir pour s'infiltrer au bar Harlem, et maintenant un malade le torturait dans sa propre baignoire.

— Qu'est-ce que vous me voulez ? Je vous en

prie, dites-moi ce que vous voulez savoir, sanglota-t-il désespéré.

— Qu'est-ce qui est arrivé à Luci ? Qui lui a fait la peau et pourquoi ?

Sandoval se laissa retomber en faisant non de la tête :

— Personne ne sait. C'était une des propriétaires du Harlem et personne ne sait qui… qui l'a tuée.

Garmendia le Monstre fit non de la tête à son tour.

— Mauvaise réponse, petit, dit-il en replongeant le fil dans l'eau.

Sandoval s'entortilla comme une tranche de lard sur un grill. Le Monstre ressortit le fil et la lumière se stabilisa de nouveau.

— Allez, petit, me raconte pas de conneries. Qu'est-ce que peut bien foutre un policier sérieux comme toi au milieu des travelos ? Qui est le suspect ? Luci avait la vidéo ?

— Non. (Sandoval était sonné.) Personne ne sait rien d'une vidéo au Harlem… Je faisais du renseignement à la demande du commissaire Rojas. Il y a deux suspects.

— Continue à faire tes devoirs, petit, et tu vas t'en tirer.

— Luci les connaissait bien… Attendez… (Sandoval tenta de se redresser mais Garmendia l'en empêcha.) Où est Estella ?! cria-t-il.

— Qui ?

— Estella, ma femme, si jamais vous l'avez touchée, je vous jure que…

Le Monstre lui flanqua une beigne et plongea le fil dénudé dans l'eau de la baignoire, qui commençait à se réchauffer. Le Monstre le menaça :

— Écoute, merdeux, magne-toi de cracher ce que tu sais ou ton Estella je lui défonce la chatte avec une aiguille rouillée, c'est clair ? Je suis plutôt impatient comme mec.

— C'est tout ce qu'on sait, pleurnicha Sandoval. C'est deux dealers qui distribuaient de la drogue aux travestis. Rojas les soupçonne d'avoir la vidéo. Ils n'ont pas remis les pieds au bar depuis le scandale. C'est tout ce que je sais.

Garmendia approcha le fil de la baignoire, menaçant.

— Plus, je veux plus, je veux les noms.

— Je sais pas, monsieur, je sais pas, je vous jure.

Il plongea le fil dans l'eau et les tortillements de Sandoval reprirent de plus belle. Garmendia arrêta.

— Julio et le Blond, y en a un qu'on appelle Julio et l'autre, le Blond. C'est tout.

— Alors comme ça tu savais pas et maintenant tu sais ! (Le Monstre était hors de lui.) Je vais t'apprendre, moi, à dire la vérité, sale petit merdeux.

Garmendia jeta le fil dans la baignoire et recula. Il était prêt à l'électrocuter mais, l'instant d'après, les plombs sautèrent et la salle de bains se retrouva dans l'obscurité.

— Sauvé par le gong, p'tit pédé, dit-il. (Il retourna à la cuisine et sortit tranquillement par la porte.)

*

L'opération du commissaire Diana porta ses fruits. Le corps du mendiant put être retiré du puits sans complications majeures. À peine y avait-il eu un affrontement entre les forces de l'ordre et les bandes de trafiquants de Fiorito, qui s'était soldé par un sous-officier avec une balle calibre 22 logée dans la fesse, et un autre intoxiqué suite à l'explosion accidentelle d'une grenade de gaz lacrymogène. Le corps, en état de décomposition avancée, était en train d'être examiné par une équipe de légistes. Des papiers retrouvés dans une des poches de la victime permirent d'établir son identité.

En attendant le retour de Garmendia, l'officier Almada analysa les dernières informations. Le clochard mort était le docteur Celedonio Reyes, un psychiatre de renom qui était devenu fou après la mort de sa jeune épouse. Reyes avait abandonné enfants et profession pour vagabonder dans les rues, accompagné de ses notes manuscrites. D'après ce qui était indiqué dans le rapport transmis à Almada le Timbré, le docteur Reyes ne s'était pas remis de la perte de sa femme et avait sombré dans une profonde dépression qui avait fini en démence et en clochardisation. Il avait été interné à deux reprises au Borda, où il avait retrouvé d'anciens patients, pour finalement s'échapper et errer dans les rues jusqu'à finir au fond d'un puits des alentours de Villa Budge. Le rapport préliminaire du légiste établissait la cause de la mort : choc hypovolémique par destruction des vaisseaux fémoraux suite à un tir effectué dans la région génito-inguinale. Almada ajusta ses lunettes sur son nez et essaya de raisonner. Comme s'il s'agissait d'une conjuration divine ou, plus vraisemblablement, d'un montage adroit, deux morts en lien avec l'affaire avaient été retrouvés le même jour. L'un pourrissait depuis plus de deux mois, l'autre était encore tiède. Le seul élément qui reliait ces deux homicides entre eux était Cortez le Tucumano : il travaillait avec les travestis du Harlem, il avait les papiers de Reyes, il avait caché la vidéo quelque part. Si les expertises du cadavre de Reyes établissaient que la date de l'homicide était approximativement la même que pour Cortez, et que l'arme utilisée était la même, il fallait donc supposer que ces crimes avaient été commis par le même individu. Comme il n'existait pas de raison apparente de liquider Reyes, Almada supposait que tout était le produit d'une rencontre funeste de Reyes avec l'assassin de Cortez, qui s'était alors vu dans l'obligation de supprimer un témoin gênant. D'après les déclarations des habitants du quartier où avait été retrouvé le corps de Cortez et les cheveux trouvés par la police scientifique sur les lieux, il semblait évident que Cortez et le docteur Reyes avaient eu un contact, fortuit ou intentionnel, dans le chantier en construction. Ce qui en revanche n'était pas évident du tout, c'était quand et comment Cortez avait eu cette crise d'allergie et pourquoi on l'avait achevé d'une balle dans l'estomac. Il n'y avait pas non plus d'explication au fait que Cortez ait été exécuté dans le chantier alors que le docteur Reyes avait été assassiné et jeté au fond d'un puits du bidonville. Par ailleurs, il fallait qu'Almada établisse un lien entre les faits connus de l'affaire Cortez et la mort de Luci, le travesti assassiné la veille au soir. Le Timbré imagina que Luci devait connaître l'identité de l'assassin qui, pensant qu'elle finirait par le vendre sous la pression de la Police fédérale, avait préféré la supprimer. Mais ce n'étaient que des hypothèses, des indices hasardeux qui ne conduisaient nulle part, encore moins à la vidéo disparue. Posé comme ça, tout portait à croire qu'il s'agissait d'un coup des services de renseignement et, si c'était le cas, il devait faire une croix sur la vidéo parce que les espions ont un réseau très fermé, impénétrable. Un réseau régi par des mécanismes si tordus que les espions eux-mêmes ignorent parfois la finalité des missions qu'on leur attribue. La seule chose dont l'officier Almada était désormais convaincu, c'était l'absence totale de liens entre les poèmes de Reyes et les mails reçus par le sénateur. Sans avoir la moindre compétence en poésie, il pouvait se rendre compte que les vers du clochard procédaient d'une culture beaucoup plus raffinée que les grossiers poèmes électroniques. Almada prit un papier et récita :

Escargots

Escargots lents, captifs
dans leur labyrinthe de mica.
Traînent un monde sur leur dos,
expient les fautes mondaines
sous le soleil qui les chauffe à blanc.

Leur carapace dissimule un secret,
un code indéchiffrable attend.
Et ils vomissent de honte,
À mesure qu'ils avancent.

Les écrits du docteur Reyes l'avaient captivé. Almada sentait une parfaite adéquation entre les idées du psychiatre et sa propre vision de la vie. Il alla jusqu'à mémoriser certains poèmes dans l'espoir de les répéter par la suite et de remplacer les sombres articles du règlement avec lesquels il délirait chaque nuit quand il ne trouvait pas le sommeil et qu'il éprouvait le besoin impérieux de sortir massacrer les gens dans la rue. Il pensa que la poésie de Reyes, les théories de Reyes pourraient lui procurer cette sérénité qu'il ne trouvait pas dans les textes légaux. Il s'efforça de comprendre l'homme qui se trouvait derrière les écrits, l'illuminé que la vie avait puni de façon si brutale. L'homme qui avait abandonné famille, biens et profession pour déambuler en solitaire. Un homme seul avec ses idées dans une valise. Une âme errante torturée par le malheur : il n'y avait pas de quête, pas de but, juste une existence réduite à la déambulation larvaire. La marche errante et libre d'un individu en proie à la tourmente de son esprit. Almada voyait dans Reyes la souffrance, la réelle souffrance, celle qui ne laisse pas de traces sur le corps, cette souffrance était aussi la sienne. Sa vie se résumait à une succession d'humiliations et de ressentiments qui avaient alimenté son mépris, qui avaient fait de lui une machine, un automate. Il se voyait comme l'opposé du docteur Reyes : alors que le psychiatre avait renoncé au physique, se limitant à un état mental, Almada avait renoncé à son esprit pour devenir un engrenage froid, matière à l'état pur. Le mot « amour » n'occupait aucune place dans le dictionnaire de sa vie, alors que Reyes tentait de faire de ce sentiment une théorie. Almada lut :

Il existe deux forces opposées en chacun de nous. Je n'oserais pas les appeler, comme dans la fiction de Stevenson, nature du bien ou du mal, parce qu'elles n'impliquent pas l'idée de bonté ou de méchanceté. Ce sont les forces de domination et de soumission. Leur constante fluctuation perpétue les relations amoureuses. Nous pouvons comparer ce mécanisme à un autre de même nature, présent dans la biologie humaine, qui serait peut-être semblable. Je fais ici allusion au système immunitaire qui, en fluctuant, provoque la bonne santé ou la maladie. Un organisme sain peut, grâce à son système immunitaire, faire face aux assauts des maladies extérieures. Inversement, quand les barrières de défense, décimées par la virulence de l'agent agresseur, s'effondrent, alors survient la maladie ou la mort.

Maintenant, nous devons nous demander s'il est possible de comparer l'amour et la maladie. Je pense que, plus que la maladie, c'est le mécanisme en lui-même qu'il faut considérer. Ce qui est merveilleux, c'est l'existence de cette balance en déséquilibre perpétuel ; une des forces est toujours supérieure à l'autre. La symétrie n'existe ni dans le corps, ni dans la psyché, ni dans l'âme ; tout esprit est déséquilibre par essence. En tant que maladie, donc, l'amour ne peut être comparé qu'à une affection chronique qui traverse des phases asymptomatiques alternant avec des phases de réactivation du processus.

Tout d'abord, il faut savoir que le développement d'une maladie nécessite le concours d'une série de facteurs répartis en trois groupes : héréditaires, congénitaux et acquis.

Ces facteurs déterminent l'état du système immunitaire à un moment donné. De la même façon, il existe des facteurs analogues qui conditionnent les forces de domination ou de soumission dans une relation. On me dira qu'une telle comparaison commet la grave erreur de prétendre rapprocher un mécanisme biologique, le système immunitaire, d'un système de nature psychique, l'amour ; mais à bien y regarder, cette contradiction n'est qu'apparente. Pour le vérifier, il suffit de considérer l'effacement qui se produit entre les événements biologiques et psychiques dans tous les cas. En réalité, chez l'être humain, psychisme et organisme (ou l'étaiement du premier sur le second) sont si intimement liés qu'il est difficile de séparer les deux dimensions. Les cas typiques de patients psychiquement déprimés souffrant de tous types de pathologies organiques illustrent ce qui a été dit précédemment. Le système immunitaire est affaibli par la chute des barrières psychiques maintenant l'individu en bonne santé. L'inverse se vérifie également : ainsi, des individus bénéficiant d'un bon équilibre psychique et d'une stabilité émotionnelle tomberont plus difficilement malades et ce, même en étant régulièrement en contact avec des agents étiologiques de maladies organiques. Il existe même des cas où ces personnes sont porteuses de germes pathogènes sans toutefois traverser de phases symptomatiques de maladie (par ex. : des personnes souffrant ou ayant souffert d'hépatites subcliniques détectées par la présence de l'antigène spécifique dans les études sérologiques).

L'individu amoureux, soumis par l'amour, est celui qui subit l'état symptomatique de l'amour. L'autre, celui qui exerce le pouvoir dans la relation, même s'il possède le « germe » de l'amour, ne manifeste pas les symptômes de l'état amoureux. Il agit comme agoniste sur le premier, entraînant l'état symptomatique. Nous entendons par « symptomatique » la sensation amère d'incertitude et d'anxiété qu'il éprouve quant à la relation et le développement d'un syndrome délirant paranoïde léger.

Analyser le mécanisme d'usure d'une relation est une matière intéressante pour démêler la nature authentique de l'amour. Quand la tension par alternance que subit la relation amoureuse se déséquilibre, « la corde tendue de l'amour » finit par se rompre. La rupture qui découle de cette instabilité entraîne souvent le ressentiment et la haine chez les personnes souffrantes. Le degré de souffrance, de même que l'intensité de l'amour, varie en fonction des individus et c'est ce déséquilibre émotionnel qui est responsable des séquelles que laisse l'amour. Les sentiments obscurs engendrés par les ruptures traumatiques peuvent se solder par des faits aberrants, comme le célèbre cas de cette femme qui, au paroxysme de la souffrance, a coupé les organes génitaux de son ex-petit ami. La castration lui est alors apparue comme le seul moyen d'apaiser sa douleur, peut-être pensa-t-elle que si cet homme ne lui appartenait plus, il n'appartiendrait à personne d'autre.

Almada mit les feuilles de côté et se sentit parfaitement misérable.

TROISIÈME PARTIE

LES VICES PRIVÉS

Les voleurs

LUNDI 15 AVRIL

Les gitans du quartier de La Perla leur avaient commandé une Fiat Uno gris tempête. Les voleurs avaient trouvé un véhicule répondant à ces caractéristiques dans la ville d'Avellaneda, aux alentours du stade du Racing Club. Ils avaient perdu toute la matinée à arpenter, sans succès, les rues de Lomas de Zamora et de Lanús. Mouche marchait au bord du trottoir. Mouche n'était ni grand ni petit, il n'était pas gros, pas maigre non plus. C'était le genre d'individus qui passent inaperçus. Son visage, pâle, sans angles saillants ni signes particuliers, était un masque parfait. Mouche portait des vêtements trop larges pour lui. Une veste en cuir recouvrait un blouson en nylon, qui recouvrait un polo, qui recouvrait un tee-shirt, qui en recouvrait un autre. C'était une mesure de précaution mais aussi une manie qui remontait à ses années de vols à la sauvette. S'il devait disparaître de la circulation, il pouvait toujours sacrifier un vêtement et désorienter les témoins potentiels. Mouche avançait en fredonnant tout bas une chanson des Ataque 77. Juste derrière et rasant les murs, son associé suivait. Le Gaucher était costaud et habile. Il avait un bon jeu de jambes au foot et des poings solides à la bagarre. Sur son visage inexpressif, ses yeux brillaient d'un éclat glacé comme deux étoiles noires. Il portait un jean, des baskets Puma, un pull et un blouson en toile. Le Gaucher préférait croire en sa chance, plutôt que de se trimballer comme son associé, déguisé en oignon. À une trentaine de mètres de la voiture, quand il vit qu'elle n'avait aucun système d'alarme, il dit :

— Elle est morte.

— Archi-morte, confirma Mouche.

Le Gaucher s'élança au milieu de la rue, atteignit la portière côté passager et la força avec un tournevis de poche. Il grimpa dans le véhicule et déverrouilla l'autre portière pour que son associé puisse monter. Mouche mit moins d'une demi-minute pour régler le siège à sa hauteur et connecter les fils de la Fiat sous le tableau de bord. Le moteur sembla se noyer mais il rugit aussitôt avec une explosion.

À quelques pâtés de maisons de l'endroit où ils avaient piqué la voiture, et tandis que le Gaucher bataillait avec une feuille pour se rouler un joint, ils passèrent devant un véhicule de patrouille garé. Les policiers, habillés en civil, étaient sur le trottoir avec deux travestis qui tapinaient à l'heure de la sieste. Les agents les avaient plaqués contre un mur et les tabassaient à coups de matraque dans les implants en silicone, avec quelques baffes en prime.

— Dérouillez-les, chef ! cria le Gaucher à la flicaille et il alluma son joint.

Les cris que poussaient les travestis à chaque coup reçu étaient semblables au chant des cigales en été : ils flottaient dans la solitude de la rue, grimpaient le long des murs des maisons et se faufilaient par les fenêtres des chambres jusqu'à s'insinuer dans le lourd sommeil des chômeurs et des retraités accros à la sieste. Un des policiers avait la moitié du visage complètement défigurée, comme s'il l'avait rasée à la tronçonneuse. Il sortit son pistolet de service et appliqua un revers avec la crosse de l'arme dans la face de l'un des travestis, qui portait une perruque platine, une minijupe, des talons compensés en liège et un minuscule soutien-gorge en cuir. La fille vomit une poignée de dents et poussa un autre cri infernal, mais personne ne sortit. Le Gaucher continua à mater dans le rétroviseur jusqu'à ce qu'ils disparaissent de son champ de vision. Il cracha un morceau de beuh qui lui était resté coincé dans les dents et passa le joint à Mouche.

— Putain, ils s'en prennent une belle, les mecs, commenta-t-il.

— Qu'ils aillent se faire foutre, ces pédés, dit

Mouche en écrasant l'accélérateur de la Fiat Uno sur la voie rapide du pont Pueyrredón.

Le soleil timide d'automne devenait plus intense à travers le pare-brise et chauffait le sang contaminé des voleurs. Mouche était plongé dans son monde intérieur fait de bonheur instantané. La vitesse et la marihuana amplifiaient les décharges d'adrénaline que lui procurait le fait de conduire une voiture volée et le parachutaient dans la dimension frénétique où les décisions se prennent sur le fil, où la distance entre deux points séparés par l'infini se réduit à zéro. Il se voyait comme une machine en fuite perpétuelle, inaccessible et kamikaze. Peu de personnes pouvaient se targuer d'avoir l'adresse de Mouche sur quatre roues, c'était sur cette habileté que reposaient sa carrière dans le sous-monde de la pègre et le respect que son nom inspirait dans certains milieux. Il vit soudain défiler dans sa tête des images au ralenti de l'après-midi noir du braquage de la Banque de Crédito. Les balles recommençaient à siffler, lui frôlant les oreilles. Il sentit une nouvelle fois le vent glacé entrer par le pare-brise en morceaux. Et le petit Marquitos, le seul de la bande des Ernestos qui avait réussi à rejoindre la voiture, se cramponnait de nouveau à son bras tout en se vidant de son sang sur le siège passager. La main de Marcos était pareille à un poulpe hors de l'eau, s'agrippant désespérément à quelque chose avant de mourir. Une énorme flaque de sang se confondit dans l'esprit de Mouche avec mille feux rouges. Les sirènes et les coups de feu lui revenaient maintenant comme un écho que lui renvoyait sa mémoire depuis les creux obscurs que l'esprit façonne pour les souvenirs les plus amers. Et pourtant, quand tout le monde pensait qu'il était tombé avec les autres, Mouche s'en était tiré. Il avait semé les véhicules de patrouille dans un labyrinthe de ruelles aux abords de la ville. Il avait réussi à s'enfoncer dans le quartier de Fuerte Apache, où les flics ne mettent pas les pieds à moins d'être une centaine, et il n'avait pas eu d'autre issue qu'abandonner Marquitos le Noir à l'intérieur de la voiture, sans vie, les yeux grands ouverts, avec cette expression de douleur et de surprise que laisse la mort sur un gamin de dix-neuf ans. Mouche appuya sur l'accélérateur de la Fiat Uno pour échapper à son propre esprit. Il doublait les autres voitures, qui rejoignaient les banlieues sans hâte, dans une course frénétique contre tout le monde, y compris contre lui-même. Une course qui ressemblait à sa propre vie : une perpétuelle fuite en avant. Il y a deux façons de gagner cette course contre le temps : les impatients optent pour le suicide, les autres, comme Mouche, jouent sur le fil du rasoir jusqu'à ce que la mort vienne les surprendre. Dans un cas comme dans l'autre, le résultat est le même : un aller simple pour l'avenir.

Sur le bas-côté du Camino de Cintura, les voleurs remplacèrent les plaques de la Fiat Uno par le jeu de plaques ré-immatriculées que leur avaient passé les gitans. Il était presque trois heures de l'après-midi quand ils arrivèrent au rond-point Firestone où ils avaient laissé le Trafic. André, le fils du gitan Georgevich, les attendait, appuyé contre la porte arrière de la camionnette. Il paraissait tout droit sorti d'une série américaine : il portait un sweat-shirt à capuche des Los Angeles Lakers, un pantalon large en nylon et des baskets qui semblaient conçues pour courir sur la lune. André avait cet air affecté des gosses gavés de télévision. Mouche et le Gaucher sortirent de la Fiat et s'approchèrent de leur homme.

— Comment va, Andy ? fit le Gaucher en lui tapotant sur l'épaule.

— Gaucher, Mouche, la forme ? les salua le gitan d'un geste du menton.

— Nickel, répondit Mouche et il pencha la tête vers la Fiat Uno. Tu peux la prendre tranquille, c'est une super caisse, elle a juste besoin d'un petit réglage.

André sortit d'une des multiples poches de son pantalon de minuscules lunettes aérodynamiques aux verres orangés, avec une liasse de dollars. Il mit ses lunettes et donna la liasse à Mouche dans une sorte de geste étudié. Sans les compter, Mouche rangea rapidement les billets au milieu de ses vêtements. Le gitan, suivant le scénario de son film intérieur, détendit les muscles de son visage en un sourire aux dents en or et dit :

— À la prochaine, les gars.

Il monta dans la Fiat et disparut dans le flot des autres voitures.

*

Le Trafic était le centre d'opérations de Mouche et du Gaucher. Ils l'avaient volé en braquant un type qui l'utilisait pour des livraisons de poulets congelés dans le secteur de Constitución. Pour pouvoir circuler avec, ils s'étaient procuré une carte grise et un jeu de plaques d'immatriculation (volé sur un autre Trafic) à la casse de Brega le Chauve, un entrepreneur de la nuit bien connu et qui taffait de mèche avec la Section Sud de la Division Vols de Voitures. Mouche et le Gaucher avaient un bon feeling avec Brega, ils avaient effectué pour lui quelques missions sur commande, en marge de l'arrangement avec les flics. Trafiquer la camionnette ne leur avait presque rien coûté. À l'arrière du véhicule, les voleurs stockaient le matos qu'ils devaient distribuer pendant la journée. C'était un bel assortiment de télévisions vingt pouces, de magnétoscopes, d'équipements audio et informatiques qu'ils vendaient à moitié prix. Il s'agissait d'articles achetés via des cartes de crédit falsifiées par un hacker de Villa Crespo avec qui ils avaient l'habitude de bosser. Entre les sièges, dans un sac noir, ils avaient leur police d'assurance contre quiconque chercherait à leur résister ou à les arrêter : deux revolvers Taurus acier inox calibre 357 Magnum et un Ithaca. Le Gaucher, plus parano, avait aussi un pistolet Bersa 22 à la cheville et un coup-de-poing en bronze dans la poche de son jean.

Mouche se pencha du côté du Gaucher et glissa la liasse de billets que lui avait filée André dans la boîte à gants. Il régla le rétroviseur et démarra.

— Bon, qu'est-ce qui suit ? demanda le Gaucher.

Mouche sortit un carnet à spirale et un stylo du pare-soleil. Il ouvrit le carnet, nota quelque chose sur une des pages et en raya une autre à la manière d'un présentateur de journal télévisé. En désignant l'arrière de la voiture avec son stylo par-dessus l'épaule, il répondit :

— Il faut aller livrer tous ces bidules. Il faudrait aussi chourer une autre caisse, on est un peu à court cette semaine, passer chez le Singe pour se ravitailler en came et puis voir si on peut fourguer la moto à la Pipe.

— À Sergio ?

— Ouais.

— Il la prendra pas, il a une affaire sur le dos qui est en train de le rendre dingue. Ils le trouvent avec un truc chouré et ils le coffrent direct. Ils veulent se le faire, la Pipe, les flics de la Brigade de Lanús l'attendent au tournant.

— Moi, il m'a dit qu'il avait des vues sur la Kawa.

— C'est du baratin, il a pas l'oseille et il peut pas se permettre de faire des conneries pour en trouver.

— À ce point ?

— C'est Toto qui m'a raconté. Ils le tiennent par les couilles, expliqua le Gaucher. Les poulets lui ressortent une vieille affaire, une tentative de vol ou une merde dans le genre, mais là, ils veulent lui foutre sur le dos une tentative de viol sur une merdeuse qui bosse pour eux. L'avocat lui a dit de se planquer, de rien faire, parce qu'ils vont lui tomber dessus d'un moment à l'autre.

— Et pourquoi ils sont après lui, les flics ?

— Parce qu'il a pas voulu collaborer quand il est tombé la première fois. Les poulets lui avaient dit qu'ils le blanchiraient à condition de dealer pour eux, mais le mec a pas accepté.

— Il a eu raison. Faut jamais négocier avec les flics, ils finissent toujours par te la faire à l'envers.

— C'est ce que je dis aussi.

Le moteur du Trafic ronronnait, innocent, dans les quartiers de la périphérie de Buenos Aires. Mouche suivait l'itinéraire qu'il avait mémorisé pendant la nuit. C'était un exercice, une routine professionnelle. Chaque soir, Mouche notait le programme du lendemain sur son carnet et préparait mentalement le meilleur itinéraire pour le remplir. Mouche n'avait pas besoin de cartes, il connaissait Buenos Aires et sa périphérie comme sa poche. Il savait avec précision où se trouvaient chaque rue, chaque place, les hôpitaux et les commissariats, comme s'il avait une carte routière gravée dans le cerveau. À chaque arrêt programmé par Mouche, le Gaucher sortait de la camionnette avec un appareil sous le bras, piquait un sprint jusqu'à la maison en question et sonnait ou frappait à la porte avec la jointure calleuse de ses doigts jusqu'à ce que quelqu'un sorte. Aussitôt ce quelqu'un saisissait l'appareil, payait et disparaissait. Mouche rayait la dernière adresse de sa liste aux alentours de cinq heures et demie de l'après-midi.

Les avenues avaient commencé à se remplir de voitures et de bus qui rapportaient de Buenos Aires une marée grise d'employés fatigués. Les visages de Mouche et du Gaucher accusaient la même fatigue que les autres. Ils se laissaient porter, anesthésiés par les airs de reggae que passait, collés les uns aux autres comme si c'était un même morceau en boucle, une radio FM de quartier. Le soleil s'échappait, englouti entre les deux tours du Fonavi, une ruche de minuscules cellules identiques, habitées par des gens frôlant les limites, ceux qui vont de galère en galère et qui finiront dans un bidonville, ou ceux qui en reviennent avec l'envie de respirer un peu d'air civilisé, cet air qui traverse, sans s'y attarder, les tours en ciment.

À chaque feu rouge, le Gaucher s'accrochait aux visages des passants et s'amusait à imaginer leur vie. Il se racontait des histoires en secret. À un arrêt de bus, un cul-de-jatte faisait la manche, posé sur sa planche à roulettes. C'était un clodo barbu et crasseux avec une pancarte autour du cou. La petite pancarte en carton ondulé attachée par un bout de ficelle de sisal disait : « Ancien combattant Malouines ». Certains lui jetaient une pièce, la plupart ne lui prêtaient même pas attention. Le Gaucher se sentit touché par la douleur de ce pauvre type. Il fut parcouru par la honte d'avoir pitié de quelqu'un qui était tombé aussi bas. Avoir de la peine pour un type qui avait perdu toute capacité d'en avoir, pour un type qui faisait son beurre sur la peine d'autrui, lui foutait les boules. Le Gaucher voulait être un dur, il voulait ignorer la sensibilité qu'éveillait en lui la réalité implacable qui l'entourait, mais la carapace de barbarie derrière laquelle il barricadait son angoisse s'effondrait au premier coup. Un misérable cul-de-jatte était capable de l'émouvoir. Le Gaucher eut envie de sortir de la camionnette et d'exploser la gueule du clochard à la pancarte, mais un coupé Mazda impeccable pila à la hauteur du Trafic, de son côté. Au volant, se tenait un type en costard, les cheveux gominés et une sérieuse tête à claques.

— Mate ça, Mouche, dit-il en montrant le coupé de la tête.

Mouche regarda du coin de l'œil, puis il tourna la tête, comme s'il n'en avait rien à foutre.

— Je lui colle un gnon dans l'oreille et on la

prend, proposa le Gaucher, une main sur la poignée de la portière.

Mouche haussa les épaules. Le Gaucher bondit hors du Trafic, ouvrit la portière de la Mazda et allongea un coup de poing au petit mec. Il le vira et prit sa place au volant. Le feu passa au vert. Le Gaucher démarra. Par le rétroviseur, il réussit à apercevoir le type une dernière fois : il était resté vautré en plein milieu de l'avenue. Les gens, curieux, commençaient à s'agglutiner autour de lui. Mouche le suivait quelques mètres plus loin avec le Trafic. Le Gaucher se détendit ; c'était la dose de violence dont il avait besoin pour garder l'équilibre. Il fouilla dans une des poches de son blouson et sortit une cassette de cumbia. Il l'inséra dans le poste Pioneer du coupé et monta le volume à fond.

*

Le bidonville de Soldati se trouve juste en dessous de l'autoroute, c'est pourquoi certains l'appellent le Bidonville en Béton Soldati. Une succession de cabanes en carton et en tôle de part et d'autre d'un chemin de terre qui reproduit, d'en bas, le tracé de l'autoroute comme un fleuve de barbarie, un fleuve souterrain au monstre de béton, de fer et de vitesse forgé par la civilisation. De tous les bidonvilles où il avait fixé ses planques, Soldati était le préféré de Huguito le Singe. Quand il avait quitté le trafic des pirates de la route, il n'avait pas hésité à s'y établir de façon définitive. La vie n'avait jamais été cool avec Huguito le Singe. Les années qu'il avait passées dans des maisons de redressement en avaient fait une raclure professionnelle. Huguito avait de bonnes dispositions pour le boulot, c'était un excellent tireur au sang froid, un noiraud baraqué d'un mètre quatre-vingt-dix, dont la dégaine de chimpanzé psychotique foutait les jetons. Hugo avait bossé avec quasiment toutes les bandes de la périphérie de Buenos Aires, jusqu'à ce qu'une balle des poulets lui détruise les intestins et le sorte de la circulation. Aujourd'hui, son anus contre-nature le condamnait à une vie sédentaire. L'horrible séquelle extérieure laissée par ce tir le déprimait ; c'était une sonde qui lui sortait de l'abdomen et finissait par une poche en plastique jetable où s'accumulaient ses excréments quotidiens. Une poche qu'il devait se traîner comme une peine humiliante. Pour subsister en tant qu'invalide, Huguito le Singe s'était réfugié dans le narcotrafic. Pour un homme qui avait connu la gloire du métier de voleur, se voir réduit à fourguer de la came équivalait à être mort, et cela se voyait dans l'expression amère qui lui voilait constamment le visage : des yeux sans éclat et la mâchoire serrée de ceux qui vivent en ruminant leur haine.

Le Gaucher gara le coupé Mazda sur un terrain vague proche de la cabane de Huguito le Singe.

Mouche laissa le Trafic au bord de la tranchée qui délimitait le chemin de terre, face à la maison. La cabane d'Hugo était faite avec de la tôle, du carton et quelques briques. C'était un cube irrégulier avec une porte de chaque côté. Il n'y avait ni fenêtre, ni chiottes. Huguito le Singe trimballait ses chiottes sur lui. L'intérieur du cube était revêtu de plaques en polystyrène qui assuraient une isolation thermique et acoustique. C'était le trip d'Hugo, vivre dans une bulle, dans un sous-marin au cœur de l'océan de la marginalité. Il n'y avait que deux meubles : un sommier de cent vingt au centre, et un canapé deux places coincé entre le lit et le mur. Le sol en polystyrène était couvert d'une couche de lino. Dessus, éparpillés de façon anarchique comme si quelqu'un les avait laissés tomber à mesure qu'il avançait, se trouvaient les autres biens de Huguito le Singe : une télé vingt-neuf pouces allumée avec le volume au minimum ; une chaîne audio d'où jaillissaient les accords assourdissants de *Satisfaction* ; un cendrier en verre débordant de mégots et de cales ; un jean, deux trois tee-shirts et un pull roulés dans un coin ; deux dragons chinois en céramique ; une photo d'Evita ; un S&W 38 Special ; une balance numérique ; une machette rouillée et un bloc de cinq kilos de coke enveloppé dans du ruban adhésif.

Huguito le Singe était sur son lit, roulé dans une couverture. Mouche et le Gaucher se calèrent sur le canapé. Le Gaucher attrapa la télécommande au milieu des coussins et mit un show de cumbia. L'image de Gilda, gesticulant devant une poignée de fans, apparut sur l'écran. Depuis la chaîne hi-fi Aiwa, les Stones démarraient *Paint it Black*. Pour le Gaucher, c'était comme si Gilda interprétait la chanson des Stones.

— Arrête-moi cette merde, gueula Mouche pour se faire entendre.

— Quelle merde, couillon ? Elle déchire cette nana, mate-moi ce petit cul, cria le Gaucher.

— Arrête ça s'te plaît, mec. C'est des trucs de négros, insista Mouche en gueulant.

— Du calme, vieux. Y a pas de souci avec la cumbia, c'est la fête, pas vrai, le Singe ? Dis-lui, toi, à ce couillon, cria le Gaucher.

— Moi, j'aime que les Rollinstones, brailla le Singe sous sa couverture.

— Tu vois, demeuré : y a qu'à toi que ça plaît c'te merde. Arrête ça, man, mets autre chose.

— Mais on n'entend rien, qu'est-ce que ça peut te foutre si on n'entend rien ? cria le Gaucher pardessus Jagger.

— Arrête ça, le Gaucher, j'te dis que c'est pour les négros, répondit Mouche.

Le Gaucher s'attarda sur les boutons de la télécommande et finit par mettre un programme de téléachat. Un blond musclé et trapu, qui bougeait comme si sa masse musculaire était comprimée dans un corps dix fois trop petit, essayait de vendre des barres de fer tordues grâce auxquelles, en suivant ses instructions, il était possible de développer un physique monstrueusement semblable au sien. Huguito le Singe et Mouche, qui se foutaient du programme, gueulaient entre eux pour parvenir à un accord au sujet du coupé Mazda. Hugo était prêt à le payer avec un demi-kilo de coke, ce qui, au prix où il fourguait le kilo, revenait à mille cinq cents dollars. Mouche en demandait un peu plus, il n'avait pas l'intention de lâcher le coupé pour moins de trois mille billets, encore moins en sachant ce que les gitans étaient prêts à payer pour des bagnoles de sport.

— Allez, tu me files un peu plus d'un demi-kilo, je prends le pétard et on n'en parle plus, cria Mouche en montrant le 38 Special qui était par terre, à deux pas.

— Y a trop d'histoires avec ce flingue, vaut mieux pas. On prend la télé, intervint le Gaucher sans détacher ses yeux des nanas qui dansaient derrière le petit blond de la télé.

— Qu'est-ce que tu racontes, toi, débile ? gueula le Singe depuis son cocon.

— Bon, la came et la télé, ça te va ? (Mouche regarda le Singe avec l'expression de magouilleur professionnel d'un vendeur de voitures d'occasion.)

— On me l'a ramenée hier, vieux. Prends plutôt les enceintes, elles sont terribles…

— La télé, Mouche, la télé, insistait le Gaucher.

— Mon associé veut la télé, le Singe. Il va falloir que ce soit comme ça, parce que c'est lui qui a chouré la caisse.

Huguito le Singe soupesa mentalement la transaction et cria :

— Mais oui, prends-la. Pour ce qu'ils passent…

Il se dégagea de la couverture d'un mouvement brusque et se leva. Le corps imberbe de Huguito le Singe, barré de cicatrices pâles, de tatouages verdâtres de prison, avec le tube et la poche collectrice de merde, faisait penser à une expérience ratée de Mengele. Hugo ramassa la drogue, la balance et la machette. Il sortit de sous le sommier une planche à laver le linge, mit le paquet de coke sur la planche et coupa un morceau d'un coup de machette précis. Il le jeta sur la balance et l'écran afficha cinq cent quatre-vingt-deux grammes.

Le Gaucher porta la télé jusqu'au Trafic. À la porte de la cabane, Mouche et Huguito le Singe échangèrent les clefs du coupé Mazda contre le bloc de came. Les Rolling Stones s'attaquaient à *Lady Jane* et des coups de feu provenant d'une cabane voisine ajoutaient leurs accords dissonants à la ballade. La nuit effaçait les contours du bidonville et le faisait se ramifier en un labyrinthe d'obscurité qui semblait recouvrir tout le territoire du pays.

Harlem

LUNDI 15 AVRIL

Le bar Harlem est un refuge de la prostitution homosexuelle situé au cœur de Palermo Viejo. Le Harlem connut son apogée à la fin des années quatre-vingt, quand les travestis les plus cotés de Buenos Aires venaient s'y faire kidnapper par le gratin noctambule et par les politiciens libidineux qui succombaient au nouvel essor du travestisme. À cette époque, c'était un lieu discret aux allures de *boîte*[1] parisienne. Il avait ses videurs à l'entrée pour refouler la populace et une superbe carte de champagnes importés. La décadence avait commencé quand les travestis ordinaires, délogés de la vieille Panamericana, s'étaient mis à inonder le quartier de culs et de nichons à l'air. Les riverains, effrayés par ce déluge zoologique travesti, et plus encore par le rythme vertigineux auquel s'effondrait la cote de leurs maisons, s'étaient fait entendre dans

1. En français dans le texte.

les médias. Le Harlem était tombé en disgrâce, ce n'était plus qu'un vulgaire bouge de pédales déguisées et de cocaïnomanes. Un endroit pour chauffeurs de taxis de nuit et pervers à petit budget. Les travestis de qualité avaient émigré au Bajo ou s'étaient installés dans des appartements privés ; le gratin avait disparu avec eux.

Cela faisait plus de quatre ans que Walter Pineda régentait le local et plus encore qu'il ne répondait qu'au nom de Luci. Walter avait été élevé pour devenir une femme. Sa mère avait coutume de l'habiller en fille ; son père le violait depuis tout jeune, neuf, dix ans peut-être. Luci avait grandi dans la périphérie de Rosario et, à seize ans à peine, elle s'était lancée à la conquête de Buenos Aires. Comme beaucoup, elle avait commencé en racolant des pédés dans les W.-C. publics de Constitución et sur l'avenue Santa Fe. Quand elle eut assez de fric, elle se paya une paire de nichons et se fit refaire le nez ; elle devint alors un travesti élégant à la clientèle sélecte. Tout alla pour le mieux jusqu'à ce que Luci succombe au vice de la drogue. À partir de là, elle perdit sa silhouette sculpturale, ses clients et sa bonne humeur. Elle devint alors un travesti anorexique, qui faisait impitoyablement tapiner ses pairs au bar Harlem, sous la protection des flics, un arrangement qu'elle avait obtenu grâce à son statut de maîtresse occasionnelle d'un commissaire de la Fédérale à la retraite.

Aux environs du bar, Mouche sniffa une pincée

de coke. La drogue balaya sa faim et sa fatigue, le mit dans un état d'agitation fébrile. Le Gaucher se colla trois snifs dans les narines avec un angle de sa carte de supporter d'Independiente et sortit du Trafic derrière son associé. Les voleurs traversèrent la salle et se rendirent directement à la cuisine. Luci abandonna son poste au comptoir et disparut derrière les hommes. Elle leur imprima un baiser à chacun, arrangea ses implants en silicone dans son soutif en vinyle et les salua, survoltée :

— Salut mes choux !

L'odeur de parfum au rabais mêlée à la sueur corrosive que dégageait Luci faisaient perdre la tête au Gaucher.

— T'as fait combien ? demanda-t-il en faisant craquer les jointures de ses doigts.

Le travesti remonta sa minijupe en Lycra jusqu'à sa taille et sortit un rouleau de billets de son porte-jarretelles. Elle fit passer le rouleau à Mouche et dit, le souffle entrecoupé :

— Il y a quatre cents et quelques.

Furieux, le Gaucher lui colla son coup-de-poing en bronze dans la bouche. La violence de l'impact brisa les quatre incisives de Luci au niveau des gencives et déchira sa lèvre supérieure jusqu'à l'os maxillaire. Le premier réflexe du travesti fut de sortir un petit mouchoir fleuri de la manche de sa chemise et de le presser contre la blessure pour stopper l'hémorragie. Elle fit un immense effort pour réprimer un cri hystérique de douleur, mais ne put retenir ses larmes, qui coulaient à flots le long de ses joues.

— Joue pas à la conne, Luci. On t'a laissé un morceau de cinquante hier, l'engueula Mouche.

Les larmes finirent par faire couler tout son maquillage. Le mouchoir sur sa bouche n'était plus qu'une boule de tissu ensanglantée, saturée de caillots épais et de morve. Ça écœura le Gaucher. Il attrapa Luci par le cou et la secoua d'une paire de baffes.

— Mon associé veut savoir où est passé notre fric, pédé, lâcha-t-il.

— Les flics ont attrapé une de mes filles, bégayait Luci au milieu des flots de sang. J'ai dû leur donner un peu de votre part, ils allaient la buter…

— J'aime pas du tout me faire prendre pour un con par des petites pédales dans ton genre, grogna Mouche entre ses dents et il lui envoya un coup de poing dans l'estomac.

Luci fit une révérence involontaire. Le Gaucher sortit son flingue de sa poche, se pencha vers Luci et, à travers le mouchoir, il fourra le canon de l'arme dans sa bouche détruite. Il lui dit doucement :

— Ça pourrait bien être la dernière bite que tu suces, Luci. Alors réfléchis bien, te fous pas de nous.

La Paraguayenne sans papiers qui faisait la

cuisine et la plonge était restée pétrifiée devant le spectacle, elle n'osait pas détacher ses yeux des assiettes sales. Comme si personne d'autre n'existait au monde, Mouche laissa sur le comptoir en marbre un caillou de cocaïne de la taille d'un savon d'hôtel et, s'adressant à Luci, il dit :

— T'as jusqu'à demain pour rattraper le coup. Divise ces cinquante-là et fourgue-les. Démerde-toi pour récupérer ce que tu nous dois d'aujourd'hui.

Luci se releva endolorie, cracha quelques morceaux de dents et un caillot de sang, et leur adressa une insulte à voix suffisamment basse pour que personne, pas même Super Jaimie, ne l'entende.

Les voleurs sortirent de la cuisine et abandonnèrent le bar plein de travestis et de camés anxieux, pour mettre le cap sur un endroit plus décent. Ils regagnèrent le sud de la périphérie, enfilèrent l'avenue Pasco jusqu'au bout, direction Los Dos Mundos.

La salle principale du bar était bondée. Il s'agissait pour la plupart de losers qui débattaient en hurlant de foot et de politique pour faire passer le temps. Au même moment, de l'autre côté, dans un salon privé, les joueurs se déplumaient sans pitié les uns les autres aux tables de cartes et de dés ou pariaient sur les courses de chevaux qui passaient en circuit fermé sur les écrans. Le brouhaha des parieurs arrivait étouffé à travers les cloisons, comme un écho lointain qui s'infiltre entre les conversations.

Le Moine avait l'habitude de siroter un cocktail de Gancia et de gin tout seul dans un coin. Le Moine était le fils d'une des gloires du baratin, le grand Pascual Miralvete, le type qui avait inventé les pires entourloupes imaginables et vendu la moitié des boîtes aux lettres de la ville de Buenos Aires. Pourtant, le Moine n'arrivait même pas à la cheville du vieux héros. Les années que le grand Pascual avait investies dans la formation de son fils n'avaient pas servi à grand-chose. Pascual (fils) n'était qu'un gros, paresseux, avec peu de jugeote et malade du jeu. Après avoir dilapidé en une poignée d'années l'héritage paternel dans les pires bordels de la périphérie de Buenos Aires, le jeune Miralvete s'était fait attraper pour contrebande. Il avait effectué un bref séjour à la prison d'Ezeiza ; là, il avait appris à écouter patiemment les détenus et la cadence monotone des rancœurs et des rêves à long terme qu'ils égrenaient, insomniaques, nuit après nuit. Il était devenu malgré lui une bonne oreille, une bonne gazette aussi. Son goût prononcé pour la Bible et ses allures de moine franciscain béat suscitaient chez les autres prisonniers toutes sortes de confessions patibulaires. Quand il était sorti de l'ombre, le Moine avait compris qu'il devait tirer parti de son art. Il s'était mis à vendre des renseignements aux bandes importantes, à transmettre des informations qui lui arrivaient des établissements pénitentiaires, de sources fiables. Le Moine était une sorte d'agence d'information parallèle qui faisait de la contrebande avec l'actualité du sous-monde du crime organisé. Cependant, malgré la rentabilité de son activité, les comptes du Moine étaient toujours dans le rouge. Il croulait sous les dettes de jeu, sa maladie dissipait chaque centime qui entrait dans sa maigre bourse. Sa relation avec les prêteurs était vite devenue insoutenable. Dans un élan de désespoir, le Moine avait perdu la foi et signé un pacte diabolique. Il avait négocié avec les poulets : il était devenu mouchard pour le compte de la Bonaerense. Une trahison qui aurait fait se retourner son père dans sa tombe.

Mouche et le Gaucher entrèrent au casino Los Dos Mundos. Le Moine, qui les avait repérés, leur fit signe en claquant des doigts.

— Non, là tu paies à l'endroit, le proprio la connaît par cœur, dit le Moine quand le Gaucher essaya de glisser un faux billet de cinquante au serveur qui ramenait les Fernet Coca.

Le Gaucher tordit la bouche de colère et paya les consommations avec de vrais billets. Le Moine but une gorgée de son verre et s'empiffra une poignée de bâtonnets salés.

— Euhh… – le Moine avait ce sale tic – putain, le jeu c'est mort pour moi aujourd'hui. Je viens de perdre un luca[1] et demi en un rien de temps. Demain sera un autre jour…

Excité par la coke, Mouche ne pouvait pas s'empêcher de commettre des casses imaginaires. Il se frottait les mains en pensant au butin qu'ils pourraient ramasser s'ils braquaient Los Dos Mundos de Zabala la Trombine. Le tout c'était d'arriver avec une bande de voyous et de dévaliser les deux salons, les deux mondes.

— Ça joue beaucoup ici ? demanda Mouche, l'air de rien.

— Là ? Euhh… c'est bondé du matin au soir. Les types viennent de loin pour parier et ils misent une tonne de fric. (Le Moine regardait du côté du mur qui donnait sur le salon de jeux, comme s'il devinait ce qu'il se passait de l'autre côté.) Il y a des fois où j'ai dû poireauter plus de deux heures pour avoir une table. Là, euhh… la Trombine va faire venir des machines à sous des États-Unis pour que tout ce petit monde dépense sa monnaie en attendant.

Le Gaucher observa le gros double menton graisseux et mal rasé du Moine. Il eut comme un flash de l'image du cul-de-jatte, de l'ancien combattant des Malouines, et se sentit écœuré. Il eut envie d'égorger le Moine avec le couteau Tramontina qui se trouvait sur une table voisine, où un gars plein de vermouth débattait avec deux

1. 1 luca = 1 000 pesos.

autres losers de la question de savoir si Maradona était ou non le meilleur de tous. Le Gaucher, qui n'avait aucun doute à ce sujet, avala une gorgée de Fernet et commenta :

— Ça grouille de couillons là-dedans, tu trouves pas, Mouche ?

— Le monde est rempli de couillons…, philosopha Mouche. Dis-moi, le Moine, il a ses entrées avec qui, Zabala la Trombine ?

— Il joue dans la cour des grands, la Trombine, euhh… dans la politique, tu vois ? (Le Moine accompagna sa réponse d'un clin d'œil.)

— Raconte-nous plutôt quelque chose de neuf, un truc intéressant, demanda le Gaucher histoire d'oublier un peu le Tramontina.

Le Moine se lança dans le récit des derniers mouvements de la pègre comme s'il récitait un psaume. Il connaissait les entrées et les sorties de taule de chaque personnage du monde du crime, il maniait les histoires et les luttes intestines de toutes les bandes de la périphérie de Buenos Aires avec une précision stupéfiante. Pendant que le Moine étalait son art avec parcimonie, Mouche étudiait, songeur, l'entrée des billets dans le tiroir-caisse et le défilé des parieurs accros vers le salon de jeux. Il savait que c'était un coup pour des pros, un coup qui exigeait une organisation spéciale. Pour le mener à bien, il fallait s'imprégner de chaque détail : identifier les policiers infiltrés dans le système de sécurité, découvrir le nom du parrain politique de Zabala la Trombine, trouver un ou deux associés qui, en plus du Gaucher, seraient partants. Ce n'était pas un job facile mais la récompense serait grasse, bien grasse, comme le Moine.

— ... et le Jumeau ils l'ont retiré de la circulation la semaine dernière, euhh... il est à Batán, dans le même pavillon que José le Turc. Ils ont saccagé son kiosque parce qu'il a pas voulu chanter dans l'affaire du Tucumano.

— Le Tucu? Cortez? Celui qui faisait tapiner les travelos à Palermo? demanda Mouche, soudain intéressé.

— Lui-même. Il a été retrouvé mort pas loin d'ici et apparemment on l'aurait buté. Il faisait chanter un juge et des politiciens avec des vidéos qu'il avait filmées en douce. Euhh... apparemment, ils étaient tous raides dans une partouze avec des filles.

— Et? (L'histoire intéressait également le Gaucher.)

— Ben, euhh... le truc c'est qu'ils n'arrivent pas à mettre la main sur la vidéo et ces gens commencent à être un peu nerveux parce que le temps presse, tu vois? Ils ont les flics qui défoncent les bordels de travelos et les connaissances du Tucumano. Ils sont super nerveux parce que l'affaire va éclater dans les journaux d'un moment à l'autre. (Le Moine avala une gorgée et une poignée de bâtonnets salés.) C'est pas des craques, ces petits chéris n'arrêteront pas tant qu'ils n'auront pas fait tomber le dernier pantin.

— Putain ! lâcha le Gaucher après un sifflement.

Mouche fut saisi d'un frisson. Il pensa au bar Harlem plein de travestis qui connaissaient par cœur le moyen de les faire tomber. Finalement, la vidéo de Cortez pouvait leur compliquer l'existence. Ils risquaient bien d'être les prochains pensionnaires de Batán.

— Et qu'est-ce qui se dit au sujet du Tucu ? Qui l'a buté ? Qu'est-ce qu'on raconte, le Moine ? demanda Mouche, désespéré.

— Personne n'en sait rien, il a été retrouvé en état de putréfaction dans un chantier, euhh… les rats lui avaient bouffé la moitié du visage. On l'a retrouvé couché contre un mur avec une balle dans le bide… un truc vraiment répugnant. Ça peut avoir été n'importe qui, les flics, ses propres travelos, quelqu'un à qui il devait quelque chose, va savoir. Le truc c'est que cette vidéo… euhh… personne ne sait où elle est.

La dernière prise de coke avait parachuté Mouche dans une dimension de lucidité fugace. Il sentait les idées s'accumuler dans sa nuque, éclater derrière son front et disparaître comme une vague chimique contre la plage neuronale de son cerveau. Il avait du mal à parler, sa bouche était aussi sèche que s'il avait mangé un sandwich de pierre ponce. Il avala une gorgée de Fernet et laissa sortir un peu de son ouragan intérieur :

— Un de ces quatre, le Moine, je te passe un coup de fil et on vient là de bonne heure déplumer tout ce petit monde. Moi je crois en ma chance, assure-moi une table et tu vas voir.

Le Gaucher le regarda, sans comprendre. Le Moine lui fit un sourire entendu.

— Quand tu veux, mon frère. J'avertis la Trombine et c'est tout bon, si t'es avec moi, tu passes comme un prince. Euhh… par contre, t'avise pas de glisser un faux billet parce que là tu te fais défoncer. La Trombine est de mèche avec Diana.

Mouche venait d'obtenir une nouvelle info : derrière le casino clandestin, il y avait le commissaire Diana, le Boucher. C'était du lourd. On racontait, entre autres histoires, qu'il avait découpé deux casseurs de Chacarita avec un couteau de chasse qu'il avait toujours sur lui. Le premier, il l'avait décousu net de l'aine à la carotide avec une adresse qui rendrait envieux plus d'un médecin légiste. L'autre supporter était entré dans le congélo avec une chaîne de vélo coincée dans le pharynx à travers la bouche et une multitude de coupures superficielles – plus de cent – sur tout le corps. Le gamin avait mis plus d'une demi-heure à mourir. Ç'avait même suscité tout un débat académique autour des causes du décès. Une partie des légistes qui avaient participé à l'autopsie soutenaient que le garçon était mort, lentement asphyxié par la chaîne de vélo, qui avait laissé passer un peu d'air jusqu'au moment de l'arrêt cardio-respiratoire. D'autres pensaient que l'habile torture au couteau avait vidé le garçon de son sang jusqu'à l'état de choc hypovolémique. Ils n'avaient aucun doute sur le fait que, dans un cas comme dans l'autre, la souffrance avait dû être épouvantable. Quand la patrouille était arrivée, Diana était au milieu d'une énorme flaque de sang, il fumait une clope ensanglantée et faisait tomber sa cendre sur les corps défigurés des deux supporters. Ils avaient essayé de lui voler l'autoradio de sa Taunus.

La conversation avec le Moine n'était plus qu'un monologue autour des histoires de jeu. Un sujet dont le Gaucher se foutait royalement. Le bourdonnement des tables lui entrait dans les oreilles et parcourait, comme une abeille perdue, le rayon cramé de son cerveau. Il se tenait droit, les muscles contractés, la sueur ruisselait sur son visage et le blabla des gens s'unissait au boum boum de son cœur, propulsé à un rythme qui mêlait vertige et folie. Il se disait que le Moine jouait un double jeu, d'un côté, le milieu, de l'autre, la police, qu'il tentait de tenir en équilibre sur le fil du rasoir sans se couper. Le Moine était un mouchard lâche qui levait les paris pour la Bonaerense et c'était aussi cette grande langue qui, sans avoir tiré un seul coup de feu de sa vie, traitait d'égal à égal avec la crème de la délinquance. Dans son for intérieur, une voix lui répétait : « Le Moine joue un double jeu », « Ne dis pas un mot », « Le Moine est un mouchard qui va t'envoyer en taule ». Le Gaucher avait les jambes qui tremblaient.

— … je venais de faire un full et je me suis jeté à l'eau, euhh… le type m'a levé comme une pelletée de merde. Je l'ai recroisé deux donnes plus tard avec une…

— On y va, Mouche, coupa le Gaucher, psychotique. C'est insupportable là-dedans.

— Attends un peu. Mouche lui fit un clin d'œil. Attends, je finis mon verre et on se casse.

— On y va, répéta-t-il.

— Eh, le Gaucher, t'as pété les plombs ou quoi ? dansa le double menton graisseux du Moine. Attends un peu, commande-toi un autre verre et, euhh… vous me dites un peu où vous en êtes.

— La lame du couteau a deux faces et un seul tranchant, le Moine, lâcha-t-il en se levant.

— Qu'est-ce qui te prend, vieux ? T'es défoncé ou t'as avalé un poète, euhh…

Le Gaucher scruta le crâne franciscain du Moine comme si c'était une boule de cristal où se projetait son destin. Il craignait de ne pas pouvoir contrôler ses instincts meurtriers. Perdre la tête dans un accès de folie et se griller devant tout le monde en explosant la cervelle de ce gros mouchard de Moine. Un tic nerveux clignotait au niveau de sa paupière droite tombante ; la paume de ses mains était moite de sueur froide. Le Gaucher se précipita vers la porte du Los Dos Mundos.

Mouche s'empressa de sortir du bar à la suite de son associé.

*

Tous les voleurs ont une planque, un endroit sans adresse, que seuls une poignée de vrais amis connaissent. Mouche et le Gaucher avaient une planque en or : une maison de campagne dans les environs de San Vicente, une villa aux tuiles coloniales, avec un grand garage, un parc arboré, pergola et piscine. Un vrai luxe. Mouche conduisait dans cette direction et tentait d'expliquer au Gaucher à quel point il était important de braquer le bar de Zabala la Trombine s'ils souhaitaient conserver le même train de vie. Mouche avait saisi l'ampleur de l'affaire, l'urgence dans laquelle tous deux se trouvaient. Ils devaient absolument faire ce casse et disparaître, avant d'être rattrapés par l'ombre de Cortez le Tucumano.

Quelques rues avant d'arriver à la maison, Mouche éteignit les feux du Trafic. Au clair de lune, le chemin en terre ressemblait à un fleuve asséché. Les villas, désertes pendant la semaine, entourées d'énormes parcs noirs, surveillées par d'énormes chiens noirs, amplifiaient la paranoïa. Les voleurs sortirent de la camionnette comme au ralenti, leur flingue à la main. Les battements de leur cœur retentissaient jusque dans leurs tempes. Tous les deux pas, l'un d'entre eux se retournait pour couvrir le côté aveugle. Quelque chose bougea près de la porte d'entrée principale.

— Arrête, couillon, c'est Satan, dit Mouche et il baissa le canon de l'arme du Gaucher.

Ils avaient été à deux doigts de cramer leur chien. C'était le troisième berger allemand qu'ils achetaient, les deux autres avaient clamsé dans des trips similaires.

Caméléon

SAMEDI 20 AVRIL

Alors ? T'es restée sur le cul, hein ? C'est quelque chose que t'as dans le sang, je veux dire, c'est d'origine. Le premier cadeau de fou qu'on m'a fait c'est un jeu de chimie, tu comprends ?… Non, non. Ce que j'essaie de te faire comprendre c'est que c'est pas quelque chose que tu peux choisir comme un caleçon ou une équipe de foot. Quand j'ai vu les tubes et les poudres de toutes les couleurs, j'ai halluciné, je veux dire, j'ai senti que c'était mon truc. Si ça se trouve t'as jamais vécu ce genre de chose et c'est pour ça que tu me regardes comme si j'étais barré, mais t'inquiète, ça va t'arriver à toi aussi, je veux dire, tout le monde naît avec un tic dans le ciboulot qui tôt ou tard finit par se déclarer. Attention, parce que dans mon cas, le plus simple aurait été de mettre ça sur le dos de la tante Mary qui m'a offert ce jeu pour mes… laisse-moi réfléchir, dix ans… non, non, non, pour mes douze ans, parce que pour mes dix ans, le cadeau qui déchirait le plus c'était un Atari que mon père m'avait ramené du Paraguay. Non, en fait, ma tante n'a jamais su que c'était elle qui m'avait foutu dedans, je veux dire… euhh… non, attends, attends, m'interromps pas juste au moment où j'allais dire quelque chose de génial, quand je suis comme ça faut pas m'interrompre, bébé, parce que ça me rend dingue, tu comprends ? Bon, je te la fais courte, moi, ce que je crois, c'est que tout le monde naît avec un défaut, un défaut impossible à corriger. Bien sûr que j'essaie, comme toi et comme tout le monde, mais, bon, dans mon cas, je ne peux même pas essayer de le cacher, c'est pour ça que je suis direct avec toi.

Alors tu peux la jouer comme moi, c'est-à-dire mettre cartes sur table et le dire, ou tu peux la jouer par en dessous, comme le font la plupart des faux-culs. C'est comme ça, y a pas à tortiller : y a des mecs qui tombent dans le jeu, d'autres, leur kif, c'est se taper des merdeux, d'autres qui picolent à mort, et moi, moi mon truc, c'est la chimie. Qu'est-ce que je peux y faire ? J'ai pas choisi. Mais, attends, attends, attends, y a des choses carrément plus merdiques, je veux dire, imagine que le vice me prenne de frapper les nénettes, comme c'est arrivé à un cousin de mon vieux, celui de Rawson, qui tabassait sa femme tous les soirs en rentrant du taf ; il la défonçait à coups de beignes même si la nana n'avait rien fait. Un jour, la nana a viré de la carafe et elle lui a foutu une balle dans la tête…

Non, ma petite, faut apprendre à vivre avec soi-même avant de vivre avec les autres. Je veux dire, moi, à partir du moment où j'ai bouffé le bleu de méthylène du jeu de chimie, j'ai compris que je ne pourrais plus jamais arrêter, alors j'ai assimilé le délire de la meilleure façon qui soit, sans me venger sur les autres ni psychoter de travers. Et j'm'en suis pas trop mal tiré, ou tu trouves que j'ai l'air timbré ?... Les timbrés c'est les dingologues chez qui ma connasse de mère m'oblige à aller depuis l'âge de quinze ans. Qu'est-ce que ça peut bien leur foutre ce que j'ai dans le ciboulot ? Est-ce que je me mêle de leurs oignons, moi ? Je veux dire, moi ce que je pense, c'est qu'un type qui bloque sur les rêves débiles que tu peux faire la nuit doit être sacrément timbré, tu comprends ?

Non, c'est clair, mais c'est pas si simple, comme je t'ai dit. On te bourre le mou avec tellement, mais tellement de merde qu'à la fin t'en peux plus, t'es obligé de te réfugier dans une tribu, tu comprends ? Si tu vois pas ce que je veux dire, mate plutôt les gamins, ceux qui sont calés là-bas près du comptoir. Mes amis, ma tribu. Chacun avec sa propre histoire dans la caboche, ce qui ne nous empêche pas de vivre ensemble. Bien sûr qu'on vit ensemble ! À notre façon, avec nos codes. Regarde, tu les vois ? Étudie un peu leurs mouvements, super électriques.

— Eh, Brando, commande-toi un autre verre, vieux, tu vas péter un câble !

Un type bien, un type comme ça, mon ami Brando, c'est-à-dire, un peu survolté peut-être. T'as vu comment il marche, comme s'il avait un moteur dans le cul ? T'as vu sa mâchoire, comme elle tremble ? Ça c'est mon Brando, défoncé, bien défoncé ! Et, pourquoi ?... Parce qu'il est comme nous tous : malade. Comme tous ceux d'entre nous qui sommes nés avec ce karma. Un excité, je veux dire, un type qui ne peut pas penser à autre chose qu'à la came. Ouais, il est un peu raide et celui qui est à côté, c'est le Mort. Le genre de mec que tu voudrais pas croiser dans une ruelle obscure. Tu sais jamais s'il va t'embrasser ou te mettre une balle. Un mec bizarre, tu vois ? C'est pas un mauvais bougre, en fait, le mec a eu pas mal de problèmes. Putain ! Qui n'a pas eu de problèmes avec cette merde ? Mais, je veux dire, lui, il a pas eu de pot avec ses vieux, ce genre de délire, tu me suis ? La vieille dans un asile de barges et le père, bon, le père en bouffe pour perpète à Olmos pour avoir planté un mec. Et tout ça sans parler du bordel que sont les frères, qui doivent être quatre et tous plus niqués les uns que les autres. Mais rien de tout ça ne justifie que le Mort soit aussi malade, je veux dire, y a une tonne de mecs à qui il est arrivé les mêmes emmerdes, c'est pas pour autant qu'ils se crament le cerveau avec tout ce qui leur tombe sous la main. Non, ça vient d'ici, de la caboche, et c'est d'origine.

Et l'autre, celui qui est assis au comptoir près de

la porte, c'est le Gros Kingo et lui, c'est un sauvage, un vrai, je veux dire, pas comme une de ces pédales qui se trimballent avec des bracelets en cuir aux poignets en agitant des chaînes de vélo pour jouer les durs. Non, le type est un sauvage, un vrai… Bon, aujourd'hui c'est un peu différent et peut-être qu'il te donne pas cette impression, avec cette chemise…

— Eh, le Gros, t'as l'air d'une tente de la Croix Rouge !

Moi j'te dis, un de ces jours, le cœur de ce type va exploser. Trop de taf, trop de nuit, trop de graisse. Si je t'en raconte une ou deux sur le Gros, tu vas pas comprendre comment il a pas encore crevé. C'est des choses que tu peux pas t'expliquer parce qu'elles sont comme ça du départ. Comment ils font pour avoir c'te tchatche ces types-là ?… Ouais, une question de gènes, c'est ça. T'en as déjà entendu parler ? Ça vient des gènes. L'autre fois ils l'expliquaient super bien à la télé, avec des croquis et tout. Je veux dire, moi je suis pas trop calé sur le sujet, mais les types qui étudient jusqu'à se faire des cors dans le cerveau peuvent t'expliquer ça en moins de deux.

Ils sont un peu nerveux, là, les mecs et ça, ça veut dire que d'une minute à l'autre ils vont mettre le cap sur les chiottes, je veux dire, c'est pas que je veuille t'abandonner, bébé, mais je crois que je vais les accompagner, au cas où ils me filent de quoi me faire un petit snif. Tu le prends pas mal, hein ? En fait, j'ai besoin d'un petit coup de pouce pour pas dépérir ; parce que quand la déprime commence à se pointer, je deviens… Mon Dieu ! J'ai de plus en plus de mal avec ça. Jeudi dernier, je suis arrivé chez moi bien défoncé, tu vois, il devait être onze heures du matin et cet enculé de jardinier vas-y que je te tonde la pelouse avec une machine qui fait un bruit d'enfer, et la domestique faisait aussi des siennes, je veux dire, on aurait cru que cette putain de salope devinait les moments où je commençais à baisser… Pouah, chaque fois que j'y pense ça me fout la chair de poule, on aurait dit que cette garce prenait son pied à prolonger mon agonie, parce que, quand je me suis fait au bruit de la tondeuse et des oiseaux, et que je commence à m'endormir… zoummm, zoummm, zoummm, elle se met à passer l'aspirateur à côté de la porte de ma chambre. Tu te rends compte ? Cette nana veut me rendre dingue. Jeudi, je te jure, j'étais à deux doigts de me lever et de la poignarder avec un stylo Parker… Mais j'ai renoncé parce que j'ai pensé à mon vieux, bon, tu sais que mon vieux est dans la politique et tuer la bonniche, je veux dire, ça aurait pas fait de la bonne pub pour le parti, tu comprends ? Ce jeudi-là, donc, tout allait de travers, la grosse merde, quand la fille en a eu fini avec l'aspirateur, j'étais sur les nerfs et je me suis dit : « Caméléon, faut que tu te calmes. » Alors je me suis mis à penser à des nénettes à poil et j'ai commencé à me chauffer comme un barge, à me faire une branlette de taré. Je veux dire, des fois ça détend, mais le problème c'est que je m'étais tellement mis de came dans le sang que même avec une grue j'aurais pas pu la relever. J'avais le machin tout irrité à force de le frotter et, putain, il se passait rien, alors j'ai commencé à me monter la tête en me disant que j'étais devenu impuissant, que j'aurais plus jamais la trique et que je pourrais plus jamais me taper de petites nénettes. Tout a commencé à tourner autour de moi, je veux dire, je voyais les murs de la chambre se rapprocher puis s'éloigner et le plafond se froisser comme du tissu. Pouah, je me suis levé étourdi, j'ai pensé piquer un sprint jusqu'aux toilettes mais non, j'y serais pas arrivé, pas moyen. Quelle merde ! J'ai ouvert le tiroir à chaussettes, j'ai lancé une superbe gerbe et je l'ai refermé comme si gerber dans les tiroirs était ce qu'il y avait de plus naturel au monde. Tu vois, tu vois ce que je veux dire ? Non, non… Ça me fout en l'air tout ça. Dès que je me mets à penser, je me sens comme une merde. Il faut pas trop penser parce que ça marche pas comme ça, c'est-à-dire, la vie, faut la prendre comme un film, pas comme un livre. Il faut tout le temps être en mouvement. La seule chose qu'il faut pas perdre de vue une seconde c'est l'action. Peu importe ce que tu fais, il faut agir et ne pas cesser d'agir ; si tu t'arrêtes une seconde, t'as merdé, parce que tu te mets à penser et alors au lieu de vivre comme dans un film tu vis comme dans un livre, c'est-à-dire, plein de pages, un truc lent, chiant… Qu'est-ce qu'on y peut ? Une vie de merde, mais c'est pour ça qu'il faut pas arrêter et rester vigilant. Et maintenant si tu veux bien m'excuser, je vais aller voir de quoi ils sont en train de parler dans ces chiottes. Bouge pas d'un poil, ma belle, parce qu'avant que t'aies eu le temps de dire « Constantinople », je suis de retour.

Les flingues

SAMEDI 20 AVRIL

Le Porvenir jouait contre Tigre. La pluie et le vent froid s'infiltraient dans les tribunes et giflaient les visages transis d'un petit groupe de supporters. Les joueurs offraient un spectacle pitoyable ; ils pataugeaient mollement dans la boue derrière un ballon fuyant. Mouche était supporter de Boca Juniors et n'éprouvait aucune sympathie pour les petites équipes amateurs. Immobile au milieu des autres, il suivait les actions du match, manifestement agacé. Le Gaucher était pour Independiente d'Avellaneda, donc aucun souci avec le « Porve ». Les deux clubs se partageaient la bande de casseurs, la bande de Gerli, et Cica, le chef des supporters. C'est pourquoi le Gaucher sautait et braillait comme un casseur de plus.

C'était après un barbecue chez Cica qu'ils s'étaient rendus au stade, et Cica, ils étaient allés le voir parce qu'ils avaient besoin de se fournir en flingues. Cica chapeautait les supporters et était, en outre, le cerveau d'une bande spécialisée dans le vol de fourgons blindés et la fourniture d'armement aux plus grosses bandes de la périphérie de Buenos Aires. Cica disposait d'un véritable arsenal dissimulé dans un hangar abandonné ; c'était un maniaque des flingues qui s'éclatait à tester les FAL de Córdoba – achetés à un bidasse de Campo de Mayo – contre les fourgons blindés de Juncadella. Mais l'action l'avait rendu parano ; sa dernière acquisition avait été un lot de gilets pare-balles suédois.

— Pas mal, fit Mouche en lui rendant le gilet.

— Pas mal ? C'est ce qu'on fait de mieux, lâcha Cica et il avala une gorgée de Seven Up. Tu le sors d'où, celui-là ? demanda-t-il au Gaucher.

Le Gaucher fumait un joint de la taille d'un stylo Rötring et observait d'un air bovin le bordel que foutait la bande de Cica. Une douzaine de sauvages, complètement bourrés, drogués et armés jusqu'aux dents, se disputaient les prises de décisions à coups d'insultes. La Tortue, un des chefs de ce troupeau de hors-la-loi, agitait un Ithaca chargé de balles en caoutchouc, en essayant de convaincre les autres d'aller choper les supporters du Racing.

— Qu'est-ce que tu veux, Cica, il est fan de Boca, il a pas toute sa tête, finit par répondre le Gaucher.

La Tortue tira quelques coups de feu en l'air et sortit en courant à la tête de la bande. Les hommes grimpèrent à bord de deux voitures et foncèrent en direction du quartier d'Academia en tiraillant. Ce type de bordel ne cadrait pas avec la personnalité de Cica ; aucun des casseurs n'avait songé à lui demander de se joindre à eux. Cica était fait pour autre chose : le cerveau de l'organisation pensait pendant que le muscle s'exerçait. La satisfaction intellectuelle qu'il éprouvait à planifier et concrétiser chaque coup à la perfection dépassait largement le plaisir éphémère de mettre sa vie en danger dans un affrontement de rue. Cica resta affalé sur sa chaise longue, dans la paillote où ils avaient déjeuné. Son visage, camouflé dans la pénombre, était pétri de l'expression mélancolique d'un habitant d'une autre galaxie, irrémédiablement perdu dans un monde qui ne le comprendrait jamais. Une brune équipée d'une bonne paire de nichons s'approcha et lui chuchota quelque chose à l'oreille.

— Pas maintenant, je suis occupé, l'expédia Cica.

Le Gaucher fuma son joint jusqu'à se brûler les doigts. Défoncé sur sa chaise longue, il n'arrivait pas à détacher ses yeux de l'éclat mourant et hypnotique des braises. Deux des casseurs étaient restés ; ils faisaient une partie de *tute cabrero* et sniffaient de la coke au milieu des assiettes sales. Les types observaient, entre chaque prise, les moindres mouvements de Mouche et du Gaucher.

Ils étaient chargés de veiller à l'intégrité physique du chef.

— Non, pour moi, on n'aura pas besoin de gilets. C'est un coup rapide, poum poum, et le tour est joué. Un braquage express.

— Si y a des poulets à l'intérieur, vous aurez besoin des gilets, crois-moi, ces types-là n'hésitent pas à tirer, insista Cica.

— Non, Cica, zéro tir, y aura pas de vagues. C'est bon, j'ai repéré les flics, ils sont en groupe. Les mecs bougeront pas, ils risqueront pas leur peau, c'est sûr. De toute façon, on leur laissera pas le temps : on sort les flingues, les types se chient dessus, on les désarme et tchao, on encaisse.

Cica se leva brusquement. La cicatrice torpide qui lui barrait le visage étincela, baignée par un rayon de lumière. Les individus qui jouaient aux cartes bondirent de leurs sièges et attrapèrent leurs flingues, des pistolets Glock Arotek autrichiens que Cica vendait à bon prix. Le Gaucher leva ses yeux fiévreux vers ceux de Cica.

— Ces gamins vont finir par faire une boulette, dit-il.

Cica fit un mouvement des sourcils et les gardes du corps se rassirent.

— Allez, venez, on va voir les joujoux, invita-t-il.

Ils se rendirent à un dépôt à quelques pâtés de maisons du repaire de Cica et de son équipe. C'était une ancienne usine de peinture en faillite et désaffectée. Des armes et des munitions étaient soigneusement rangées sur des étagères en métal ou emballées dans des caisses vert olive aux angles en fer-blanc. Cica avait un inventaire mental du stock, il connaissait le prix, la quantité et l'endroit exact de chaque chose. Toutes les armes étaient impeccables et chargées ; prêtes à l'emploi. Cica se planta face aux voleurs et, tout en ouvrant les bras dans un geste d'animateur télé, il s'exclama :

— Entrez, les jeunes, bienvenue au paradis des flingues : Flingueland. Le rêve devenu réalité.

Et là, il se lança dans un véritable cours. Il décrocha un fusil d'une étagère, rabattit la fausse crosse rétractable, le tendit au Gaucher – qui le prit dans ses bras comme si c'était un bébé – et dit :

— AK-47, Kalachnikov automatique, très rare en Argentine. « La princesse russe ». Légère, solide, fiable, elle ne s'enraye jamais. Bonne cadence de tirs et résistante, pas comme ces merdes de M16 des Yankees, où il suffit d'un coup de crosse pour les plier en deux et bousiller le mécanisme interne. C'est une masse ! C'est l'arme qu'utilisent les guérilleros du monde entier. Une masse ! Le seul hic c'est que la munition est un peu chiante à caler. Ça, c'est un modèle soviétique, j'ai aussi des égyptiennes qui sont très bien et à très bon prix. Maintenant, si tu veux faire un boulot précis, il me reste aussi quatre AK-74 avec lance-grenades BG-15 et chargeurs de trente cartouches : antipersonnel, gaz lacrymo et tube roquette, imparables ! Et cette petite merveille ne pèse pas plus de quatre kilos et demi et te fait sauter un blindé à un pâté de maisons. Et ça, je l'ai vu de mes propres yeux, personne ne me l'a raconté.

Le Gaucher s'amusait avec le chargeur incurvé de l'AK-47, il s'imaginait en train de descendre une douzaine de flics en une rafale. Mouche le ramena sur terre.

— Fais-moi voir quelque chose qui nous serve pour le boulot qu'on a en vue, Cica, dit-il.

— On y arrive, mais avant, je veux vous montrer d'autres joujoux.

Ils se dirigèrent vers le fond du hangar. Cica s'arrêta devant une caisse pleine de fusils impeccables. Il en sortit un et le donna à Mouche.

— Jette un œil à ces FAL. C'est un bidasse qui les récupère de Río Tercero et qui me les fait passer. Ces flingues partaient pour l'Équateur et la Croatie mais le type est tombé sur les camions et les a remplacés par des fusils pourris destinés à la fonderie. Ça a fait un bordel énorme et il a dû se débarrasser de ces petits bijoux. Mate un peu ce matos, papa, et presque cadeau. Avec ça, mes gars ont abattu un hélicoptère de bidasses à Solano. C'est le top, calibre 7,62 × 51 mm OTAN, un vrai canon. Ils te perforent les plaques d'aramide des blindés comme si c'était du caoutchouc mousse. Ce n'est pas ce que vous recherchez, mais si j'étais vous, je profiterais de l'offre. Y a un mec qui veut tous me les acheter, il veut les faire sortir par le

Paraguay et les refourguer à des narcos de Medellín.

— Super, commenta Mouche en regardant à peine l'arme.

— Je voulais vous montrer le lance-roquettes que j'ai, un C-90CR espagnol, idéal pour faire sauter un guichet automatique, mais vous m'avez pas l'air très motivés. Allons directement à ce que vous cherchez.

Cica les conduisit vers d'autres étagères situées près de l'entrée. Il descendit quatre caisses de munitions calibre 9 mm Parabellum à tête creuse du rayon supérieur et traîna une caisse d'armes d'un couloir voisin.

— Votre boulot demande quelque chose qui crache sans interruption, avec une bonne cadence de tirs comme on dit, qui en plus soit léger, avec des munitions pas chères et faciles à trouver. Ce qu'il vous faut c'est des pistolets-mitrailleurs et là, j'ai plusieurs modèles.

Il plongea sa main dans la caisse et sortit une arme un peu plus longue qu'un pistolet.

— Celui-là, vous devez le connaître. C'est celui qui se vend le plus, le mini-Uzi : un canon léger, rapide et assassin. C'est l'arme préférée des pirates de la route. En plus, avec un engin pareil, tu te fais mousser : tu coupes un type en deux en un clin d'œil. Il fait neuf cents coups par minute et est équipé de deux poignées : métal estampé, boulons et points de soudure, avec une culasse télescopique copiée des fusils tchèques. J'ai aussi quelques micro-Uzi, plus petits, mais que je ne vous conseille pas parce qu'ils sont merdiques à contrôler : la sécurité est ultralégère et tu peux faire une boulette en moins de deux.

Cica fila l'Uzi à Mouche afin qu'il l'examine et plongea dans la caisse pour sortir un autre engin.

— Ça c'est un bijou plus difficile à trouver, dit-il en exhibant l'arme, un Ingram modèle 10 : américain, ultracompact et robuste, plus de mille coups par minute. Le mécanisme est actionné par le recul, culasse ouverte avec verrou enveloppant le canon. Il n'y en a pas plus de deux comme ça.

Cica fit passer l'Ingram au Gaucher et retourna à la caisse.

— Celui-ci est encore moins cher, le FMK-5, national, je le reçois aussi de Río Tercero. Bonne came, c'est le successeur des PAM 2, qui ont jamais valu une merde. Économique, bien équilibré, culasse télescopique et chargeur dans la poignée pour un rechargement plus facile. Super fiable, moi, je l'emporterais les yeux fermés.

Sans lâcher le FMK-5, Cica sortit de la caisse un quatrième modèle, plus petit que les autres et au design ultramoderne.

— Maintenant, si vous voulez un joujou de dernière génération, je peux vous offrir ce petit trésor de l'industrie, le Steyr TMP : autrichien, 9 mm aussi, il pèse un kilo trois cents et fait moins de trente centimètres. Et le top, c'est sa stabilité en automatique ; tu peux caler un viseur télescopique ou laser sans aucun problème. Pas mal de matériel synthétique, bonne ergonomie et très facile à contrôler. C'est comme être au volant d'une Merco, mais c'est ce que ça coûte aussi.

Mouche regarda le Gaucher qui soupesait l'Ingram et l'interrogea en haussant les sourcils.

— Moi je les prendrais tous, Mouche, mate un peu ce flingue. Putain, j'achèterais tout le dépôt si j'avais l'oseille…, soupira le Gaucher.

— Bon, on prend deux Uzi et un FM avec les munitions, et un fusil 12/70 semi-automatique, si t'as, décréta Mouche.

— J'ai, en offre, un Franchi, calibre 12/76 à pompe, avec crosse rabattable et canon court, un super engin.

— Ça roule.

Le Gaucher, en meilleurs termes avec le chef de Gerli, se chargea de négocier le montant que réclamait Cica pour ses armes jusqu'à ce qu'ils parviennent à un accord qui leur semble juste à tous les deux. Mouche déboursa le fric sans broncher parce qu'il n'avait qu'une envie : se tirer au plus vite. Mais il lui fut impossible de convaincre son associé de refuser l'invitation à aller voir le Porvenir. Ce n'est qu'à la fin du match, quand Cica et sa bande sortirent virer les fans de Tigre, qu'ils purent s'esquiver.

Ils entrèrent dans le Trafic en grelottant. Ils étaient trempés, avaient les os congelés et une gueule de bois qui leur broyait le crâne. Mouche mit le contact et laissa tourner le moteur un moment avant d'allumer le chauffage. Le Gaucher enleva son jean et sa chemise ; en caleçon et chaussettes il se glissa à l'arrière du véhicule et sortit des vêtements de rechange d'un sac-poubelle. Il fit passer les siens à Mouche et ils se changèrent en silence, avec l'automatisme d'un couple de vieux. Mouche sortit une dose de came de la boîte à gants et sniffa une pincée pour se retaper. Il démarra aussitôt en direction du casino Los Dos Mundos. Le Moine lui avait assuré une entrée à la maison de jeux clandestine et il fallait qu'il soit bien réveillé s'il voulait profiter de sa visite.

Mouche conduisait en pilote automatique. Connecté par la coke, il revoyait scrupuleusement les événements, les fractionnait comme les pièces minuscules d'un casse-tête impossible. Pour la première fois de sa vie, il sentait qu'il pouvait perdre, que les faits le poussaient vers une zone à haut risque. Il revenait inlassablement sur les fragments qui composaient sa vie et, au début du chemin, apparaissait, immense, Gómez le Rat, l'homme qui lui avait appris à comprendre le jeu, « le jeu d'échecs de la vie », comme il disait. Le Rat faisait partie de ces personnes qui choisissent de résumer leur expérience en une poignée de maximes accompagnées de longs silences. Les silences de Gómez le Rat étaient le prolongement de sa peine, des heures interminables de ceux qui se traînent une réclusion à perpétuité, et ont déjà entendu tout ce qu'ils avaient à entendre, et préfèrent dire le peu qu'ils ont à dire avec élégance, sans hâte. Le calme de Gómez le Rat était réputé parmi les voleurs. Cette justesse pour désigner les choses, l'expression, l'intonation, mais aussi l'image du vieux derrière les barreaux, étendu sur un lit, le visage brouillé de solitude, pleurant sans larmes, défilaient dans l'esprit de Mouche comme des diapositives que projetait son esprit contre l'asphalte mouillé. Une fois, Gómez le Rat lui avait dit : « Un bon voleur doit être capable de capter le meilleur flic. » Mouche venait de saisir ce que Gómez le Rat avait voulu lui dire : il faut toujours se mettre dans la peau de l'autre, de l'ennemi, du flic. Et ce que Mouche voyait maintenant sous cet angle confirmait toutes ses craintes. Si les flics les chopaient, lui et son associé, avant qu'ils ne concrétisent le casse au bar de Zabala la Trombine, ils seraient foutus, aucun avocat ne pourrait les sortir de taule. Ce n'était qu'une question d'heures avant que les travestis de Palermo les livrent et que les flics de la Bonaerense émettent le mandat d'arrestation. Des heures qui se réduiraient à des minutes ou à rien si le Moine, qui, comme le pensait le Gaucher, pouvait très bien répondre aux deux téléphones, les avait balancés.

Un Uzi flambant neuf à la main, le Gaucher faisait semblant de tirer sur les piétons qui passaient dans son champ de vision. Mouche dit :

— Voyons ce que pense l'Oiseau du bordel du Tucumano. Allez, lâche-moi un peu tout ça et passe-lui un coup de fil, faut qu'on essaie de le capter aujourd'hui à Avellaneda. Putain, bouge-toi, le Gaucher, on est dans la merde.

À contrecœur, le Gaucher échangea l'arme contre le téléphone portable, il composa le numéro de l'Oiseau Bustos et attendit.

— C'est le répondeur, dit-il.

— Ben, laisse un message, couillon.

— Salut l'Oiseau, c'est moi, lâcha le Gaucher après avoir entendu le bip. Il faut qu'on se capte ce soir sur le coup de neuf heures, neuf heures et quart, au Tropicalandia d'Avellaneda, c'est au sujet du Tucu… Oublie pas, neuf heures, neuf heures et quart, on se retrouve là-bas. Je serai avec mon associé. Me fais pas faux bond.

Le Gaucher laissa tomber le portable au milieu des sièges, alluma la radio et ferma à demi les yeux.

*

Il avait cessé de pleuvoir quand ils rejoignirent le casino Los Dos Mundos et, au milieu des gros nuages à l'horizon, le soleil s'échappait de cette moitié du monde. Il était six heures et quart. Mouche comptait jouer une heure ou deux, le temps d'enregistrer les détails du fonctionnement du casino, avant de filer à Avellaneda, à leur rendez-vous avec l'Oiseau Bustos. Il arrangea ses cheveux dans le rétroviseur de la camionnette, se fit une autre prise, attrapa l'enveloppe de cash dans la boîte à gants et sortit en revoyant Marquitos le Noir, ses yeux ouverts et morts, sa main de poulpe désespéré. Avant d'entrer dans le bar, il se toucha une couille pour se porter chance.

Le Gaucher croqua deux aspirines et, calé sur le siège du Trafic, il s'abandonna au sommeil. La ferveur du stade avait consommé ses dernières forces, il avait besoin d'une pause pour se remettre.

Le casino de Zabala la Trombine était bondé de joueurs. C'était un salon rectangulaire, sombre et mal aéré. Les lucarnes au plafond avaient été bouchées avec du contreplaqué et les extracteurs d'air, encastrés dans les murs qui donnaient sur l'extérieur, avaient perdu leur puissance d'origine ; ils remuaient péniblement leurs pales, comme les hélices rouillées d'un sous-marin échoué au fond de la mer. Dans cette ambiance saturée de fumée et d'odeurs pénétrantes, se répartissaient dix ou douze tables de poker et de black jack et une autre demi-douzaine de tables où on jouait au craps. Au-dessus de chacune des tables, pendait un abat-jour avec une ampoule de vingt-cinq watts qui diffusait un cône de lumière pâle. Au fond du salon, trois rangées de chaises en plastique vissées au sol faisaient face à une file d'écrans couleur suspendus au plafond. Les appareils transmettaient, en boucle, les courses des hippodromes de Palermo et de San Isidro en circuit fermé. Dans une cabine en fibre de verre située contre un mur près de l'entrée, le frère de Zabala distribuait les jetons pour les jeux de table et encaissait le fric des paris du turf. Toutes les demi-heures, Zabala la Trombine passait par cette cabine, récupérait les gains et ressortait par une porte dissimulée dans le mur qui donnait sur la salle de devant, au niveau du bar.

Mouche s'assit à une table de craps et se mit à jouer à un jeu auquel il ne comprenait absolument rien et qu'il se foutait d'ailleurs bien de comprendre. Toute son attention était portée sur le fonctionnement du casino, il voulait emmagasiner le maximum d'infos. De temps à autre, le cri intempestif d'un turfiste interrompait la cadence monotone des dés dans les gobelets, du tintement des verres et des bouteilles et du murmure, quasi hypnotique, des parieurs. Au milieu des serveurs qui allaient et venaient dans le salon pour réhydrater les joueurs assoiffés, trois individus arboraient des holsters avec des pistolets Astra 45. Un autre type, un moustachu aux lunettes sombres, était posté près de la cabine, une mitrailleuse MAT 49 autour de la poitrine. Mouche trouva qu'il ressemblait à la Pie, le type avec qui il avait fait ses premiers vols à la sauvette à quatorze ans, à Mar de Ajó. C'étaient des flics du narcotrafic, des hommes du commissaire Diana qui faisaient des heures sup.

Le Moine s'approcha de la table de craps où pariait Mouche.

— Alors, comment tu t'en sors, euhh… petite Mouche ? demanda-t-il dans un murmure de confessionnal.

— Je me défends, dit Mouche et il perdit encore cinquante pesos.

Le mauvais éclairage du salon n'aidait pas. À mesure qu'il jetait ses jetons sur le tapis, pendant que les autres parieurs suivaient la trajectoire des dés, Mouche regardait discrètement dans toutes les directions. Il essayait de détecter l'installation d'un système d'alarme ou de caméras de sécurité camouflés dans la pénombre. Mouche se disait que Zabala la Trombine, qui comptait sur les hommes du commissaire Diana, ne s'était peut-être même pas emmerdé à effectuer un investissement de ce type.

Mouche avait perdu ses derniers jetons.

— Accompagne-moi changer du fric, le Moine, dit-il en se décollant de la table.

Cinq types avec une tête à vendre leur propre mère à la première occasion faisaient la queue devant la cabine en fibre de verre. Le policier à la MAT 49, celui qui ressemblait à la Pie, suivait les moindres mouvements des individus, un doigt sur la gâchette.

— Ils en brassent du fric, hein le Moine ? commenta Mouche.

— Quatre-vingt[1], ils se font des couilles en or ! L'oseille ? Ils la ramassent à la pelle, euhh... Tu vois cette petite porte à côté du Noir à la mitrailleuse, là, derrière, y a un couloir qui donne de l'autre côté, sur le comptoir. Bon, régulièrement, la Trombine vient faire un petit tour, euhh... il ramasse le pognon et le planque dans un coffre-fort qu'il a là-bas derrière. Là, dans le coffre, il garde la recette de toute la semaine, euhh... et tous les lundis Diana le Boucher envoie quelqu'un récupérer sa part et escorter la Trombine jusqu'à la chambre forte de la banque.

Mouche le regarda, incrédule.

— Et d'où tu sais ça, toi ?

— De Jáuregui le Héron, de lui et de l'Uruguayen De Los Santos. Les types avaient décidé de braquer la Trombine, y a un an et demi de ça, à peu près. Ils avaient tout combiné avec un serveur qui leur avait même passé les plans du bar, euhh... C'est le Héron qui m'a raconté ça, une nuit de tchatche, mais leur plan a foiré. Les flics les ont chopés avec un kilo de came au Marché central, euhh... sont à Olmos maintenant. Tu te souviens du Héron, non ?

— Ouais, il est de Mar de Ajó, de mon quartier,

1. À la *quiniela*, le quatre-vingt correspond à la boule.

un bon gars, un peu grande gueule, peut-être, dit Mouche et il évalua la réaction du Moine.

Le Moine ne se troubla pas le moins du monde. Il glissa des billets par le guichet de la cabine et fit un clin d'œil au frère de Zabala, un petit homme aux grosses lunettes en écaille, au nez bulbeux comme une patate douce et à la calvitie prononcée. Ce fut un clin d'œil complice ou simplement amical, mais qui de toute façon n'échappa pas à Mouche. Zabala fit passer les jetons et rendit le clin d'œil ; il n'y eut aucun mot. Mouche changea aussi un peu de liquide, regagna sa table et joua jusqu'à perdre son dernier jeton. Son esprit, encore enflammé par quelques restes de coke, tentait de cerner le comportement sinueux du Moine. Mouche prit une décision : pendant le braquage, il ferait sauter la tête du Moine, parce qu'il l'ouvrait trop et parce qu'il ne fallait rien laisser au hasard. « Ne tue jamais le chien sans t'occuper des puces », lui avait enseigné Gómez le Rat.

*

La pute s'assit sur lui et commença à le chevaucher mollement. Ses nichons pendaient et ses aisselles n'étaient pas rasées ; elle était en nage et glissait des mains du Gaucher comme un poisson. C'était une entraîneuse du bar-billard Washington, un bouge planqué au premier étage d'une boîte de jeux vidéo située à une centaine de mètres du tripot de Zabala la Trombine. Le Washington était un bordel malfamé où trois quatre prostituées cocaïnomanes bossaient sous les ordres du Loup, un type sorti en conditionnelle de Sierra Chica après avoir bouffé un lustre à l'ombre pour trafic de drogue. Les filles prenaient trente pesos la passe et même vingt, les soirs où elles galéraient.

Le Gaucher avait un rêve récurrent : il rêvait qu'il vivait dans une immense bâtisse où les pièces se multipliaient, un endroit impossible à parcourir complètement. Le Gaucher déambulait le long de chambres vides aux plafonds hauts et fissurés, aux meubles délabrés, aux planchers en parquet vermoulu et aux murs pleins de taches d'humidité, d'où pendaient de sombres portraits. Depuis leurs cadres ovales en caroubier, des visages craquelés et sépia le regardaient, les yeux chargés d'une souffrance indicible. Des visages inconnus. L'anxiété et la peur s'emparaient du Gaucher à mesure qu'il avançait dans la maison interminable. Il y avait toujours une autre porte, une nouvelle pièce, inconnue, qui s'ajoutait aux précédentes et amplifiait le labyrinthe. Chaque fois que son rêve, son cauchemar discret se répétait, le Gaucher se réveillait crispé, avec une érection qui lui arrachait des cris de douleur. Pour une raison mystérieuse, ce rêve déchaînait sa libido de façon incontrôlable. Dans cet état de folie, de somnambulisme et d'ardeur, le Gaucher sortit du Trafic, se rendit tout droit au

Washington et entraîna la rousse désœuvrée jusqu'à la camionnette.

— Oui, chéri, comme ça, comme ça…, susurrait la pute moribonde à l'oreille du Gaucher.

Le Gaucher avait beau la secouer comme une poupée de chiffon, ça ne servait absolument à rien.

— Putain, mais bouge, salope, lui ordonna-t-il.

La fille sembla prendre de l'élan, mais l'instant d'après, elle se dégonflait de nouveau.

De retour de son excursion au casino Los Dos Mundos, Mouche fit irruption à l'intérieur de la camionnette. Les pupilles comme des assiettes, la mâchoire super contractée et la peau poisseuse de Mouche auraient fait flipper n'importe qui, plus encore une pute au rabais. La pute se détacha du Gaucher et se réfugia dans un coin en poussant un cri d'effroi. Le Gaucher l'attrapa et, en lui mettant sa main devant la bouche, il lui hurla à l'oreille :

— Chhh… du calme, rouquine ! c'est Mouche, mon associé.

Mouche clignait des yeux en direction du couple, comme s'il attendait des explications.

— Encore ce rêve de merde, Mouche, fit le Gaucher en haussant les épaules.

Mouche secouait la tête tout en défaisant la braguette de son jean. Il aurait voulu se marrer mais la came l'avait trop contracté.

La petite fête avec la pute les retarda. La fille avait mis le nez dans le sachet de coke de Mouche et son zèle pour la profession augmenta considérablement. Il était déjà neuf heures vingt-cinq quand ils arrivèrent au Tropicalandia. Ils garèrent le Trafic à quelques pâtés de maisons du boucan et se rendirent à leur point de rencontre avec Bustos : la station-service Shell où l'Oiseau traînait avec son groupe de motards défoncés et vendait des dosettes de coke coupée au glucose pour cinq pesos. Ils arrivèrent tant bien que mal à se frayer un chemin au milieu du troupeau de merdeux bourrés qui réclamaient de la thune pour l'entrée, pour un cubi de vin, pour des cachetons, ou pour mettre à l'épreuve les nerfs de Mouche.

— Tu vois ce que je te dis ? éclata Mouche.

— Quoi ?

— Ça, couillon, la quantité de négros que ramènent les boîtes de cumbia ! Regarde-moi ça, c'est bondé de négros pleins de vin en cubi qui savent même plus où ils habitent. Putain, faudrait tous les tuer, ces négros.

— Non, man, c'est pas à cause de la cumbia. C'est les merdeux, les petits chouraveurs qui viennent ici pour taxer une paire de baskets et quelques snifs. Les gens de la cumbia sont là pour faire la fête. Regarde, mate un peu cette belle petite brune là-bas.

— Arrête tes conneries…

Ils arrivèrent sur l'aire de la station Shell mais ne virent aucune trace de l'Oiseau Bustos et des motards. Le Gaucher aborda un type à la face de tueur en série qui était assis sur le capot d'un taxi de la capitale ; il s'empiffrait de clubs-sandwichs jambon fromage emballés sous vide et buvait une canette de Pepsi. Le chauffeur de taxi raconta, la bouche pleine et sans enthousiasme, que quelques minutes plus tôt, un flic en civil à la moitié du visage cramée avait coincé les motards et, raconta-t-il aussi, avait fini par en courser un au milieu de l'avenue. Les autres s'étaient barrés sur leurs motos. Mouche pâlit ; la loi leur tombait dessus beaucoup plus vite que prévu. Ils devaient agir vite, très vite, s'ils voulaient échapper à la taule. Le Gaucher avait commencé à se mettre de la coke. Métamorphosé en malade paranoïaque, il attrapa son Bersa dans la poche de son blouson et le serra comme une vieille s'accroche à son chapelet. Il était aux aguets, il s'attendait à ce qu'une douzaine de flics lui tombent dessus, mais la rue était sûre, il ne passait même pas une patrouille faisant sa ronde. Pourtant, il sentait sur sa peau que ce calme n'était que le prélude à la furie. Au milieu du tumulte, ils entendirent le bruit traître de coups de feu. Ils se regardèrent, ils se parlèrent du regard ; ils n'avaient pas besoin de mots. La rue leur avait appris à interpréter les signes à la surface de la peau ; ces coups de feu leur avaient fait l'effet d'une décharge électrique ; ils signifiaient qu'il était temps de prendre la fuite. Avec une urgence dissimulée, ils firent le trajet en sens inverse jusqu'au Trafic. Une des fois où il se retourna, le

Gaucher aperçut rapidement une affiche annonçant un spectacle de Gilda. La photo de la chanteuse de cumbia s'associa dans son esprit à la cabane du bidonville en béton Soldati, au cube hermétique de Huguito le Singe. Les accords sataniques de *Paint it Black* retentissaient, prémonitoires, dans ses oreilles. Le monde crée parfois d'étranges associations, se disait le Gaucher, comme si cette image de Gilda voulait lui signifier quelque chose. Parce qu'une image, une personne, une chanson, un numéro peuvent apparaître et s'envoler, ou se répéter de façon capricieuse et, dans la répétition, dans la constance, il existe un langage, un langage à déchiffrer. Si Gilda avait fait irruption dans sa vie, c'était qu'elle avait quelque chose à lui dire, continuait de penser le Gaucher.

La foule se dispersa au pas de course, au milieu de cris hystériques. On commença à entendre, au loin, le sanglot syncopé des sirènes de police et les détonations de nouveaux coups de feu. Mouche appuya sur l'accélérateur du Trafic et regagna le pont Pueyrredón. Le hurlement des sirènes s'intensifia jusqu'à devenir une file de véhicules de patrouille. Le Trafic passa devant le détachement policier du Riachuelo comme un éclair. Mouche et le Gaucher purent observer le fourmillement de flics bedonnants qui, avec la maladresse du manque d'entraînement, s'empilaient à l'intérieur des véhicules dans une tentative ratée de paraître efficaces.

— S'ils ne l'ont pas descendu, ils vont le garder un bon moment…, dit Mouche en pensant à l'Oiseau Bustos.

— S'ils ne l'ont pas descendu, il va chanter tout ce que les flics veulent entendre, et ce qu'il ne sait pas il va l'inventer, ajouta le Gaucher qui avait attrapé un Uzi et retiré la sécurité. C'est mort.

— Mort, acquiesça Mouche tout en doublant les voitures. Maintenant, il faut se concentrer sur notre coup au tripot, le temps presse. Faut qu'on chope un ou deux voleurs, des types qui assurent, qui veuillent participer à quinze pour cent par tête.

— Personne ne sera partant à ce tarif… Aucun des bons, en tout cas.

— Attends, c'est super bien payé, vieux. En plus c'est du tout cuit : on fournit les flingues, la caisse, on sait comment fonctionne le bordel, que demander de plus ? C'est emballé dans du papier cadeau. Pour rester plantés un moment à faire la sirène, les mecs empochent un super paquet. À part ça, quoi ? C'est qui, les bons ?

— Moi j'avais pensé à la Tortue, le type de la bande de Cica. Le mec assure, mais je sais pas s'il sera partant à ce tarif.

Mouche était d'accord, la Tortue était un voleur de première.

— Un autre candidat, ce serait Amet l'Africain, tu sais, celui qui traîne dans les immeubles de Coburza. Il a des couilles ce négro, poursuivit le Gaucher.

— Ouais, c'est tout ce qu'il a, après, il vaut que dalle. Non, laisse-le où il est, celui-là. Le mec qu'on doit baratiner c'est Lele.

— Lele, quel Lele ? Celui qui traîne au milieu des tombes ?

Le Gaucher était perdu, il pensait à un mec qui passait son temps à fumer du crack dans un trou du bidonville du cimetière de Lanús. Un junkie fini.

— Non, couillon. (Mouche secoua la tête, s'il n'avait pas été drogué, il se serait marré :) Ça c'est Lelé, qui est complètement niqué. Moi je te parle de Lele, du Lele de Morón, celui qui était dans le coup de la banque du centre, avec la bande de Yoryi, un type qui s'y connaît.

— Il était pas perceur, celui-là ?

— C'est ton cul qu'il a percé, couillon. Non, c'est lui qu'on doit baratiner pour notre job.

— Je vois pas de qui tu parles, Mouche.

— Quand tu le verras, ça te reviendra. C'est un blond, maigre, on l'appelle aussi la Tordue…

— La Tordue, ça y est, je me souviens, man. Mais il était pas infecté lui, au Muñiz ?

— Mais non, couillon, ça c'est Mario le Polonais… Enfin, c'était le Polonais, il a crevé l'année dernière avec les premiers froids. Tu vois, lui, ç'aurait été le candidat rêvé. Une fois, avec le Polonais, à mes débuts, on s'est fait un supermarché, un trip de défoncés, tous les deux armés, à Castelar. Le mec a tout de suite capté que l'affaire s'annonçait mal : y avait pas une thune dans la caisse et cet enculé de Coréen voulait pas lâcher l'oseille qu'il planquait. Le Polonais l'a attrapé par le cou et l'a traîné jusqu'à la machine à trancher la charcuterie.

— Et toi, tu faisais quoi pendant ce temps ?

— Moi ? Rien. Y avait quelques vieilles qui faisaient leurs courses, j'ai piqué tous les porte-monnaie et je leur gueulais de rester tranquilles, sinon je les butais… Le Polonais est revenu quelques minutes plus tard avec une pile de pognon ; le Coréen était derrière lui avec sa chemise roulée autour de sa main, pleine de sang. Le type ne s'est rendu qu'au deuxième doigt. C'est des durs à cuire, ces Chinetoques.

*

À travers la vitre du bar, on pouvait l'apercevoir parmi un groupe de travestis corpulents. Luci était appuyée contre le comptoir en briques vernies du Harlem, elle portait une perruque rousse bouclée, des bas résilles et des talons aiguilles. Sa lèvre était boursouflée et foncée comme un rein et aucun maquillage miraculeux n'avait réussi à camoufler les hématomes violacés sur ses paupières. Elle fumait d'une main tremblante et ne détachait pas ses yeux de la porte d'entrée, comme si elle attendait quelqu'un, Mouche ou le Gaucher, par exemple. Les travestis qui l'entouraient ne lui adressaient pas la parole, ils étaient basanés, costauds ou carrément gros, et ne s'emmerdaient pas à cacher leur barbe naissante sous une couche de fond de teint. C'étaient des flics infiltrés de la Brigade du commissariat vingt-six, des vers de terre aux ordres du commissaire Rojas. Luci allait les balancer, Mouche et le Gaucher. La bouche de Mouche se remplit d'une salive épaisse et collante comme de la confiture. Il baissa le viseur télescopique Schmidt & Bender avec lequel il les avait discrètement observés depuis le trottoir opposé. Il se sentait perturbé, il avait la haine contre le monde entier. Il sentait qu'il pouvait perdre le contrôle à tout moment, que sa rage contenue pouvait éclater contre n'importe quoi. Il marcha jusqu'au coin de la rue et s'appuya contre le feu tricolore à la recherche d'un soutien : ses jambes tremblaient et il avait envie de vomir. Perdre le contrôle dans le vol d'un concessionnaire de San Fernando lui avait valu un petit stage à la prison de Devoto. Mais on peut facilement le perdre, le contrôle : la pression des flics, des traqueurs, faisait de lui une bête féroce en proie à son instinct. Mouche alluma une cigarette pour se calmer. La nicotine détendit les muscles de son visage. La nicotine était l'antidote qui l'aidait à faire décompresser la chaudière perverse qui alimentait le moteur de sa rage.

Il regagna le Trafic où le Gaucher l'attendait et, assis au volant, il expliqua :

— C'est la grosse merde, y a les flics du vingt-six, c'est un beau petit traquenard… On va vite aller se pieuter avant qu'ils nous défoncent.

Le Gaucher se gratta la tête comme un orang-outan, il n'avait aucune idée.

*

— Et depuis quand les flics sont aussi intelligents ? demanda Mouche.

— Mais c'est super clair, vieux : ils ont l'Oiseau, en plus, ils ont sûrement entendu le message que j'ai laissé sur le répondeur, et ils ont c'te cafetière de Moine qui va nous vendre direct. Moi je dis, on récupère tout ce qu'on peut de la maison de San Vicente et on se met à l'abri dans une planque plus sûre jusqu'à ce que le boulot soit prêt, dit le Gaucher.

— D'une, on sait pas s'ils ont l'Oiseau, si l'Oiseau leur a échappé, ou s'ils l'ont descendu. De deux, on ne peut pas non plus savoir s'ils ont entendu le message et, s'ils l'ont entendu, je vois pas comment ils pourraient savoir de qui il est, à moins que l'Oiseau chante et ça, je te le répète, c'est seulement si le type a vraiment perdu. De trois, le Moine, ils auront beau le presser, ils pourront pas en tirer grand-chose parce qu'on a jamais parlé du boulot avec lui, et en plus, il a pas la moindre idée de notre planque… J'en étais où ?

— Trois.

— Ouais. Et de quatre, si tu regardes bien, les seuls endroits où on peut se faire pincer c'est le Harlem et le bar de Zabala la Trombine. C'est les deux seuls endroits où on se pointe ces derniers temps et où y a des gens qui peuvent nous balancer : Luci et le Moine. L'un est dans la capitale, l'autre en province, le premier est géré par la flicaille fédérale et le deuxième, par les poulets de la Bonaerense. C'est deux mondes à part, tu saisis ? Les deux maisons peuvent pas s'encadrer, tu saisis, le Gaucher ?

— O.K., je veux bien. Mais si c'est comme tu dis, qu'est-ce que les flics de la Fédérale du vingt-six foutaient au Harlem ? Si le bordel du Tucumano, c'est un truc de province, qu'est-ce qu'ils foutaient là, vas-y ?

— Non, t'as rien compris. Là, c'est autre chose : c'est des histoires entre flicailles qui se battent pour trouver la vidéo, ils ont besoin d'une arme pour faire pression sur les politiciens. Ou tu crois peut-être qu'ils veulent sauver les couilles des types qui se sont grillés sur la vidéo ? Non, tout ce qui les intéresse, c'est d'emporter la plus grosse part du gâteau, le Gaucher, et nous, on est au milieu et par ricochet, en plus.

— Tu veux dire qu'on est comme le jambon du

sandwich, qu'ils nous veulent des deux côtés parce qu'ils pensent qu'on a la vidéo ?

— Exactement, fit Mouche.

— Mais alors, on est morts, mon vieux.

— Non, c'est tout le contraire, le Gaucher, mets-toi à leur place. Le Rat disait toujours qu'un bon voleur doit savoir capter le meilleur flic ; pour être sûr de réussir un coup, il faut d'abord te demander ce que les flics pensent que tu vas faire. Les mecs croient qu'on s'est terrés dans une planque du bidonville en attendant que les choses se calment. Si on braque Zabala la Trombine, on les prend par surprise. Après ça, là, oui, faut qu'on disparaisse… Moi j'avais pensé au nord du Brésil, à Fortaleza.

— Ouais, le Brésil, ça me dit bien. (Le Gaucher était resté subjugué par le déploiement stratégique de Mouche.)

— Maintenant on file à la maison et on continue comme si de rien n'était, on fait ça à notre sauce. Par contre, on se concentre sur ce boulot et on se retire des autres histoires.

— Oublie pas qu'il y a du monde qui nous attend : les gitans, le type des cartes, le Megue et l'Espagnol…

— Qu'ils aillent se faire foutre. On va pas risquer notre peau pour de la ferraille. Ils ont qu'à s'en chercher d'autres.

— Et pour le Harlem, on laisse comme ça ?

— Pour l'instant, ouais.

Le Gaucher était sur le point de lui dire qu'il irait remettre les pendules à l'heure à Luci, qu'il ne lui pardonnerait pas la trahison, mais il opta pour un autre commentaire :

— Ça t'est jamais arrivé, Mouche, d'avoir l'impression de vivre dans un film que t'aurais déjà vu ? Comme si je te disais que tout ce qu'on vient de dire, c'est comme si je l'avais vu venir, comme s'il y avait des choses qui me passaient par la tête avant de se passer en vrai, tu vois ?

— Faut que t'arrêtes la came, mon ami, ou tu vas finir par te ronger la cervelle.

— Non, couillon, sérieusement, parfois c'est comme si certaines choses n'arrivaient pas pour rien. C'est super bizarre, mais tout à l'heure, par exemple, quand on était à Avellaneda, au milieu du bordel : poum ! Gilda m'est apparue sur une affiche, sur une photo, et j'ai tout de suite associé cette image à la maison de Hugo le Singe. Et maintenant, je sais que les deux choses sont liées, je sais pas encore trop par quoi, mais quand le moment viendra, je saurai. Ça marche comme ça, tu comprends ?

— Que dalle, qu'est-ce que tu me baves, taré ? Quelle Gilda ? Quel… ?

— Gilda, la chanteuse, elle m'est apparue sur une affiche, au Tropicalandia, elle m'a fait penser à une sainte triste, en colère.

— Moi je crois que tu forces un peu trop sur la

came, le Gaucher. Arrête vite tes conneries parce que je vais commencer à penser que t'es pas à la hauteur pour ce boulot.

— T'es vraiment un con, Mouche. Je peux pas te faire un commentaire sérieux sans que tu pètes un câble.

— C'est toi qui tournes pas rond, frérot.

— Va te faire foutre.

Ils gardèrent tous deux le silence dans un climat pollué par la tension. Mouche conduisait, apparemment concentré sur les lignes blanches de la route et la phosphorescence des panneaux que dévoilaient progressivement les phares du Trafic. L'étendue de la campagne, plongée dans l'obscurité, était un univers insondable qui les entourait, qui leur rappelait leur condition d'étrangers, d'hommes de la ville, et les isolait dans leur capsule mécanique. Mouche ne pouvait pas s'empêcher de penser à ce qu'avait dit le Gaucher. Pour lui, la réalité était le produit de la convergence d'une infinité de situations aléatoires dans un présent unique. Il imaginait le futur comme la somme d'éventualités infinies qui, en devenant présentes, se réduisaient à un nombre fini d'événements. Il était, peut-être sans le savoir, un fidèle partisan du doute. Il ne comprenait pas la mystique déterministe qui entourait le commentaire du Gaucher. Tout cela semblait plus être le fruit d'une grande perturbation que de la pensée éclairée dont croyait faire preuve son associé. « La vie est un jeu, petit », les paroles de Gómez le Rat résonnaient dans la tête de Mouche depuis un recoin de sa mémoire. C'est un jeu et rien qu'un jeu, et c'est ceux qui le comprennent qui s'en sortent : les grands joueurs de la vie, se disait Mouche. Le Gaucher, de son côté, ruminait dans le silence le plus hermétique la solution de l'énigme que lui posaient ces deux symboles – pour lui – évidents. La clef était dans la répétition, dans la somme d'événements aléatoires apparemment isolés qui convergeraient vers un résultat donné. Il était angoissé à l'idée de ne pas pouvoir réagir à temps pour esquiver un coup que le destin lui annonçait si gentiment. Il pensait que s'il parvenait à interpréter les traces que l'avenir laisse dans le présent, il serait capable de faire plier le destin en sa faveur. Il était étonné d'en être aussi sûr, d'avoir la profonde certitude que la réalité opérait selon un patron déterminé. Cependant, il sentait également qu'il pouvait manquer quelque chose : un troisième symbole qui orienterait la flèche du destin. Il devait attendre la carte manquante, la carte qui, une fois posée, provoquerait l'effondrement du château, la réaction en chaîne. Il devait se calmer et attendre l'arrivée du moment où la trilogie de symboles révélerait un signe clair du futur.

— Tu me passes une clope ? demanda Mouche, pour enterrer l'altercation.

Le Gaucher lui donna une Parisiennes, il lui

offrit du feu et s'en alluma une aussi. Ils fumèrent la paix en silence, comme deux vieux chefs indiens qui acceptent la réconciliation inévitable, parce qu'ils savent que l'ennemi est au-dehors, pas entre frères.

Rituels

JEUDI 25 AVRIL

Ils n'eurent aucun doute là-dessus : la Tortue était l'homme qu'il leur fallait pour ce job. Malgré les certitudes de Mouche, ils durent lui filer vingt pour cent pour qu'il accepte de se joindre à eux. La Tortue était un bloc de muscles de presque deux mètres, il avait une tête carrée comme un lave-linge, directement vissée sur les épaules, sans un centimètre au milieu. Le pistolet-mitrailleur Uzi avait l'air en toc dans ses mains. Le Gaucher réfléchit un instant et finit par lui céder le fusil Franchi, bien plus menaçant empoigné par la Tortue. Lele était introuvable, ils durent se rabattre sur un autre type de la bande de Yoryi, un mec réputé pour être un bon pro. Il s'appelait Roberto, donc, en toute logique, on aurait dû le surnommer Beto ou Robi, mais tout le monde le connaissait depuis tout gamin sous le nom de Larto. C'était un type vif qui connaissait bien le métier, même si parfois il l'ouvrait un peu trop et passait pour un bluffeur. Larto rêvait de faire

LE casse qui le sortirait de la pension miteuse où il vivait avec sa femme, une tuberculeuse qu'il ne pouvait plus encadrer, et de partir en Amérique du Nord pour connaître le monde développé.

Enfermés dans une planque du quartier de Pompeya, près du pont Uriburu, les quatre voleurs discutaient du plan. Ils étaient assis sur des chaises à l'armature chromée et en caoutchouc mousse recouvertes de Skaï vert, autour d'une table carrée en Formica marbré. Ils sirotaient des Fernet Coca et fumaient clope sur clope. Mouche avait fait un croquis de l'établissement de Zabala la Trombine avec des flèches, des numéros et des lettres indiquant les portes d'accès et les zones importantes. C'était pratiquement décidé : le dimanche d'après, vers midi, ils défonceraient la baraque et, après s'être réparti le butin, ils disparaîtraient chacun de leur côté. Le dimanche était un jour idéal parce que c'était plutôt calme et, en plus, si les infos du Moine étaient bonnes, ils avaient la recette de la semaine assurée. Mouche avait chronométré l'action à environ huit minutes, suffisantes, selon lui, pour ramasser le blé et exploser la tête de ce mouchard de Moine. Ce serait une action type commando, très à la mode et avec une touche truculente. Larto serait chargé du bar ; il avait le job le plus facile : maîtriser les clients et donner l'alarme en cas de descente de flics. Mouche, le Gaucher et la Tortue devraient assurer la partie la plus chiadée : se débrouiller, dans ce tripot mal éclairé, pour neutraliser les hommes de Diana le Boucher et obtenir de Zabala la Trombine la combinaison du coffre-fort ; ça, c'était gagné d'avance, ils se serviraient de lui comme bouclier pour accéder au salon de jeux après avoir aspergé le bar avec la cervelle du Moine.

— Et si Zabala se rebiffe et refuse de lâcher le blé ?

— Son frangin bosse là-bas, il distribue les jetons, on lui tire une balle dans la jambe et l'autre va casquer, c'est sûr.

— Et toi tu dis que les flics vont pas bouger ? redemanda Larto, sceptique.

— Qu'est-ce qui t'arrive, mon frère ? T'as le cul rempli de questions ? lâcha le Gaucher comme pour le tester.

Larto se tut, il ne posa plus aucune question, de peur d'être mis sur la touche ; il se contenta de descendre son Fernet et de suivre la conversation en silence. Il avait fait bonne impression sur Mouche, mais pas sur le Gaucher, qui l'avait vu comme un débutant. Les questions de la Tortue étaient autrement plus sérieuses :

— Et après, comment on se tire de là-bas, Mouche ?

— On laisse la bagnole en marche, expliqua Mouche, de toute façon, ça va être l'affaire de dix minutes à tout casser. Et la caisse ne va pas nous planter non plus : une Renault 19, c'est un de mes potes qui l'a préparée, un mordu de bagnoles,

Rollerone, si ça se trouve tu le connais, il bosse à Banfield… On récupère le Trafic, qui sera garé à quinze, vingt pâtés de maisons du bar ; on change de caisse et tchao : une fois qu'on s'est débarrassés de la Renault, ils ne nous retrouvent plus. Dors tranquille, la Tortue, t'auras pas de patrouille au cul, c'est ma spécialité. Tu me connais bien.

La Tortue hocha de la tête, satisfait. Larto se mordait la lèvre inférieure, en s'efforçant de retenir d'autres questions qui le tarabustaient. Le voyage, son voyage tant attendu, le poussait à accepter le risque, point barre.

Ils avaient atteint un point de non-retour. Une fois balayées les quelques objections au plan original de Mouche, il ne restait plus qu'à emmener la Tortue et Larto se familiariser avec l'endroit, avec le quartier, pour qu'ils prennent pleine conscience de la matérialité de ce qui, jusque-là, n'était qu'un simple papier. C'était leur dernière nuit de repos ; la « concentration » commencerait dès l'après-midi suivant. Quatre voleurs, seuls dans la villa de San Vicente, cherchant à consacrer la fraternité entre hommes.

*

VENDREDI 26 AVRIL

Certains voleurs – la plupart – sont superstitieux ; ils ont la manie de répéter, comme une sorte de rituel, des nuits passées, les veilles d'autres braquages qui se sont bien finis. Ils fréquentent alors les mêmes lieux, bars, femmes, amis, et vont jusqu'à porter les mêmes vêtements pour invoquer allez savoir quel dieu des voleurs, ou pour s'immuniser contre les pièges que le destin tend aux imprudents. Même Mouche et le Gaucher firent bande à part cette nuit-là. Mouche alla rendre visite à Rosa, Rosita, une pute d'une cinquantaine d'années qui l'aimait comme son fils. Elle s'était retirée de la profession, enfin presque, parce que dès qu'elle avait besoin de blé, elle allait lever des vieux sur les terrains de boules d'un club du Bajo Flores. Mais elle le faisait plus par amour de l'art qu'autre chose, parce que Rosita avait toujours quelqu'un pour lui avancer une petite joie, quelques pesos pour qu'elle puisse continuer à mettre du Chanel sur son cou pâle et fripé de vieille poupée de plâtre. Mouche avait la manie d'aller la voir avant les gros casses ; il lui apportait des petits gâteaux de chez Los Dos Chinos, un bouquet de jasmin et une bouteille de chianti. Elle l'attendait avec des raviolis maison farcis à la cervelle et au parmesan qu'elle pétrissait spécialement pour lui. Après le dîner, Rosita mettait un disque de Sandro sur son vieux tourne-disque, et dansait jusqu'à s'écrouler sur le sofa près de Mouche, pour pleurer, ivre, sur ses misères de vieille.

La nuit du Gaucher fut toute différente. Ça avait commencé par un murmure insignifiant, un bourdonnement dans les oreilles qui s'était intensifié jusqu'à devenir un chœur : des cris insultants, d'aimables conseils de son père décédé, des conversations de fantômes inconnus parcouraient les parois internes de son crâne. Et Gilda et les Stones lui chantaient ensemble à la hauteur de la nuque une vieille chanson de Bob Dylan. Possédé par cette fièvre, le Gaucher alla laver sa mauvaise conscience dans le sang et obéir ainsi à une injonction personnelle : il était temps de régler son compte à Luci.

Le quartier de Palermo Viejo, les jeudis soir, est une énorme souricière impitoyable. Les brigades passent en voitures banalisées, arrêtent les mecs que la dégaine trahit, les petits dealers qui trafiquent des dosettes à cinq pesos sur la place Serrano. Ils ont leurs agents infiltrés, des officiers aux cheveux longs, boucles d'oreilles et tatouages, fraîchement sortis de l'académie, qui se mêlent aux camés comme si de rien n'était pour ensuite les faire coffrer. Des types immondes. Les travestis patrouillent aux coins des rues, offrent leur chair aux imprudents, mais aussi aux dépravés qui les connaissent très bien. Et, au milieu de toute cette racaille, il y a encore des gens qui ont l'air sains, des gens qui vivent les yeux bandés, qui s'imaginent que la vie est telle qu'on nous la montre à la télévision. Le Gaucher arriva à Palermo, aux alentours du bar Harlem, à une heure du matin. Il décida d'attendre quelques heures dans d'autres bars, de se sniffer quelques lignes pour maintenir sa rage et s'enfiler quelques Fernet tonic pour garder l'équilibre. Assis à une table du bar Crónico, recroquevillé contre une fenêtre, il lorgnait ouvertement le cul de toutes les blondes, seules ou accompagnées (il n'aurait vu aucun inconvénient à échanger quelques coups avec un mec jaloux). De temps à autre, il se décollait de sa table et se traînait jusqu'aux toilettes pour s'occuper de ses narines et soulager sa vessie. Il revenait de ces excursions ressuscité, le regard lucide et les idées claires ; il commandait alors un autre verre pour les brouiller à nouveau. La vie pouvait se résumer à ça ; d'ailleurs, il connaissait pas mal de types pour qui la vie se résumait à ça.

Vivre la nuit comme un somnambule, sans but ni direction précis, plongeait le Gaucher dans le monde tragique des souvenirs. L'éclat des glaçons au milieu de la mousse ocre du Fernet l'entraînait dans des régions que le vertige de son existence semblait avoir enterrées. Il se revit, gamin, dans un quartier du Sud. Il venait de sortir de taule, de son deuxième séjour en maison de redressement, ces succursales de l'enfer où un demi-paquet de cigarettes ou un joint étaient ce que payait un maton pour commettre l'abus le plus abject. Il traînait alors avec une bande de petits voleurs qui travaillaient sur la ligne de chemin de fer Roca. Ils étaient six ou sept gamins qui passaient leur temps sur les quais à faire les poches des imprudents. Ils dépouillaient les vieilles dans les tunnels, arrachaient les montres, portefeuilles et porte-monnaie des passagers confiants qui roulaient vitres baissées, coupaient les sacs à dos des étudiants somnolents avec un rasoir pour piquer les quelques rares pesos qui leur permettraient de s'intoxiquer au sel d'amphète. Ils dormaient tous ensemble, entassés comme des poulets de batterie, dans le wagon d'un train de marchandises abandonné sur la voie de garage de la gare José Mármol. La mémoire du Gaucher le ramena à une nuit froide de début août. Avec P'tit Bob, un des pickpockets, ils revenaient à pied de Temperley, au milieu de la voie, pour rejoindre le wagon. Ils avaient raté le dernier train et dépensé les pièces qui leur restaient dans une bouteille de vin rouge Rojo Trapal. Ça caillait mais ils n'avaient pas le choix, ils devaient continuer à marcher au milieu de la voie ferrée, éviter les innombrables traverses, piétiner les cailloux graisseux jusqu'à la gare suivante. P'tit Bob ne semblait pas affecté par cette galère. Il avançait d'un pas décidé, bien qu'un peu éméché, et chantait les chansons qu'il avait apprises au stade de Los Andes, tout en agitant son petit bob de capitaine Piluso[1] aux couleurs de son club adoré. Le Gaucher grinçait des dents de rage et de froid, il l'observait de derrière, P'tit Bob, le P'tit, perdu dans sa joie absurde, qui levait les bras et sautillait

1. Personnage créé par l'humoriste Alberto Olmedo.

comme une petite tapette. Il avait soudain senti un nœud dans son estomac et un tremblement monter de ses entrailles. Il était descendu par le remblai jusqu'au champ de cannes à sucre qui bordait les voies et avait vomi un peu de bile et de vin rouge sur un tas de gravats. Une rupture silencieuse s'était produite dans son esprit. Une voix puissante, terriblement familière, une voix qui était celle de son père, avait crié : « BOUSILLE-LE. » Il l'avait sentie retentir dans son crâne et un frisson avait parcouru les cicatrices de son corps de treize ans, déjà torturé, violé, endurci pour affronter l'horreur la plus profonde. Il avait ramassé un pavé sur le tas de gravats et grimpé, aveuglé, jusqu'aux voies. P'tit Bob, étranger à l'existence du Gaucher et à sa folie, en était encore à ses chants de stade comme n'importe quel autre samedi soir. Le coup de pavé sur la nuque avait coloré son petit bob de sang, le gamin s'était effondré à plat ventre au milieu des traverses. Le Gaucher était resté un instant immobile près du cadavre, à contempler l'atrocité dont il était capable. Il avait craché pour se débarrasser du goût de vomi qui lui était resté dans la bouche, et lâché le pavé le long du talus. Le visage déformé de P'tit Bob apparut dans la mousse qui restait au fond de son verre, comme un présage de la mort qui le poursuivait, des morts qui s'entassaient sur les épaules de sa conscience jusqu'à la tordre.

À deux heures et quart, le Gaucher quitta la

place Serrano et prit la rue Costa Rica. Il traversa l'avenue Canning et entra au bar La Rata, un endroit sombre et oublié, qui semblait sorti d'une autre ville, d'un autre cauchemar. Il commanda une vodka avec de la glace et, ébloui par la transparence de la boisson, sans remuer un muscle, il attendit l'ennemi comme un soldat japonais qui n'a pas encore appris la fin de la guerre. Il était trois heures et demie du matin quand il sortit de l'état de transe ; il savait que Luci passerait sur le trottoir d'en face en balançant sa silhouette plastique de Barbie infernale jusqu'à son appart. Luci profitait de cette heure de pause pour prendre une douche, changer ses vêtements chiffonnés et attendre le dernier groupe de clients, les plus difficiles, ceux qui viennent d'une nuit compliquée et ont absolument besoin de tirer le rideau. Le travesti apparut, ponctuel, à l'angle des rues Aráoz et Costa Rica. Il portait une perruque platine bouclée à la Marilyn Monroe, une petite robe en Lycra aux motifs de peau de vipère qui laissait voir la moitié de son superbe cul, où était incrusté un string en vinyle qui divisait nettement ses deux miches comme coupées à la hache. Elle avançait, juchée sur des bottes à talons compensés en liège et chaque foulée faisait danser le flan siliconé de son cul et de ses nichons à un rythme de pur porno. Le Gaucher la suivit depuis l'obscurité du trottoir opposé, il attendit qu'elle traverse et la laissa prendre la rue Julián Álvarez. Il enfila ses gants, sortit le rouleau de fil de fer de la poche de son jean et testa sa résistance en séparant les poings avec des coups secs. Il entendit à cet instant la voix lui crier dans la tête, juste derrière les yeux : « MAINTENANT ! »

Il courut, aveuglé, jusqu'à Luci et l'attrapa par-derrière en lasso. Il serra le fil de fer contre la trachée jusqu'à ce qu'elle s'évanouisse et susurra à l'oreille du travesti :

— Aujourd'hui tu vas apprendre à la boucler, pédé de mes deux.

Et il continua à serrer.

Kingo

VENDREDI 26 AVRIL

— Le svastika, c'est un truc que des cinglés, des types d'une secte satanique, lui ont fourré dans le crâne, nous a expliqué Kingo. Une bande de tarés qui disaient que les Aryens appartenaient à une race supérieure et que tout le reste était de la merde qu'il fallait réduire en esclavage. (Il a bu une gorgée de Fernet et a continué :) Par contre, la fleur de lys et la croix gammée, ça vient d'ailleurs, c'est des croix qu'Hitler est allé chourer ailleurs, dans d'autres cultures.

— La Flor de Lis et la Croix Malta c'est des marques de maté, Gros. Arrête d'inventer, t'y connais rien, a dit Brando.

Le Gros Kingo cherchait à nous convaincre. Il disait qu'il avait passé tout un été dans la cave d'une maison de San Telmo à étudier l'histoire avec un Montonero[1] complètement barré. Il disait

1. Montoneros : organisation politico-militaire péroniste qui pratiqua la lutte armée dans les années soixante-dix.

que le type s'était terré là-bas parce qu'il était persuadé que les militaires étaient encore en train de le chercher pour le tuer. Mais le Gros est comme un joueur de poker professionnel, tu sais jamais s'il bluffe ou s'il parle sérieusement. Il a toujours une histoire pour te laisser bouche bée. L'autre fois, on fumait, tranquilles, au coin de la rue du Club, quand une nana avec un de ces superbes petits culs qui devraient être interdits est passée sur le trottoir d'en face. Le Gros a tout de suite rebondi : « Le même cul que celui de Laura, l'aveugle. » Il parlait d'une nana dont il s'était entiché, de la petite aveugle qui l'avait entraîné un hiver à Mar de Plata pour tricoter des pull-overs afin de le sortir de la rue, de la came. Il l'avait connue sur la place des Cassiers. Elle était assise sur un des bancs en ciment, les yeux laiteux fixés sur un point inconcevable que l'horizon réserve aux aveugles, en train de caresser les feuilles d'un livre en braille qui reposait sur sa jupe comme un chaton. Le Gros avait flashé sur cette nénette qui semblait domestiquer les feuilles avec ses doigts. Les cheveux lisses et fins de Laura agités par le vent, et elle, étrangère à tout, attachée à son point mort de l'horizon, remuant les lèvres en silence comme dans une espèce de dictée fantôme, avaient filé assez de courage à Kingo pour l'accoster. Ensuite, ç'avait été toute une histoire, Mar de Plata et les pull-overs, que des lubies qu'avait eues la petite aveugle, et auxquelles Kingo n'arrivait pas à dire non. Il n'y arrivait pas, parce que la fille avait un cul comme dans les films, bon, d'après Kingo, attention. Le Gros était resté cloîtré tout un hiver avec la nana, qui tissait sur une machine Overlock, dans une piaule minuscule de la rue Luro. La machine faisait « fric-frac, fric-frac, fric-frac, fric-frac », nous disait Kingo. Il n'y avait pas de chauffage dans la pièce et le froid et l'humidité s'infiltraient par les joints de la fenêtre, sous la porte, à travers les murs. Kingo combattait toutes ces pénuries à hautes doses de cocaïne. Laura le savait, mais elle faisait celle qui ne s'en rendait pas compte. La nana était silencieuse, bosseuse ; pourtant, il y avait quelque chose dans ses yeux laiteux qui avait fini par devenir insupportable. Au début, quand le Gros se mettait à bloquer sur ces yeux, sur la méchanceté qu'il voyait dans ces yeux, il se sniffait un long rail de came et s'approchait discrétos de la machine où la petite aveugle faisait son fric-frac, fric-frac. Il lui baissait son froc et restait un moment à contempler ce cul, parce que c'était un cul à encadrer, un cul digne de porter la signature de Michel-Ange. Le Gros Kingo, accroupi, examinait avec la plus grande attention la perfection du cul de Laura et se persuadait que non, que c'était impossible, qu'une personne détentrice d'une telle beauté ne pouvait pas cacher une once de méchanceté, et il embrassait ce cul, reconnaissant. Elle écartait un peu les cuisses et se penchait en avant, au-dessus de la machine ; pendant qu'il se la faisait par-derrière, elle continuait à tisser, elle continuait son fric-frac, la petite chaudasse. Bah, c'est des trucs que raconte le Gros, tu sais jamais s'il faut les croire ou non, des trucs qu'il raconte quand on est là, à glander. Il dit qu'il l'a quittée parce que rien, pas même ce petit cul parfait, n'arrivait à l'éloigner des yeux morts de Laura, qui semblaient naviguer dans une autre dimension. Kingo s'était mis dans la tête que la nana était capable de le voir comme personne, de lui déshabiller l'âme en un regard et de lui donner l'impression d'être le type le plus misérable de l'univers. Le Gros se rongeait la cervelle avec cette histoire. Parfois, pour l'emmerder, il lui demandait ce qu'elle imaginait en entendant le mot « vert », et la petite aveugle ne répondait pas, elle continuait devant sa machine, vas-y que je te fric-frac, et le transperçait de son regard translucide et malveillant. Le Gros devenait dingue, il lui gueulait : « Je suis vert ! Tu m'entends, aveugle de mes couilles, j'en peux plus de ta gueule, vert ! », mais la nana restait imperturbable. Kingo raconte qu'une nuit, en douce, il s'est sauvé de l'appart. Il raconte que dans le train pour Buenos Aires, il s'était imaginé la petite aveugle qui se réveillait, l'appelait, puis, comme personne ne répondait, le cherchait par terre, à quatre pattes, en caressant les carreaux et en craignant le pire : trébucher contre le corps froid de Kingo, mort d'une overdose dans un coin.

— Il était complètement cinglé, Hitler, barré.

Il passait ses journées à fumer de l'opium et il se tapait sa nièce, ce fils de pute, a dit Kingo.

Le Mort s'est éclairci la voix avec une gorgée de Fernet Coca et a dit :

— Alors là c'est vraiment des craques, Gros. Tout le monde sait que les juifs lui ont coupé les couilles quand il était petit et que c'est pour ça qu'il est devenu dingue.

— Le Führer faisait venir sa nièce dans son bureau, a continué Kingo en ignorant complètement l'intervention du Mort, il virait tout le monde et lui demandait de se foutre à poil. Après, il se couchait par terre en uniforme et forçait la gamine à se baisser sur lui, tout doucement, petit à petit. Une fois qu'elle était presque assise, il lui demandait de lui pisser dessus, complètement défoncé à l'opium, le mec. Et là, il déchargeait direct, le vieux. Il tachait son pantalon et la gamine devait le laver dans un évier spécial qu'il avait fait installer dans un meuble, toujours à poil, la petite, et lui qui la matait. Quand elle étendait le pantalon, Hitler avait de nouveau la trique et alors là, oui, il se la tapait debout contre une carte du Reich.

On était tous bouche bée quand il partait dans une de ses histoires. C'est que Kingo a l'art de raconter, c'est pour ça. Il est rodé, le Gros, il a du vécu, et quand t'as du vécu, t'as une tonne de trucs à raconter. Y a une aventure que Kingo ne se lasse pas de répéter, c'est son voyage au Brésil, à Rio de Janeiro. À cette époque, c'était un petit fouteur de merde qui avait entendu à la radio qu'AC / DC allait jouer au Rock in Rio et il a pété les plombs. Il ne les aurait ratés pour rien au monde. Il se foutait bien de devoir abandonner le lycée, d'être mineur et de ne pas avoir l'autorisation de ses vieux, et plus encore de ne pas avoir un rond. Il s'est sauvé, comme il raconte toujours, avec le peu de fric qu'il avait quémandé à ses grands-parents, un sac de fringues et les papiers d'un ami majeur. Il a changé la photo et tchao, il s'est fait passer pour un certain Gabriel D'Aloe. Il a pris un bus pour Uruguayanas depuis Retiro et, de là, il a fait du stop jusqu'à Rio. Après les concerts, il est resté échoué un an au Brésil, émerveillé par la ville et la plage, par un climat qui invitait à l'oubli, qui endormait les cerveaux. Pour survivre, il bossait pour un trafiquant de pierres précieuses, un peintre médiocre qui était devenu millionnaire en faisant passer des pierres du Brésil vers l'Europe dans les tubes métalliques de ses peintures acryliques, « comme ça, il esquivait les rayons ». Le type avait embauché Kingo pour entretenir la piscine de sa villa de Barra de Tijuca et pour arrêter les buts dans les matchs qu'ils improvisaient le soir sur la plage. Le Gros raconte qu'on l'appelait le Pibe D'Aloe, avec cet accent chantant qu'ont les Brésiliens. Kingo passait ses journées à fumer des bédos comme un rasta. La première chose qu'il avait apprise en portugais, ç'avait été de demander la macoña brésilienne, ce joint bizarre qu'ils fument là-bas, avec les feuilles et les fleurs entières, le joint camarón, comme certains l'appellent. Il demandait : « *Você tens um baseado ?* »

Une nuit comme tant d'autres, Kingo nous a raconté qu'il était allé au Help, un bordel archiconnu de Copacabana qui conservait l'ambiance psychédélique tardive des années soixante-dix. Les filles agitaient leurs strings minuscules à paillettes sur des estrades en acrylique stratégiquement réparties sur les pistes de danse. Leurs corps bien roulés, baignés par les lumières stroboscopiques aux tons violets et orangés, et mouchetés par les scintillements de la constellation des boules à facettes qui pullulaient au plafond, se trémoussaient, hypnotiques, en copiant la cadence de la bossa-nova. La boîte avait rarement été aussi bondée, parce que le Santos avait gagné le championnat. Le Gros s'était frayé un chemin au milieu de la foule et était arrivé à un comptoir couvert de Skaï bordeaux et de clous dorés. Il avait commandé un Cuba libre à un barman noir, haut comme une porte et plus foncé qu'un Fernet. Le type, avec le smoking de rigueur, était plein de cachaça et lui avait servi ce qui lui chantait. Il était euphorique, il approchait son visage de celui de Kingo et lui crachait en gueulant la composition du Santos victorieux au championnat, ou se mettait à sauter comme un gorille en rut et hurlait en se remémorant son héros mythique : « Pelé, Pelé, o Rei Pelé ! » Kingo s'était soudain senti plein de nostalgie, il pensait à la première fois où son père l'avait emmené à la Bombonera : « Le stade était archiplein et la Doce[1] n'arrêtait pas de crier. » Le vieux l'avait pris sur ses épaules pour qu'il puisse voir le match. De là-haut, il avait reçu un cadeau inattendu : l'océan de corps serrés, de drapeaux bleu et or qui flottaient, les bombos qui battaient la joie de tout un peuple. Une image gravée en lettres de feu avec le but de Mastrángelo, qui avait fait demi-tour sur lui-même et marqué. Il avait senti sa gorge se nouer : il venait de réaliser combien il était loin de son Argentine adorée. Cette nuit-là, il avait tué le Pibe D'Aloe, il l'avait enterré. Il avait senti qu'il venait de passer un an à jouer à être un autre et que, camouflé derrière un faux nom, il avait perdu son identité et créé un personnage de fiction. Il dit que le Noir n'arrêtait pas de sauter et de hurler comme un taré, qu'une musique qui lui filait la nausée avait commencé à retentir et que les putes, de belles métisses avec les nichons à l'air, lui susurraient des choses à l'oreille, se frottaient le cul contre lui, et de nouveau le Noir, et le trafiquant, et la praia, et le faux Cuba libre, et… Il était sorti, littéralement, le feu au cul. Il s'était rendu à la gare routière et avait pris le

1. Groupe de supporters ultras du club de Boca Juniors.

premier bus pour Buenos Aires. C'est ce qu'il raconte, l'histoire de Kingo, va savoir.

— C'était un trouillard, un gros trouillard, Hitler : quand il a dû faire son service, le type a déserté, tchao, il s'est installé dans un autre pays, en Tchécoslovaquie. Ouais, et là-bas, il squattait les bars dans une ambiance d'artistes, de petits cinglés en déroute, des bohèmes comme on dit. Il se faisait passer pour un peintre et il se levait même des nénettes avec ce baratin. Il portait un de ces bérets que portent les peintres et s'était laissé pousser une petite moustache et le bouc. Il vivait dans une mansarde qu'il louait dans le ghetto de Prague. Là-bas, il a fait la connaissance d'une bande de types, presque tous ivrognes ou accros à l'opium. Il s'est mis à consommer des saloperies et, quand il était bien allumé, il paraît qu'il avait des rafales de rage, qu'il se levait sur la table du bar où il était, et commençait à gueuler, à brailler comme un cinglé. Il excitait les gens, il disait que l'heure du Troisième Reich était arrivée, l'heure du Führer. Et les mecs du bar l'aimaient bien, ils l'écoutaient comme on écoute les tarés finis, ceux que t'écoutes sans savoir s'ils racontent des conneries ou s'ils pensent ce qu'ils disent. Jusqu'à ce que lui-même commence à croire à son histoire et foute le bordel qu'il a foutu. Après, quand il a tout envahi, il a envoyé chercher ses amis de l'époque, ceux qui étaient encore vivants, il leur a coupé les couilles et les a jetées à ses dobermans. Un taré.

— Pourquoi il leur a coupé les couilles ? Je veux dire, si le type s'est éclaté avec les Tchèques, pourquoi il leur aurait fait couper les couilles ? J'comprends pas, là, le Gros, objecta Caméléon.

— Le mec a aussi un peu viré homo là-bas. C'était un petit gars avec de belles guiboles et les types étaient tellement raides qu'ils se le faisaient parfois à plusieurs dans les chiottes publiques. Attention, le mec était pas contre, après il a eu une tonne d'amants secrets, je crois même que Mengele lui a défoncé le cul. Mais il ne pouvait pas se permettre de laisser courir le bruit dans toute l'Europe, donc il les a tous castrés, pour qu'ils comprennent que c'était un dur.

Le regard perdu dans le mouvement de la rue, Kingo racontait ses histoires en sirotant du Fernet, d'une voix calme et monotone, une voix si grave qu'elle nous hypnotisait. Il ne détachait pas ses yeux de la rue, il sondait le mouvement des voitures, puis, tout à coup, il se redressait, une expression d'inquiétude tatouée sur le visage, et disait : « Voilà les types de la Brigade », et une Renault 12 blanche, banalisée, venait de passer, mais le Gros l'avait reconnue. Le Gros les connaît bien, les flics qui font leur ronde, et les flics le connaissent très bien eux aussi.

Passée la minute de tension, Kingo tirait une taffe sur le joint et continuait son histoire, ou il jouait les étourdis jusqu'à ce que l'un d'entre nous le supplie de continuer, de finir son histoire. Parce qu'une histoire sans fin, c'est comme l'impuissance d'un boiteux pour courir, ou d'un muet pour crier quand une bombe est sur le point d'exploser : une histoire se construit toujours comme une bombe, pour exploser à un moment donné. Et Kingo s'arrêtait au meilleur moment de l'histoire, quand tout allait péter, paf, il soufflait sur la mèche de sa bombe, il l'éteignait un moment parce qu'il sait comment raconter les choses. C'est des histoires qu'il nous raconte au bar pendant qu'on traîne, aux dernières heures de la nuit. L'heure où on fouille dans nos poches à la recherche de la dernière caillasse pour nous envoyer un Fernet de plus. L'heure qui nous trouve plein de merde dans le sang, écœurés de nos vies, en train de se jurer qu'on va arrêter les vices une bonne fois pour toutes. C'est dans cette ambiance que le Gros récolte son public, qu'il gagne l'attention de tout le monde, presque sans le vouloir. Un long silence se fait jusqu'à ce que quelqu'un lâche une question, et de cette question Kingo repart. Comme la fois où Ríos lui a parlé de la bague. Il a vu que Kingo tripotait sa bague comme s'il voulait l'enlever. C'était une bague que le Gros portait à l'annulaire gauche, un rubis parfait semblable au cœur d'un canari serti dans une petite boîte argentée.

— Y a un truc bizarre avec cette bague. Ça fait une paie que je l'ai et c'est toujours la même chose : quand je la porte longtemps, j'ai l'impression qu'elle me serre, qu'elle m'étrangle le doigt. Je suis obligé de l'enlever pendant quelques jours. Elle vient de chez Opizzi, du vieil Opizzi. Je l'ai récupérée le jour de sa mort. C'était du temps où je traînais avec Flavio, le petit-fils du vieux. On piquait des autoradios et on foutait le bordel défoncés au sel d'amphète. Quand ça devenait trop chaud pour nous, on allait se mettre à l'abri quelques semaines chez le vieux en attendant que ça passe. Flavio était le petit-fils préféré du vieil Opizzi, un médecin militaire, un type qui déchirait. Le mec était super calé, on venait le voir des quatre coins du pays. Il vivait rue Garibaldi, à Temperley, dans une grande demeure. Le vieil Opizzi et sa femme, une vieille folle qui était bourrée du matin au soir. On traînait au bar El Japonés, juste à côté de la gare, avec une bande. Aujourd'hui il ne reste quasiment plus aucun de ces types : ceux qui n'ont pas crevé du sida sont enfermés dans un pavillon de La Vieja ou d'Olmos. C'était une super bande. Je me souviens que les mecs restaient enfermés pendant des semaines à l'Hôtel Americano, et vas-y que je te mettais des rails de coke. Ils s'enfermaient avec une ou deux nanas jusqu'à l'overdose, ou jusqu'à ce qu'il n'y ait plus de came et qu'ils doivent sortir en racheter. Nous, on les voyait faire depuis El Japonés. Ils descendaient comme des fous, s'engouffraient dans une Valiant déglinguée et dépouillaient le premier mec venu. Une fois, ils étaient tellement raides qu'ils ont voulu nous la faire à nous : ils nous ont coincés dans les chiottes du Japonés, le Maboul nous a coincés, le Maboul qui aujourd'hui est hospitalisé au Muñiz et ne doit pas peser plus de quarante kilos. Lui et quelques autres étaient complètement défoncés et ils nous ont pris pour des nazes. Les pauvres. Flavio est devenu dingue, il a attrapé le Maboul par le cou, il a sorti une lame et la lui a mise sur la face, juste en dessous de l'œil. Le Maboul s'est tapé une de ces frayeurs, putain, il se chiait dessus, il a fait une chute de tension, un peu plus et il y restait. Ç'a fait un bordel pas possible, les poulets ont débarqué et tout. Heureusement, on a réussi à se barrer par la porte de la cuisine. Après ce scandale, on a dû éviter El Japonés pendant un temps. Le type qui nous fournissait en sel, le Droga, nous a fait dire par sa femme de ne pas nous montrer au bar ni chez lui pendant quelque temps, parce que le Maboul allait nous mettre une balle. Une fois de plus, on est allés se planquer chez le vieil Opizzi. On est restés une semaine sans sortir, on aidait le vieux à s'occuper de ses plantes : des herbes médicinales qu'il pilait et dont il faisait du sirop qu'il donnait ensuite à ses patients, une aide homéopathique. Les bidasses l'avaient à la bonne, le vieil Opizzi, ils lui donnaient du fric pour qu'il construise des hôpitaux militaires un peu partout, j'te dis pas le paquet d'oseille qu'ils lui filaient. Il a fait construire des établissements de soins, il les appelait comme ça, le vieux, des établissements de soins depuis la Quiaca jusqu'à pétaouchnoque dans le Sud. C'est le seul militaire droit que j'ai connu et c'est pour ça qu'ils l'ont fait sauter. Ils l'ont pourri d'en haut parce qu'il n'avait pas voulu se salir les mains à l'époque de la dictature. D'après Flavio, Opizzi avait refusé de monter une maternité dans un centre de détention clandestin. Il me l'a raconté le soir où on l'a retrouvé bourré dans son bureau. Le vieux chialait comme un bébé fiévreux, enlacé à une bouteille de Jack Daniel's. Quand il nous a vus, il a essayé de feinter : il s'est levé, il a passé la manche de sa blouse sur son visage et nous a fait un clin d'œil, mais c'était fait, on l'avait grillé. Ils l'ont éjecté de son poste et ils lui ont retiré ses établissements de soins. Ils l'ont taxé de traîtrise parce qu'il avait refusé de collaborer avec les mouchards de l'armée pendant les années de plomb. Après cette fameuse nuit où on l'a retrouvé raide, tout est parti en couille. Le vieux a commencé à s'enfermer chez lui, à picoler du whisky avec sa femme. Nous, on se pointait de temps en temps, mais c'était toujours la même chose : le vieux s'était éteint. Il ne bouffait plus rien et parlait à peine. Un jour, il n'a pas quitté son lit et ensuite il ne s'est plus jamais levé. Flavio, qui a vu comment ça tournait, s'est engueulé avec ses vieux et s'est installé chez Opizzi. Il voulait lui redonner la pêche. Moi je lui filais un coup de main, mais y avait pas moyen, le vieux était cuit et en plus, sa femme a viré de la cafetière, toutes ses années de picole lui sont tombées dessus d'un seul coup. La pauvre femme ne reconnaissait plus personne, elle se trimballait à poil dans le jardin, elle se chiait dessus, jusqu'au jour où elle est tombée dans les escaliers et a clamsé. Le vieux a vécu un peu plus et Flavio et moi on a été là jusqu'à la fin. On passait nos journées enfermés dans la maison, en attendant que tout finisse une bonne fois pour toutes, en aidant le vieux à passer le sale moment. Jusqu'à ce qu'un après-midi, c'était la fournaise en plein janvier, le vieil Opizzi appelle Flavio, ce qui déjà était bizarre, parce que le vieux était pratiquement devenu muet. On était allongés à l'ombre d'une treille dans la cour en train de boire une bière, je me souviens et, ce que j'oublierai jamais, c'est la tête de Flavio quand il s'est levé pour aller voir Opizzi. C'était une expression qui mêlait douleur et tranquillité, comme si Flavio avait su d'avance ce qu'il allait trouver, comme s'il avait déjà rêvé ce moment un million de fois, déjà souffert un million de fois avant, et maintenant le moment était venu de souffrir une dernière fois. Ouais, il avait une tête de douleur tranquille. Je l'ai accompagné jusqu'à la chambre où le vieux agonisait et je l'ai attendu dehors, appuyé contre l'encadrement de la porte. Le vieux est mort peu après. Flavio est ressorti de la pièce, chancelant, les yeux rouges et tout boursouflés, pleins de grosses larmes. Après il m'a raconté que ça s'était passé exactement comme il l'avait imaginé : il était resté assis sur le lit en tenant la main de son grand-père et l'avait regardé dans les yeux. Opizzi s'étouffait, ses yeux étaient deux trous sans éclat enfoncés dans le crâne desquels coulait un liquide laiteux. Des larmes épaisses. Flavio avait senti Opizzi mourir entre ses mains, il avait senti la langueur des doigts de son grand-père, son bras inerte, son corps pâle et amaigri, et puis ces deux trous sur son visage d'où sortait ce liquide semblable à de la cire fondue. Le seul militaire droit que j'ai connu, droit jusqu'à la fin : en pleine agonie, il a fait passer un petit papier à Flavio avec la combinaison du coffre-fort. Il l'a mis dans la main de son petit-fils et lui a refermé le poing. C'était le dernier cadeau du grand-père : y avait une tonne de fric et de bijoux dans le coffre. On a tout foutu dans un sac et je l'ai ramené chez moi. Après les funérailles d'Opizzi, Flavio s'est engueulé avec toute sa famille. Ils le traitaient de voleur, ces chiens qui n'étaient pas passés une seule fois rendre visite au vieux en détresse. Dégoûté de tout, Flavio s'est barré à Ibiza, vivre en Europe jusqu'à en crever. Un peu plus et il m'entraînait avec lui, mais je suis resté. Vivre à l'étranger, c'est pas pour moi. La seule chose que j'ai acceptée c'est un des deux rubis et quelques pesos pour m'acheter une basse. Au début, il m'écrivait deux ou trois fois par mois, après, les courriers ont commencé à s'espacer et à la fin, un matin, un an et demi après son départ, j'ai reçu un télégramme du père de Flavio. Il était mort d'une overdose : il était tombé dans l'héroïne et avait claqué toute la thune. Il a fini tout seul, sans personne pour lui tenir sa putain de main, il est mort seul et sans un rond. Il avait tout vendu pour la came. Tout, sauf la boucle d'oreille qu'il avait faite avec son rubis, le même que le mien, il l'a jamais quittée. Moi par contre, il y a des moments où la bague me serre, elle se referme sur mon doigt et m'étouffe. C'est comme un avertissement du passé, de Flavio, qui veut pas que j'abuse, qui va m'accompagner jusqu'à la fin.

Voilà ce que Kingo nous a raconté avant de liquider le dernier Fernet de la nuit.

QUATRIÈME PARTIE

EMBRANCHEMENT POUR L'ENFER

Enquête finale

VENDREDI 26 AVRIL

Le cerveau de l'inspecteur Sergio Almada projetait des images de son enfance contre le rideau rougeâtre de ses paupières. Almada voyait sa mère par la porte entrouverte de la salle de bains. C'était dans la maison avec cour du quartier San Cristóbal où Almada avait grandi, une pièce au plafond haut et aux grandes fenêtres. Elle était nue face à un miroir rectangulaire encastré dans les azulejos. Elle venait de sortir de la baignoire et tout son corps scintillait de gouttes qui tombaient des mèches mouillées de sa longue chevelure, rousse et emmêlée comme les racines d'un quebracho. Elle s'essuyait avec lenteur, se penchait pour atteindre ses mollets et ses seins pointus se balançaient dans un jeu secret et pervers d'amour et de luxure. Almada, caché, à peine avancé sur le pas de la porte, observait, subjugué, la touffe de duvet obscur qui recouvrait l'étrange fente que sa mère frottait maintenant soigneusement avec un bout de la serviette. Almada assistait de nouveau à la scène la plus perturbante de sa vie. Il sentait sur sa langue le parfum aigre-doux de l'interdit désiré, de sa mère nue et inaccessible, impossible. La salle de bains commença à se remplir de vapeur et sa mère disparut dans une brume épaisse. La salle de bains, toute la maison, fut soudain engloutie par le brouillard. D'une distance inouïe, le rugissement d'un animal sauvage parvint aux oreilles du petit Almada. Il resta paralysé de peur. Au-dessus de sa tête, il sentit s'abattre l'agitation des branches d'un arbre et les cris effrayants d'un groupe de singes. Le zoo se dressa, imposant et magique, derrière la brume. Le jeune Almada, maintenant habillé en petit marin, mangeait une pomme d'amour et parcourait les cages. Il les ouvrait, une à une, en libérant les fauves.

Almada n'avait pas rêvé depuis longtemps. Garmendia l'interrompit d'une secousse :

— Allez, Almada, bouge ton cul, putain de ta mère, on a du boulot.

L'officier se réveilla en sursaut, il était vautré sur la table du bureau qu'il partageait avec Garmendia. Une partie des papiers du docteur Reyes étaient tombés par terre. Almada se leva et chercha ses repères sur le visage mutilé du sergent. Il releva ses lunettes sur son front, se frotta les yeux avec le pouce et l'index de la main droite, lissa ses cheveux avec la gauche et ajusta des deux mains le nœud de sa cravate pleine de taches d'encre. Il consulta l'heure sur la pendule – il était sept heures du soir –, regarda de nouveau Garmendia et dit :

— Je me suis endormi.

— Je vois ça… T'as trouvé quelque chose dans les papelards du clodo ?

Almada fit non de la tête, il fut tenté de lui dire que les papiers de Reyes avaient donné un sens à sa vie, mais il opta pour une autre vérité :

— Ils n'ont rien à voir avec l'histoire du sénateur. Ce pauvre homme est une victime de plus de cette affaire, une victime secondaire, accidentelle.

— Ah, tu t'en es enfin rendu compte, c'est pas trop tôt, mon frère. Moi, par contre, j'ai deux suspects.

Ils décidèrent de refaire un point sur l'affaire. Garmendia lui dit ce qu'il avait appris de l'officier « travesti » Sandoval, sur l'existence de Julio et du Blond, les dealers du Harlem. Almada le Timbré lui parla de l'opération mise en place par Diana, de l'histoire de Reyes et de son hypothèse. Ils rembobinèrent et reconstituèrent l'histoire du début : ils examinèrent une nouvelle fois les rapports, les transcriptions des interrogatoires, les messages envoyés au sénateur et les expertises médico-légales et balistiques. Ils consultèrent les photos montrant le corps du Tucumano sous divers angles dans le chantier en construction. Garmendia examinait à la loupe les clichés du cadavre du Tucumano, les feuilles qu'il tenait dans la main gauche, la bouteille de bière près des doigts de sa main droite, le sachet de cacahuètes grillées. Il y avait quelque chose dans toute cette scène qui le laissait songeur, peut-être était-ce la position forcée du bras droit près de la bouteille de bière, ou même la bouteille de bière tout court. Le sergent relut une fois de plus la fiche de Cortez pour le constater : Cortez le Tucumano était gaucher. Il se dit qu'en tant que gaucher, les feuilles auraient dû se trouver dans la main droite de Cortez et la bouteille, qui était plus lourde, dans la gauche. Mais il n'y avait rien de définitif à cela : une personne avec les deux mains occupées pouvait très bien les utiliser indistinctement. Cortez lisait les papiers de Reyes, puis buvait une petite gorgée de bière ; les feuilles, il les tenait continuellement, la bière, seulement de temps en temps. Il pouvait aussi bien s'agir d'un montage que d'une scène réelle. Si c'était un montage, ça ne pouvait être qu'une opération du SIDE et l'affaire s'arrêtait là. S'il n'y avait pas de montage, il y avait une histoire ; Garmendia tenta une version :

— Le Tucumano sait qu'on le cherche pour lui faire la peau, il est obligé d'ouvrir le jeu. Il contacte Julio et le Blond pour leur raconter dans quelle merde il s'est fourré. Il leur raconte qu'il ne tient qu'à un fil, que les espions vont lui tomber dessus d'un instant à l'autre. Du coup, ils décident de se retrouver dans le chantier ce jour-là. Les espions, de leur côté, sont au courant de toute l'affaire parce qu'ils ont mis les téléphones sur écoute : ils savent que le Tucumano se salope le nez du matin au soir, ils savent que dès qu'il n'aura plus rien à sniffer, il ira se ravitailler chez l'Oiseau Bustos et ils savent, parce qu'il est fiché, que le Tucumano est super allergique à l'aspirine. Alors, qu'est-ce qu'ils font ? Ils vont voir l'Oiseau, ils le menacent et l'obligent à foutre de l'aspirine dans un sachet pour que le Tucumano crève sans éveiller les soupçons et qu'ils puissent récupérer la vidéo. L'Oiseau est mort de trouille et il accepte. Il fourgue le venin à son ami et oublie l'affaire. Après ça, le Tucumano, super persécuté, arrive un peu en avance au chantier où il avait rendez-vous avec les deux autres ; il s'achète une bière et des cacahuètes dans un kiosque ou dans une épicerie du quartier et court s'enfermer dans le chantier pour se poudrer le pif en attendant l'arrivée de Julio et du Blond. Là-dessus, il tombe sur le clochard et se met à tchatcher pour faire passer le temps. Le vieux lui fait lire quelques-uns de ses écrits. Le Tucumano se plonge dans la lecture des papiers et se colle un snif de l'un des sachets que lui a fourgués l'Oiseau. Il se sniffe une énorme ligne sans la goûter avant, ce qu'il fait toujours pour être sûr de ne pas avoir de crise d'allergie. L'aspirine fait son travail et le Tucumano claque comme une merde. À ce moment-là, Julio et l'autre, qui venaient avec l'intention de lui piquer la vidéo pour récupérer le filon et faire chanter le politicien, débarquent. Ils arrivent et poum, le travail est servi sur un plateau : ils trouvent le Tucumano par terre, violet et, dans le doute, après avoir chopé la vidéo, ils l'achèvent d'un coup de fusil. Ils attrapent le clochard qui a vu toute la scène et, après l'avoir buté, ils le jettent dans un puits, à Fiorito. Dehors, les espions qui venaient récupérer la cassette entendent le coup de feu qui vient du chantier, ils comprennent que leur plan a foiré et se barrent en attendant que les choses se calment. Après, l'histoire du travesti de Palermo c'est un coup du Blond ou de Julio qui le descendent pour pas qu'il les balance. Si on retrouve ces deux types, on retrouve la vidéo, Almada.

Almada le Timbré n'était pas entièrement convaincu, il demanda :

— Et les espions, pourquoi auraient-ils laissé s'échapper Julio et le Blond, s'ils les tenaient dans un chantier en construction ?

— Ils leur ont échappé, réfléchit le Monstre. Eux, ils pensaient récupérer la vidéo sans faire de vagues, c'est pour ça qu'ils avaient monté le coup de la coke coupée à l'aspirine, mais là, en entendant le coup de feu, ils ont capté que les types étaient venus se faire le Tucumano, que les types étaient impliqués. S'ils voulaient récupérer la vidéo, il fallait qu'ils se tiennent à carreau. Tu sais bien que les espions n'aiment pas trop apparaître dans les journaux mêlés à des histoires de fusillade. Ils ont dû penser les suivre et attendre, mais quand les types ont jeté le clodo dans le puits, le truc était déjà bien parti en couille, alors ils se sont barrés en attendant de nouvelles instructions. Le SIDE a certainement perdu leur trace, à ces deux-là, ils doivent être super pros. C'est là qu'on entre en jeu, nous et les Federicos. Les espions ont tout manigancé et ils nous ont menés par le bout du nez où ils voulaient qu'on aille. D'abord, il y a eu le coup de l'Oiseau : ils ont laissé le message sur le répondeur en se faisant passer pour Julio et le Blond parce qu'ils savaient qu'on allait le buter. Ils effaçaient leurs propres traces : ils nous ont utilisés pour éliminer un des types qui savaient qu'ils étaient à l'origine du coup. Et maintenant qu'on a bien fait nos devoirs, ils veulent nous supprimer, Almada, c'est pour ça qu'ils ont fait sortir l'histoire du clochard, pour qu'on se casse la gueule dans le bidonville. Ils sont en train de gagner du temps, ils pensent qu'on est toujours sur les poèmes de ce couillon de Reyes…

— Et le courrier électronique au sénateur, c'était pour nous convaincre encore plus…, l'interrompit Almada, convaincu.

— Je pense pas… À mon avis, ça, c'est un coup des deux types, de Julio et du Blond ; je t'ai dit, c'est des pros, ils sont sûrement très bien équipés. On y est presque, Almada. J'ai le picotement au visage qui me dit qu'on y est presque. Il faut qu'on retourne au chantier, dans le quartier, et après, qu'on aille faire parler les indics.

— On a déjà été là-bas, sergent. Pourquoi y retourner ?

— Pour ça. (Garmendia sortit de la poche intérieure de son blouson la photo qu'il avait prise chez l'Oiseau le jour où ils avaient fouillé son domicile et la donna à l'officier Almada.) Elle était chez l'Oiseau, dans un cadre. Je mets ma main à couper que les deux types qui sont avec le Tucumano et l'Oiseau c'est eux, Julio et le Blond. Quatre rats qui se sont trahis les uns les autres. Demain on envoie une demande de casier judiciaire avec une copie de la photo au Service pénitentiaire fédéral et après on retourne au quartier. Faut qu'on interroge les commerçants pour savoir s'ils les ont vus, il faut aussi qu'on trouve qui a vendu la bière à Cortez le Tucumano. Et, si ça ne donne rien, on montre la photo aux indics du coin. Le quartier est à côté du casino Los Dos Mundos, on interroge le mouchard qui travaille là-bas, il doit être au courant de l'histoire.

Il était plus de onze heures du soir. Almada rentra directement chez lui en emportant la valise contenant les papiers de Reyes. Il espérait reprendre le rêve que Garmendia avait interrompu. Le Monstre n'était pas en état d'aller dormir, il n'avait pas encore atteint son quota d'alcool. Il demanda à un caporal de garde de le déposer au Bachín, la gargote de la gare de Banfield qu'il fréquentait depuis les années de plomb. Garmendia se cala à une table près de la télévision, il commanda un pichet de vin rouge de la maison avec une part de ragoût de tripes, et suivit les combats que retransmettait Canal 9 depuis la Fédération de boxe le temps de se descendre deux autres pichets.

*

SAMEDI 27 AVRIL

Le plat de tripes rances du Bachín avait pulvérisé le système digestif du sergent Garmendia. Il avait passé la moitié de la nuit sur les chiottes. Le Monstre prit deux comprimés de charbon de la plaquette et les avala à sec. Dans la rue, le klaxon de la Fiat Duna d'Almada retentit de nouveau. C'était un hurlement hystérique, impatient, qui détruisait les nerfs, déjà bien altérés, du sous-officier. La ponctualité, comme l'efficacité et l'application, ce n'était pas son fort. Sans se presser le moins du monde, Garmendia mit une paire de lunettes de soleil coréenne imitation Ray-Ban achetée sur un stand ambulant de la rue Laprida à Lomas et examina, dans le miroir de la salle de bains, son visage déformé de Terminator en milieu de film. Il retourna dans sa chambre, enfila son holster avec ses pistolets, mit son blouson et jeta la flasque de gin dans une de ses poches. Le klaxon de la Duna hurla de nouveau.

En montant dans la voiture d'Almada le Timbré, Garmendia regarda avec mélancolie sa robuste Falcon Futura SP. S'il voulait la remettre en piste, il devrait appeler un des techniciens de la brigade de déminage pour désamorcer la bombe que les espions avaient dû placer sous le réservoir d'essence. Almada, droit comme un i au volant de sa petite voiture, avait l'air d'un mannequin dans une vitrine. Il s'était coiffé avec du gel, portait un pantalon et une veste de costard impeccables et dégageait une odeur pénétrante de lotion Old Spice. Il avait, en outre, un air détendu que le Monstre ne lui connaissait pas. Aucune trace de la tension habituelle, de sa face de timbré.

— C'est quoi cette tronche de saint, mon frère !? Tu t'es tringlé la Vierge ou t'as enfin réussi à ranger ton pilulier ?

L'haleine putride de Garmendia remplit l'habitacle et écrasa la lotion d'Almada.

— Je vois que vous n'avez toujours pas appris à traiter vos supérieurs avec respect, sergent. Rendez-vous service, arrêtez la boisson et soignez votre hygiène personnelle. Votre image est indigne.

— Conduis et boucle-la, Almada, parce qu'avec la chiasse que j'ai, je me marre et je me chie dessus direct.

Mais Almada parlait sérieusement. Il avait été happé par les hypothèses du docteur Celedonio Reyes, il avait dormi comme un loir sans prendre de somnifère, il avait à nouveau rêvé. Sa vie prenait soudain un sens : il existait une passion à laquelle se raccrocher. L'officier pensait demander sa retraite anticipée et repartir de zéro, aller à la campagne, travailler la terre, rétablir le lien avec la nature, comme le suggérait la théorie sur la détresse urbaine de Reyes. Il ne pensait pas informer le sergent Garmendia de ses plans pour le moment, il attendait de terminer sa dernière mission au sein de la force pour, après, au sommet de sa gloire, aller se perdre dans l'anonymat de la distance, au milieu de péons analphabètes qui lui transmettraient l'immense sagesse qu'ils avaient reçue, peut-être sans le savoir, de la Terre Mère. Almada mit la première et démarra. Le pauvre Garmendia lui faisait de la peine.

*

Le rideau de la boucherie était baissé. Garmendia frappa quelques coups contre la tôle. La surface du rideau s'agita comme l'aile d'un insecte géant. La petite porte métallique s'ouvrit de l'intérieur. Le visage écarlate et baigné de sueur du boucher émergea de la pénombre, hébété par la clarté extérieure. Le boucher cligna plusieurs fois des yeux. Il fixa la silhouette de Garmendia et d'Almada, et dit :

— Encore vous, officiers ?

Les policiers ne répondirent pas. Garmendia se baissa pour entrer dans le local. Le boucher se retira de la petite porte pour que le sergent puisse passer. Almada attendit dehors.

L'intérieur de la boucherie était sombre et froid.

La seule lumière de la pièce venait de l'éclat pâle et bleuté de l'intérieur des comptoirs réfrigérés, où étaient exposées les pièces de viande et les saucisses. Les pupilles de Garmendia se dilatèrent de façon excessive. Il se frotta les mains et dit :

— Putain, ça caille là-dedans ! Comment tu tiens, mon frère ?

Le boucher était en débardeur, caleçon et pantoufles. En sueur.

— Je suis en plein entraînement, chef, souffla-t-il. Venez, suivez-moi.

Garmendia accompagna le boucher de l'autre côté du comptoir, vers la chambre froide. Les portes de la chambre étaient grandes ouvertes et il en sortait une rafale continue d'air glacé. Au centre de la chambre, trois carcasses de bœuf pendaient à un rail en métal encastré au plafond, suspendues à des crocs en acier. Le boucher se planta face au premier animal et assena une série de coups dans les côtes, en imitant une scène de Rocky I. Garmendia étudiait du coin de l'œil un superbe petit agneau qui se balançait sur un autre rail. Le boucher passa la paume de sa main sur son front en sueur et demanda :

— Vous avez pu retrouver le type qui a tué le camé d'en face ?

— Vous avez pu retrouver le permis de votre fusil ? rétorqua le sergent.

Le boucher envoya une droite qui éclata contre l'échine avec un bruit sec.

— D'ailleurs, qui vous dit que c'était un camé ?

— C'est tous des camés. (Le boucher secoua à nouveau l'animal d'une série de coups furieux :) Les types qui viennent me torcher deux fois par mois sont des camés, les types qui nous gouvernent sont des camés, tous des camés. C'est une conspiration contre l'homme ordinaire, officier, et il faut se préparer pour la guerre.

— Alors comme ça tu t'entraînes pour la guerre…

Garmendia analysait maintenant les échines et une côte spectaculaire.

— Lutte corps à corps, monsieur, maniement d'armes longues et d'armes de poing, techniques de survie. Il faut se préparer pour les premiers combats.

La folie du commerçant amusait Garmendia.

— Et c'est pour quand, l'ami ?

— Pour bientôt, très bientôt. Les premiers à arriver, ça va être les négros camés des bidonvilles, les premières attaques vont venir de là. Il y a déjà des militaires infiltrés qui font campagne dans les bidonvilles, ils forment les premiers groupes d'insurrection. Ils leur apprennent les techniques de combat, ils leur apprennent le foquisme du Che. Ils les fournissent en came et en armes. Ils leur apprennent à voler. Ils sont en train de préparer le terrain pour mettre le pays à feu et à sang.

Le boucher recula jusqu'à la porte de la chambre froide, décrocha une machette au milieu d'une série de couteaux, de haches et de ce qui ressemblait à un cimeterre, qui étaient suspendus au mur près de la porte, et s'essaya à une feinte. Il avança en poussant un hurlement de samouraï et décocha un coup des deux mains sur la carcasse de bœuf.

— Maniement d'armes blanches, indispensable, se justifia le boucher. L'ordre qui a été donné d'en haut est d'éradiquer la classe moyenne à tout prix. Ils veulent faire de ce pays un autre Taïwan. Les groupes des bidonvilles sont au bord de l'explosion, officier, il n'y a pas de temps à perdre. Quand les premières attaques se produiront, on sera prêt, on va se battre, comme des hommes.

— Vous ne pensez pas que vous devriez porter plainte ? C'est très grave, ce que vous me dites, là, suggéra Garmendia au bord du fou rire.

— Vous vous trompez, officier. Le gouvernement fait partie du complot, ces camés du gouvernement qui ont vendu le pays. Ce sont eux qui manipulent les actions militaires. La DEA est dans le coup, la CIA, même le Département d'État américain est dans le coup. Il y a beaucoup d'intérêts en jeu, chef.

Le boucher découpa à coups de machette précis la première carcasse, il la réduisit à une pile de viande ensanglantée en moins d'une minute. Les doigts et les lèvres de Garmendia étaient violacés de froid, ce petit jeu commençait à le soûler :

— Dis-moi, Rambo : tu sais où on peut acheter une bouteille de bière dans ce quartier ?

Le boucher lâcha sa machette, se planta face au deuxième animal de la file et lui envoya un coup de pied circulaire.

— Kung-fu, dit-il. Indispensable aussi.

*

Le soleil commençait à réchauffer l'atmosphère et, au milieu des branches d'arbres, les moineaux s'éveillaient en une cacophonie de quartier. Un pigeon mort sur le trottoir se faisait dévorer par une marée de fourmis rouges. Une chenille verte, poilue et épaisse comme le doigt d'un martien, montait le long du tronc d'un platane en laissant derrière elle un sillage brillant. Almada était fasciné par l'explosion de la nature aux abords mêmes de la ville. Toutes ces petites merveilles que la routine absurde s'obstine à ensevelir sous la lourde charge des obligations. Des merveilles dont il pourrait désormais profiter, grâce à la nouvelle vie que les papiers du docteur Reyes avaient révélée à son esprit atrophié. Garmendia sortit de la boucherie, un morceau de rumsteck enveloppé dans du papier journal sous le bras. Almada, le nouvel Almada, vit le morceau d'animal mort et pensa à « l'horreur de la civilisation » dont parlait Reyes. En plus d'avoir collaboré en offrant de la viande, le boucher paranoïaque avait indiqué au sergent trois endroits où acheter de la bière : un kiosque, une épicerie et un bar. Dans les premiers commerces, on les reçut avec méfiance, jusqu'à ce qu'ils montrent leurs plaques et doivent supporter les coups de gueule des commerçants, indignés par le nombre de braquages, et par le laxisme de la police qui « fait rentrer les voleurs par une porte pour les laisser sortir par l'autre ». Les individus de la photo ne disaient absolument rien à personne. Almada se retira des deux endroits en présentant ses excuses ; Garmendia, en réprimant son envie de buter tous ces putains de civils de merde.

Les briques crues, érodées par les années et l'humidité, donnaient un aspect délabré à la façade du bar. Au-dessus de la porte à double battant en chêne vermoulu, flanquée de deux grandes fenêtres aux volets rouillés, une enseigne métallique disait en lettres d'imprimerie bleues : « Club des Amigos du Fernet ». C'était un bar de quartier en décadence, une large salle au très haut plafond où se répartissaient une douzaine de tables bancales et des chaises déboîtées. Sur un des côtés, la banque réfrigérée qui faisait office de comptoir reposait devant une série d'étagères où se répétaient des bouteilles – la plupart de Fernet – contre le miroir fixé au mur. Il y avait, sur le comptoir, une trancheuse à charcuterie, une caisse enregistreuse mécanique Olivetti et des cloches en verre qui protégeaient des mouches quelques sandwichs jambon fromage moisis et des parts de tourte pascaline. L'arrière de la salle donnait sur une pièce plus étroite, presque complètement occupée par une table de billard. Là, sur un côté, une porte-fenêtre débouchait sur une cour carrelée aux arabesques délavées et aux pots sans fleurs qui conduisait aux latrines pestilentielles du fond. Le bar était désert. Un gamin maigre dont la grosse tête faisait penser à une ampoule servait au comptoir avec autant d'enthousiasme qu'un employé de mairie. Quand les hommes entrèrent, il comprit d'emblée qu'il s'agissait de policiers. Ríos le Maigrichon sentit les boules lui monter à la gorge : ces types-là n'étaient pas les petits gros en uniforme du commissariat du quartier, ceux qui venaient boire une eau-de-vie à crédit et jouer au *codillo*. Almada le Timbré montra sa plaque et dit :

— Ne vous affolez pas, je suis l'officier Sergio Almada, et voici mon subalterne, le sergent Alberto Garmendia. Division Narcotrafic Sud.

Ríos pâlit. Il eut envie de se déclarer innocent de tout ce dont on allait l'accuser mais ses lèvres étaient scellées par la peur.

— Qu'est-ce qui se passe, petit, pourquoi tu fais cette tronche ? demanda le Monstre.

— Euhh... (Ríos cherchait un mot qu'il arriverait à prononcer), j'ai mal au bide, chef.

— On est deux, fit Garmendia.

— Vous voulez que je vous prépare un thé ? demanda Ríos d'une voix à peine audible.

— Nous voulons vous poser quelques questions

à propos de certaines choses qui pourraient avoir eu lieu dans ce local…, commença Almada.

La pâleur de Ríos s'intensifia. Il pensa au permis bidon qu'il avait obtenu à la Mairie, au type qui était mort d'une overdose deux mois plus tôt, à la bande de toxicos qui fréquentaient le bar. Il tentait de deviner dans quelle direction la police décocherait ses flèches. Il avala sa salive et redemanda :

— Vous voulez boire quelque chose ?

Garmendia comprit que le gamin avait quelque chose à cacher, une histoire de drogue, pensait-il. Il se colla au comptoir, avança la partie brûlée de son visage qui, avec les lunettes de soleil, lui donnait un air d'autant plus redoutable et cracha :

— T'es sourd, merdeux, ou t'écoutes pas ce que te dit mon collègue ? On va t'interroger et tu ferais mieux de pas jouer au con, parce que je te passe les menottes, je te traîne au commissariat et je t'enferme avec deux négros casseurs de cul, tu m'entends ?

— Oui, monsieur. Me faites pas de mal, je ne suis qu'un employé, c'est tout, bégaya Ríos.

— Calmez-vous, le sergent peut parfois être un peu emporté. (Almada avait adopté malgré lui le rôle du bon flic.) Dites-moi quelle marque de bière vous vendez.

— Comment ? demanda Ríos, déconcerté.

— La bière, merdeux ! (Le méchant flic tapa

du plat de la main sur le comptoir.) Quelle bière tu vends ?

— De la Quilmes, mais s'il vous plaît…

— De soixante-quinze centilitres ? (Almada prenait des notes sur son petit carnet à spirale Norte.)

— Oui, monsieur.

Almada sortit de la poche intérieure de sa veste de costard la photo des suspects, il la posa sur le comptoir et dit :

— Maintenant je veux que vous regardiez attentivement cette photo et que vous me disiez si vous reconnaissez l'une de ces personnes. Réfléchissez bien avant de répondre, n'allez pas contrarier le sergent. Regardez-les bien et essayez de vous rappeler si ces personnes sont passées boire ou acheter quelque chose ici.

Les yeux noirs de Ríos se contractèrent derrière ses paupières froncées dans une grimace qui voulait montrer la concentration extrême à laquelle ils le soumettaient. Des gouttes salées de sueur nerveuse se condensèrent au niveau de sa tempe et commencèrent leur descente tortueuse le long de son visage mal rasé. Il sentit dans son estomac le déchaînement de ses tripes comme une pierre qui l'entraînait vers le désespoir le plus profond. C'étaient les types : le basané de l'overdose et l'autre, celui qui avait foutu le camp. Les policiers étaient sur cette affaire, c'était évident. Ils ne le lâcheraient pas jusqu'à ce qu'il balance la vérité. Mais dire la vérité, c'était s'envoyer en taule et envoyer en taule les gamins qui l'avaient aidé à trimballer le cadavre. Si Ríos disait qu'il ne les avait jamais vus de sa vie, il s'exposait à ce que le gorille au visage brûlé lui grignote le cerveau dans un interrogatoire. Il s'imagina un instant la tête dans un sac en plastique, le corps cramé à la gégène. Il se vit la tête plongée au fond de chiottes remplies de merde de prisonniers. Ríos se dit que pour mentir à deux types aussi féroces, il fallait soit avoir beaucoup de courage, soit être sacrément barré.

— On n'a pas toute la journée, petit, rugit Garmendia et il sortit son pistolet de service, bien que sans rien viser en particulier.

— Laissez-moi réfléchir… (Ríos se sentit suffisamment lâche :) Je crois que ces deux-là sont passés, il y a longtemps, je ne suis pas sûr. Il y a beaucoup de passage ici et…

— Qui est passé et quand ? (Almada ajusta ses lunettes sur son nez.)

— Je ne sais pas… Je me souviens de celui-là et de l'autre… Mais je ne sais pas. Ríos montra le Tucumano et un autre des inconnus.

Garmendia releva son pistolet et appuya le canon contre le torse rachitique de Ríos.

— Je suis sûr, monsieur. (Ríos tremblait.) Ne me tuez pas, je vous en prie, je suis sûr que c'est ces deux-là. Ils sont venus il y a quelques mois, ils ont pris une bière et… (Le Maigrichon se tut.)

— Et quoi ? s'impatienta Almada.

— Et… et ils sont partis, officiers, ils sont partis, c'est tout.

Garmendia le menaça de nouveau avec le pistolet de service sur le torse et dit :

— Joue pas au con, merdeux, déballe ce que t'allais dire, me chauffe pas.

Le froid du canon traversa le tee-shirt trempé de Ríos. De nouveau, comme dans ses cauchemars, il revit l'image du cadavre à côté du clochard, tous les deux par terre, immobiles, au milieu d'une odeur gerbante de pisse de chat, entourés des papiers, des cacahuètes, de la bière… La bière ! L'image de la bouteille de bière s'associa dans son esprit à la question posée par le policier un moment plus tôt. Sans s'exciter, Ríos le Maigrichon pesa ses mots, il mentit :

— Et ils ont acheté une Quilmes à emporter et des cacahuètes. Ils m'ont demandé de les fournir, ils avaient l'air camés.

Comme s'ils avaient entendu les mots magiques, les policiers retrouvèrent leur calme. Garmendia rangea son pistolet. Cela collait, même si sa théorie de départ subissait une petite modification : il pensait maintenant que Cortez le Tucumano et le Blond – le Monstre était convaincu que l'individu qu'avait montré Ríos sur la photo était le Blond, même si aucun des deux n'était ce que l'on peut appeler blond – s'étaient retrouvés dans un bar. Il avait suffi de quelques bières et de quelques lignes pour que le Blond entraîne Cortez, dupe, jusqu'au chantier où l'attendait le Julio en question pour le buter.

— Et toi, merdeux, qu'est-ce que t'y connais à la came ? le chercha Garmendia.

— Rien, officier, je veux juste dire qu'ils avaient l'air un peu étourdis, c'est tout.

— Laissez-le tranquille, sergent, le garçon a déjà bien collaboré, intervint Almada.

Garmendia fit une grimace de type pas patient, claqua des doigts comme s'il était dans un film de cowboys et ordonna :

— Allez, gamin, ramène-moi une eau-de-vie, j'ai le gosier sec, et coupe-moi quelques dés de salami.

— Tout de suite, chef, dit Ríos en montrant les quelques chicots qui lui restaient. Vous ne prenez pas un Fernet avec du soda, officier ? C'est la maison qui invite, demanda-t-il à Almada.

— Je ne bois pas pendant mes heures de service, merci.

*

— Putain, encore le quarante-quatre, la prison, celui-là je vais jamais le choper, commenta le Moine et il se goinfra de cacahuètes.

Garmendia le Monstre ressentit du dégoût. Il n'avait pas les mouchards à la bonne. Un mal nécessaire, pensa-t-il. Le Moine, de son côté, ne pensait qu'à travers les numéros : Garmendia, le quatorze ; Almada, le vingt-deux[1] ; la situation était le soixante-douze : la surprise. Les policiers s'étaient présentés au casino Los Dos Mundos en fin d'après-midi. Sans hésiter, ils s'étaient dirigés vers la table du Moine, près d'une des trois grandes fenêtres du bar, et avaient pris place de chaque côté de l'informateur.

— Je sais pas si tu vas le choper, ou si c'est toi qui vas te faire choper..., dit le Monstre.

— Eh, qu'est-ce qu'il se passe, les jeunes, euhh... On s'est levé du pied gauche ?

— Je sais que vous aimez collaborer avec les forces de l'ordre, ne soyez pas irrespectueux et écoutez ce que vous dit le sergent, dit Almada.

Le Moine avala ses cacahuètes avec une gorgée de bière.

— Bien sûr, chef, c'est pour quoi ? Euhh... Vous savez bien que j'suis au service d'la communauté.

— Fais pas ton malin, le Moine. (Garmendia sortit la photo des suspects et la posa sur la table comme si c'était une carte importante :) Dis-moi qui sont ces types.

Le Moine saisit la photo et l'approcha de la lumière du jour qui entrait par la fenêtre, il gratta son double menton graisseux comme s'il cherchait ses mots et lâcha :

1. À la *quiniela*, le quatorze correspond à l'ivrogne et le vingt-deux, au fou.

— Soixante-dix-neuf…

— Comment ? demanda Almada, troublé (il pensait que le mouchard réclamait de l'argent).

— Les voleurs, expliqua le Moine.

— Les noms, le Moine, donne-moi les noms ou je t'enferme dans une boîte à chaussures jusqu'à la fin de tes jours.

— Ces deux-là, dit le Moine en montrant l'Oiseau et le Tucumano, ne sont plus de ce monde, euhh… Quarante-sept[1].

— Dis-moi plutôt quelque chose de neuf. Le merdeux, c'est moi qui l'ai descendu – Garmendia parlait de l'Oiseau –, tu le sais très bien et tu sais aussi dans quelle merde était fourré Cortez le Tucumano avant qu'on le bute. Parle-moi des deux autres, du Blond et de Julio.

— De qui ? (Cette fois, le Moine était vraiment perdu.)

— Répondez ! ordonna Almada.

— Je ne connais aucun Blond, et don Julio, que je sache, c'est mon coiffeur, euhh… Mais si vous voulez, je vous dis qui sont les deux autres.

Garmendia vida d'un trait la liqueur d'orange qu'il avait commandée. Les types de la photo n'étaient pas Julio et le Blond, ou c'étaient eux, mais ils utilisaient d'autres noms. Après tout, cela n'avait aucune importance, ce qui comptait c'était que l'un d'entre eux, celui qui pour Garmendia

1. Le quarante-sept correspond au mort.

était le Blond, avait été avec le Tucumano le jour où il avait été assassiné. Si ce n'étaient pas eux qui avaient tué Cortez, ils devaient certainement savoir qui l'avait fait.

— Allez, chante, le Moine.

— Mouche et le Gaucher, ils sont associés, euhh… Très pros tous les deux. Là, je crois qu'ils sont dans le secteur auto. Justement, l'autre jour, Mouche est venu tirer quelques jetons ici, mais le mec n'est décidément pas doué pour le jeu.

— Lequel est-ce, Mouche ? demanda Almada.

— Celui-là, le frisé, c'est Mouche. Il traîne avec le Gaucher, cul et chemise comme deux frères. Ils se sont croisés en cabane, à Devoto, et après quelqu'un les a présentés dehors, euhh… Mais à mon avis, ils ne sont pas au courant du bordel du Tucumano, ils jouent pas dans la même cour.

— Où ils crèchent ? demanda Garmendia.

— Aucune idée, chef. Je vous dis qu'ils sont super pros : personne ne sait où ils se planquent.

— Dis-moi où ils crèchent, le Moine, fais pas le malin avec moi. (Garmendia approcha son visage brûlé du double menton graisseux du mouchard.) C'est une grosse histoire, tous les gros poissons sont dessus et nous, on nous a donné carte blanche, tu piges ? Si tu me dis pas ce que je veux savoir, va t'acheter un fauteuil roulant, et si jamais j'apprends que tu me baratines, je t'envoie là-haut direct.

Les mains boulottes du Moine s'agrippèrent à la

chope de bière pour cacher leur tremblement. On pouvait s'attendre au pire de la part d'un bourreau de Diana et, de la part de Garmendia le Monstre, au pire du pire. Les histoires qui circulaient sur Garmendia faisaient froid dans le dos. Sa réputation d'assassin sans pitié, pervers, alcoolique, camé, véreux et une demi-douzaine d'et cetera du même acabit, était quelque chose qu'on pouvait difficilement laisser de côté. Le Moine fit appel à son regard de chien battu et implora miséricorde :

— Je vous jure que je n'en ai pas la moindre idée, mais si vous me laissez un peu de temps, je peux vous trouver ça, euhh… Il faudrait que je joigne certains contacts, que je passe quelques coups de fil. Demain après-midi je peux avoir quelque chose.

— Demain matin à onze heures à cette table. Si jamais tu pensais ne pas venir, prépare-toi, parce que je vais te faire mal, le Moine, très mal, menaça Garmendia tout en se levant.

— J'aurais besoin de quelques pesos, pour les faux frais, euhh…

— Demain matin, onze heures, dit Almada. Vous n'avez pas entendu le sergent ?

— Si, monsieur, je me suis trompé.

Les policiers saluèrent Zabala la Trombine depuis leur table avant de se retirer précipitamment du local. Zabala la Trombine était encore déprimé par la mort de son neveu. Il salua les hommes depuis son siège, en levant à peine les doigts des touches de la caisse enregistreuse. Il ruminait une sourde rancune contre les policiers qui avaient laissé le gamin se faire crever comme un chien.

Brando bis

SAMEDI 27 AVRIL

Je vais arrêter la came, c'est décidé. Je vais arrêter les drogues pour toujours. Tout ce qui m'arrive, je dis bien tout, c'est à cause de ces putains de drogues. Parce que si j'avais pas été drogué, je serais jamais allé à l'hôtel avec cette merdeuse. Bon, il faut reconnaître que la nana était un vrai canon, elle avait de superbes yeux verts, une petite gueule d'ange gardien, des nichons énormes et un petit cul rebondi qui était une véritable œuvre d'art. Aucun type avec un peu de sang dans les veines n'aurait été capable de résister à une telle bombe, mais aucun type avec un gramme de cervelle ne l'aurait jamais emmenée à l'hôtel. Et tout ça à cause de la came, mais c'est fini, j'en prendrai plus, plus jamais.

Dans la boîte où je me la suis levée, elle n'arrêtait pas de me faire les yeux doux, cette grosse salope. Elle tortillait du cul pour que je me l'imagine à poil et elle se passait la langue sur les lèvres pour que je voie à quel point elle était entraînée. Les gamins étaient chacun dans leur trip. Le Mort avait accroché une brune et il la tripotait dans tous les sens. Je crois que Kingo était resté scotché au comptoir. Oui, j'ai encore son image gravée : un gros poupon rigide qui avait perdu l'usage de la parole et dont le seul réflexe était de s'enfiler des verres. Il m'a semblé voir ce malade parano de Caméléon planqué dans un coin, je ne me rappelle pas s'il s'était mis en tête de nous espionner ou s'il se contentait de regarder ses mains.

À trois heures du mat, je l'ai accostée. Sur l'échelle de Brando, les femmes peuvent être réparties en deux grands groupes : les hystériques et les putes. Les hystériques veulent jouer les putes mais elles ont que de la gueule, elles te chauffent la matraque et après, au moment de l'addition, elles se dégonflent. Vu que je n'avais pas l'intention de perdre mon temps dans un baratin prise de tête qui finisse par une branlette électrique dans mes chiottes à huit heures du mat, j'y suis allé direct :

— Je veux te niquer bien à fond, bébé, ai-je dit.

Cette grosse pute se marrait.

— Et où tu vas m'emmener ?

— En enfer, petite salope, je vais t'emmener en enfer.

La merdeuse a ouvert de grands yeux ronds comme si j'étais une espèce de surhomme à deux bites et elle s'est jetée sur moi. Je crois que ç'a été une des conquêtes les plus faciles de ma vie. En gros : un plan. J'ai calé mon bras juste au-dessus de son petit cul rebondi, j'ai salué la carte postale de Kingo soudé au comptoir et j'ai mis le cap sur un hôtel avec la blonde.

Le truc est devenu chaud à partir du moment où on est montés dans le *remís*. La chienne en chaleur ne m'a pas lâché les couilles une seconde. Sa langue était un instrument de torture, tiède et humide, qui parcourait mon cou, mes oreilles et l'intérieur de ma bouche sans relâche. Je suis descendu de voiture avec une trique de la taille de l'Obélisque. J'ai dû menacer le réceptionniste de l'hôtel avec quelques cris et mon canif pour qu'il nous file une piaule d'urgence. L'endroit était ce qu'on pouvait attendre de plus décent pour vingt pesos : cafards bien éduqués, draps infestés de morpions, capotes usagées dans la cuvette des chiottes et quelques taches de sang sur les tapis. Je me suis vite enfermé dans la salle de bains pour sniffer un peu, histoire de m'évader de toute cette décadence. Mais le truc c'est que la blonde était tellement bonne que j'ai eu peur d'abuser et de pas pouvoir bien la niquer après. Ç'aurait été un crime de ne pas présenter d'équipe à un match aussi important, donc je me suis dit qu'il valait mieux que je me réserve la dose pour le moment du dessert, quand la blonde commencerait à faire chier. Je suis sorti de la salle de bains à poil comme Terminator fraîchement débarqué. La blonde était à poil elle aussi. Elle m'attendait, assise au bord du lit, avec son plus beau sourire. Le fait d'avoir mis ses nichons à l'air avait durci ses mamelons rosés, c'étaient deux sucettes de chair qui se balançaient au rythme de sa respiration agitée. Elle s'est levée d'un petit bond enfantin et j'ai pu sentir la perfection de l'œuvre de Dieu (plus tard j'ai compris que c'était l'inverse) : ma nana avait un tel cul que c'était dommage d'y foutre la main, et une petite chatte presque sans poils qui lui donnait l'air d'une gamine de quatorze ans. En réalité, elle pouvait tranquillement avoir quatorze ans, je me suis pas non plus soucié de vérifier. Je lui suis tombé dessus et je la lui ai fourrée dans la bouche avant qu'elle gâche toute la scène en disant un truc débile. À partir de là, ç'a été un coup de la catégorie « Putain de génial » sur l'échelle de Brando. La merdeuse était une vraie pro : elle hurlait, sautait, elle me demandait de la frapper, de la lui mettre jusque dans les oreilles. C'était une authentique pute cinglée. À la fin du troisième assaut, j'étais épuisé et heureux, fin prêt pour le dessert. Je suis retourné m'enfermer dans la salle de bains et enfin, j'ai pu me saloper le nez.

Je suis ressorti, je me suis vautré sur le lit et j'ai dit :

— Putain, qu'est-ce qu'on a bien baisé, p'tite blonde !

— T'es un animal, Brando, t'es comme La Bête, t'es le fils de La Bête.

L'affaire se corsait.

— Quoi ?

— Oui, je m'en suis tout de suite rendu compte dans la boîte. Je t'ai vu et j'ai compris que tu étais un de ses rejetons.

La came m'avait fait monter l'adrénaline et j'avais besoin de retrouver mon calme, donc je me suis allumé une clope. J'ai tiré une ou deux taffes et j'ai laissé s'échapper la fumée de mes poumons. À travers le miroir au plafond, me parvenait le reflet de la blonde à poil, couchée à côté de moi. Les lumières rouges de la pièce, combinées à la fumée de cigarette qui flottait dans l'air, me faisaient tilter. Il y avait un truc dans le regard de la gamine, un truc auquel je n'avais pas fait attention : c'était de la démence ou de la pure méchanceté ? La fille correspondait pile-poil à l'idée que je pouvais me faire d'une pute satanique. « Une traînée de Lucifer », comme dirait ma mère, et elle aurait bien raison.

— J'comprends pas, ai-je dit.

— Je fais partie de la congrégation des Frères évangélistes du Nouveau Monde, Brando. Chaque samedi de nouvelle lune, nous célébrons le rituel de l'Ange déchu ; ces nuits-là, La Bête désigne entre tous un frère pour en faire son esclave sexuel. Je suis une des femmes de Satan.

J'avais les boules coincées dans la gorge, mais j'ai essayé de feinter :

— Me dis pas que tu crois à ces conneries ?

— On ne choisit pas La Bête. C'est La Bête qui

choisit qui elle veut à ses côtés. Elle m'a désignée, elle a fait de moi son esclave et elle vient juste de te désigner toi aussi. Tu es le fils de La Bête, tu ne le savais pas mais tu es fait à son image, Brando.

J'ai toujours su que j'avais pas de pot, j'aurais dû me douter dès le début qu'il se passerait un truc de ce genre. Ce n'était pas logique que je me lève – comme tout le monde, bordel ! – une nénette normale, non, il fallait que je tombe sur la maîtresse du Diable, il fallait que ça m'arrive à moi.

— Écoute, petite merdeuse, lui ai-je dit d'un air pas patient, commence pas à me fatiguer avec tes trucs chelous. Je suis catholique apostolique romain. Toute ma famille est chrétienne. Je crois en Dieu et en Jésus-Christ et en toutes ces bonnes gens qui vivent, bien confortablement, au ciel. Si t'es venue tirer quelques coups avec moi pour m'attirer dans ton église de merde, je te signale tout de suite que tu perds ton temps. Je changerai jamais de club, p'tite blonde, encore moins pour un club plein de petites putes infiltrées qui s'amusent à sucer des types bourrés pour leur faire mal au cerveau comme t'es en train de le faire.

— Tu ne peux pas choisir, tu m'as possédée, tu as déjà accepté La Bête. Maintenant nous sommes unis, nous sommes les agneaux du même troupeau…

J'ai sauté du lit, j'ai enfilé mon froc et je me suis sauvé. Je ne pouvais pas rester une seconde de plus à côté de cette folle. Avant de quitter la pièce, j'ai eu une dernière hallucination de camé en phase terminale : la blonde, nue sur le lit, blanche comme de la coke, riait aux éclats. Il sortait de sa bouche une écume verte phosphorescente et ses yeux injectés de sang me poignardaient l'âme, ma pauvre âme de chrétien repenti.

*

La came fait des ravages. Je vais arrêter pour toujours. Je le jure. Depuis cette nuit-là, j'ai beau essayer, je n'arrive pas à m'enlever cette blonde de la tête. Parfois, j'essaie de réciter un Notre Père, mais je n'ai jamais vraiment réussi à retenir les paroles, alors je me colle devant des conneries à la télé, ou je vais aider mon vieux avec les voitures au garage pour ne pas avoir à me servir de ma tête. Mais je me retrouve toujours au même endroit, à l'hôtel, avec la blonde démoniaque. Je passe mes journées enfermé dans ma chambre comme un taré et j'esquive le Mort et les gamins, parce que je veux m'éloigner de la came, parce que tout ça c'est à cause de la came.

Avant-hier, par exemple, j'étais calé dans mon lit, en train de regarder le plafond et de me gratter les couilles quand je me suis aperçu que je bandais. Comme je n'avais rien d'autre à foutre, j'ai commencé à me branler de bon cœur. Je pensais à d'anciennes copines, à des noires aux nichons pleins de lait, à ma prof de math au collège en train de se mettre une équerre dans le cul, à ma cochonne de cousine qui me taillait une pipe. Tout allait pour le mieux, j'avais pris l'élan voulu, j'étais sur le point d'exploser quand l'image de la blonde m'est apparue et je me suis effondré comme le mur de Berlin.

C'était une lutte mentale : la pute satanique contre mes bonnes petites branlettes catholiques. Une lutte que je n'étais franchement pas prêt à perdre. J'ai pensé bloquer la blonde en augmentant le degré de stimulation. Si je n'y arrivais pas avec l'imagination, au diable l'imagination ! Il était temps de mettre à profit la télé et le magnéto – que j'ai eus à moitié prix grâce à Chicho, un type qui trafique du matériel des pirates de la route – avec un film bien gore. Ce n'est pas que je sois fanatique du porno, mais j'aime collectionner du bon matos. En général, je passe par un vidéoclub. Je prends une carte d'adhérent avec mon faux permis de conduire, je fais un petit investissement de départ, histoire de ne pas éveiller les soupçons, puis je loue entre cinq et dix titres soigneusement sélectionnés dans le catalogue Triple X, que je rends jamais. Et voilà, le tour est joué, en témoignent les presque soixante cassettes que je planque soigneusement dans un tiroir sous clef, loin des mains de ma vieille.

Aveuglé par l'anxiété, j'ai ouvert le tiroir et j'ai sorti la vidéo. Machinalement, je l'ai insérée dans le magnéto et j'ai appuyé sur «*play*». Et là, c'était encore cette putain de vidéo du Mort, une de mes dernières acquisitions ou, plus précisément, une de mes dernières déceptions. L'histoire commence pile au lendemain d'une nuit maudite au Club, la nuit du type refroidi d'une overdose. Ça commence, disons, il y a à peu près deux mois. Ce jour-là, j'avais repris conscience à cinq heures de l'après-midi. J'étais dans la baignoire du Mort, sous le rideau de douche, j'avais un seau en plastique sur la tête, une bouteille vide d'Hespéridine dans les bras, mes fringues puaient la gerbe et étaient tachés par quelque chose qui ressemblait à de la peinture rouge mais qui pouvait tout aussi bien être du sang. Mes jambes ne répondaient plus : pour me relever, j'ai dû grimper en prenant appui sur les robinets et le porte-savon en céramique. J'ai ouvert la douche et je suis resté sous l'eau froide le temps que mon cerveau se remette en marche. Je suis sorti de la salle de bains trempé, congelé et paumé, tel un survivant du *Titanic*. Le Mort était dans le coma, vautré sur le canapé, du coup, ça servait pas à grand-chose d'essayer de le réanimer. J'ai quitté son appart et j'ai marché jusqu'à l'arrêt de bus. J'ai fouillé dans mes poches à la recherche d'une pièce mais tout ce que j'ai trouvé, c'est un porte-clefs en Plexiglas avec le blason du Racing, auquel il pendait deux clefs type cadenas et une drôle de clef en plastique où étaient gravés une lettre et un numéro : B32. Je me suis donc tapé à pattes les quelque trois kilomètres qui séparent mon appart de celui du Mort, en réfléchissant très sérieusement tout le long du trajet à une façon élégante de me suicider.

Le lendemain, quand la dépression et la gueule de bois se sont dissipées, j'ai pu retourner au Club me défoncer avec mes amis. Recommencer le cycle d'autodestruction. On était en train de faire tourner un de ces bédos king-size que roule le Gros Kingo, quand je me suis souvenu des clefs. Je les ai sorties de ma poche et je les ai montrées aux gamins. Comme elles ne disaient rien à personne, j'ai supposé qu'elles étaient au cadavre et que, dans un de mes accès d'inconscience, les clefs étaient passées du camé en overdose à ma poche. J'avais décidé de les balancer dans les chiottes en guise de dernier geste d'adieu mais le Mort, mon brave ami, est venu s'interposer entre mes désirs et les chiottes. Le Mort était une fois de plus possédé par une de ses lubies démentielles. Il disait qu'il était absolument certain que la petite clef en plastique correspondait à un casier de la gare routière de Retiro. Il disait que le type, le camé crevé, devait être un trafiquant qui planquait une tonne de came dans le casier. Il disait que c'était l'occasion de nos vies pour nous en sortir.

La folie, comme l'addiction aux drogues, est une chose que l'on refuse d'admettre jusqu'à ce qu'on soit bien au fond, jusqu'à ce qu'il soit impossible d'en sortir. Le Mort a la capacité de rendre n'importe qui accro à sa folie. On a grimpé dans la Torino, convaincus de notre coup de chance. Le Mort n'arrêtait pas de parler des pièces d'origine qu'il allait enfin pouvoir offrir à sa voiture. Mon délire à moi s'était concentré sur des vacances à Ibiza, avec drogues et nanas à gogo. On est arrivés à Retiro, on a laissé la voiture dans le parking de la gare, un luxe qu'on pouvait bien se permettre en tant que futurs narcotrafiquants, et on est entrés d'un pas de vainqueurs.

— Et maintenant, garde les yeux bien ouverts, Brando. Ça peut finir en coup de filet comme dans les films, a dit le Mort.

Mon ami m'a refilé toute sa parano. J'ai ralenti le pas et j'ai commencé à traquer mentalement les policiers camouflés. J'ai détecté au moins deux douzaines de flics déguisés en personnel d'entretien, vendeurs de kiosque, marchands de journaux, femmes anormalement grosses, hommes aux lunettes de soleil. J'allais partir en courant, mais il était trop tard.

Le Mort s'est planté devant les casiers.

— Les clefs, s'te plaît.

— T'es sûr, le Mort ?

— Les clefs, Brando, les clefs.

J'ai sorti le porte-clefs de ma poche et je l'ai filé au Mort. Je me sentais comme un terroriste irakien à l'ambassade d'Israël. Le Mort a inséré la petite clef en plastique dans la serrure du casier B32 et l'a fait tourner en fredonnant l'air de *Domingo para la juventud*[1]. Il a ouvert le casier et en a sorti un coffre en métal fermé avec deux cadenas. Les flics n'ont pas rappliqué et mes pulsations sont passées de cent quatre-vingts à la moitié.

Le Mort gardait son calme.

— Allons à la bagnole, on peut pas ouvrir ça ici.

Comme on pouvait s'y attendre, les deux autres clefs correspondaient aux cadenas. Ce qui, en revanche, semblait complètement absurde et imprévisible, c'était cette putain de vidéo porno à l'intérieur. Une vidéo amateur où des types organisent une petite fête avec une pute et deux travelos. Les acteurs sont des débutants inconnus, même s'il y a un type avec un implant capillaire pourri et la plus petite bite au monde que je crois avoir déjà vu à la télé mais, franchement, rien d'une star, bien sûr. Les acteurs bougent assez mal devant les caméras, comme s'ils ne savaient pas qu'ils étaient filmés, mais c'est du pur vent : les types qui vivent du porno savent très bien qu'il y a des petits cinglés qui s'excitent devant ce genre de vidéos, soi-disant amateur, mais qui n'en ont même pas l'étiquette. Même le scénario, je l'ai trouvé archinul : les personnages passent leur temps à se saloper le nez et à se tringler les uns les autres jusqu'à ce que la nana,

1. Émission télévisée faisant participer des lycéens qui, après avoir répondu à une série de questions, devaient essayer d'ouvrir un coffre pour gagner un voyage à Bariloche.

la seule nana, commence à avoir des convulsions, qui sont d'ailleurs hyper surjouées, et crève direct. Aussitôt, ils font un semblant de bordel qui stoppe net quand le type à l'implant capillaire file une liasse de dollars aux travelos, des biftons qui sont si faux qu'on dirait des prospectus de cirque. Les travelos acceptent le deal et se font la malle en traînant la pute. Fin de l'histoire.

Aujourd'hui encore, si je ferme les yeux, je peux voir la gueule du Mort déformée par la rage et entendre l'insulte interminable qu'il a lâchée quand le coffre ouvert a pulvérisé un autre de nos rêves.

*

Et j'avais beau me malaxer le machin cet après-midi-là devant la télé, il se passait rien. Même la vidéo me ramenait inconsciemment à l'idée qui me tournait dans la tête : l'idée de la pute satanique. En y réfléchissant bien, tout ça fait partie de mon voyage en enfer. Ma vieille le dit tout le temps, la blonde me l'a dit elle aussi : je suis tombé dans les ténèbres, je suis le fils de La Bête, elle m'a désigné. Et je peux pas arrêter de penser à ça parce que je vis entouré de la merde que je suis devenu. Je me branle comme un taré et le gros chauve a beau s'emmancher la pute de la vidéo, il se passe absolument rien. Parce que la vidéo appartenait à un mort que j'ai même pas respecté, parce que la télé et le magnéto sont chourés, parce que la came est en train de me ronger le cerveau, parce que je suis un perdant de plus d'une génération perdue, parce que…

La drogue, c'est super mauvais, ça je le sais. Je jure que je vais arrêter, mais quand ce sera le moment, pas maintenant. Je peux pas continuer à souffrir comme ça et je peux pas non plus faire de ma tête un lave-linge où centrifuger ma conscience. La seule chose que je peux faire c'est continuer, comme je l'ai fait jusqu'à aujourd'hui, comme un inconscient de plus. STOP ! J'ARRÊTE DE PENSER !

Je vais appeler le Mort et on va aller faire un petit tour dans sa Torino. Je veux aller au Club m'enfiler quelques Fernet. Je veux me fumer une fusée de la taille d'un doigt de King Kong et raconter aux gamins comment elle sautait cette petite pute satanique. Je veux que tout continue comme jusqu'à maintenant. Si je ne change pas, rien ne va changer autour de moi. Ça, c'est un sujet dont on pourrait débattre avec mes amis, un sujet qui pourrait nous tenir éveillés un jour ou deux, minimum.

Je pars, je pars en défonce, Seigneur.

Coup final

SAMEDI 27 AVRIL

Les hommes s'étaient enfermés dans la maison de San Vicente le vendredi après-midi, comme convenu. Mais ce ne fut que le samedi en fin de matinée qu'ils commencèrent à réagir, quand leur gueule de bois de la nuit interminable du jeudi se dissipa et que leurs esprits agités prirent peu à peu conscience du caractère irréversible des événements à venir.

La Tortue fit ses exercices matinaux : pompes, abdos, sauts de grenouille et toute une série de mouvements qui pouvaient être réalisés dans l'espace réduit d'une cellule de prison. Il partit au trot s'acheter un yoghourt aux céréales à l'épicerie du village. Pour se protéger de la clarté diurne, il portait de minuscules lunettes aérodynamiques qui paraissaient ridicules sur son énorme tête rasée. La Tortue aimait courir, il aimait la campagne mais, en même temps, ça le rendait fou : c'était trop d'air, trop d'espace, pour quelqu'un qui avait passé la majeure partie de son existence derrière les barreaux. La liberté bouleverse les taulards, elle les détraque, elle leur fait bouillir le sang et leur emmêle les idées. La liberté est le piège que la vie leur tend, la folie qui les prend et les conduit à commettre le faux pas, l'erreur qui les enverra de nouveau en taule. C'est un cercle sans fin : sortir, entrer, sortir, entrer. Les taulards comme la Tortue finissent toujours par perdre parce que la taule est leur maison, leur école. Et la rue, au contraire, est une récréation qui dure peu, toujours moins, jusqu'au jour où ils perdent, définitivement enchaînés à une réclusion à perpétuité ou crevés dans une fusillade avec les flics. Larto, qui n'avait jamais mangé de yoghourt de sa vie, qui mourrait certainement sans en avoir goûté un parce qu'il estimait que c'était un truc de femmelette, tuait le temps en jouant avec Satan. Il jetait la balle de tennis au milieu du parc et le berger allemand courait derrière comme une torpille, surexcité par la première attention qu'il recevait de toute sa chienne de vie. Mouche profitait du soleil timide de l'automne, calé sur une chaise longue en toile. Il lisait la rubrique policière du journal et se prenait la nouvelle du meurtre de Luci en pleine gueule.

— Le Gauuucheeer ! cria Mouche en direction de la cuisine.

Le Gaucher était en train de croquer une aspirine tout en se préparant un sandwich au jambon, fromage et tomate sur le comptoir en marbre blanc de la cuisine. Il pulvérisait le comprimé avec ses molaires comme si c'était un bonbon à la menthe. L'acidité amère de l'aspirine le réconfortait. Il avait une légère gueule de bois et une grosse faim. Assassiner le rendait anxieux, l'anxiété lui ouvrait l'appétit, la nourriture lui coupait la faim, la satiété faisait de lui un assassin. Un cercle parfait.

— Quooiiii ? cria-t-il à travers la moustiquaire de la fenêtre.

— Qu'est-ce que t'as fait jeudi ?

— Je suis allé aux putes.

— À Palermo ?

— À Flores, au bordel de Yiya.

Mouche n'allait pas insister. Si son associé disait qu'il était allé à Flores, il n'y avait pas de raison de mettre sa parole en doute, encore moins à quelques heures du braquage. Une engueulade pouvait très mal finir dans ce climat de tension extrême.

Le Gaucher s'approcha de la chaise longue en mâchant un morceau de sandwich.

— Pourquoi ? demanda-t-il.

— Ah, rien, comme ça. Moi j'ai fait mon rituel, je suis allé voir la Rosita : ça m'a toujours porté chance, répondit Mouche et il passa à la rubrique humour.

*

Les heures précédant un braquage, l'ambiance est tendue à l'extrême. Les frictions s'enchaînent, les luttes intestines éclatent comme des champignons après l'orage. Chaque minute qui passe est plus pesante ; tout voleur ayant un minimum d'expérience le sait. Il sait aussi que pour apaiser les tensions et dissiper les derniers doutes, il est bon de fumer un peu de marihuana. Mouche fit passer le joint à Larto et dit :

— Vas-y, tue-le et on va faire un tour.

Larto tira la dernière taffe et jeta la cale dans l'eau verdâtre de la piscine.

— Allons-y, ordonna Mouche.

Défoncés comme ils l'étaient, les hommes quittèrent la maison à bord de la Renault 19 qu'ils utiliseraient pour le braquage. Mouche engageait la voiture dans les chemins de terre et accélérait à fond. Il se concentrait sur le bruit du moteur, s'assurait que tout était bien à sa place. Il plantait les freins, faisait des dérapages, risquait des pirouettes dangereuses et se tordait de rire devant l'air paniqué des autres qui, hallucinés par le joint, avaient l'impression d'être dans un film d'Hollywood.

Ils descendirent tester les armes sur un terrain vague près de la lagune. Larto visa soigneusement un chien famélique qui errait au milieu des mauvaises herbes à la recherche de charognes à une vingtaine de mètres et déchargea une rafale de tirs avec le FMK-5. L'animal se désintégra dans l'air sans une plainte. Le crépitement des coups de feu retentit dans la plaine ouverte comme une bande de perdrix prenant leur envol. La Tortue actionna le Franchi et le coup de feu résonna violemment, renforçant l'impression d'une partie de chasse. La balle Brenneke arracha un piquet de clôture en barbelés. Le fracas de la décharge provoqua la fuite d'une bande de perroquets depuis une forêt d'eucalyptus. Mouche et le Gaucher levèrent leur fusil et les déchargèrent en une rafale assourdissante qui parut interminable. Une douzaine d'oiseaux se décrochèrent du ciel et vinrent s'écraser au sol comme unique témoignage de leur massacre absurde. Les voleurs ressemblaient à des enfants avec de nouveaux jouets ; leurs yeux brillaient d'un éclat fiévreux, comme si la bête en eux affleurait sous la peau et prenait le contrôle de leurs actes. Ils bombardaient tout ce qui bougeait, tout ce qui attirait leur attention. Ils riaient, nerveux, conscients du pouvoir qu'ils berçaient entre leurs bras. L'odeur âcre de la poudre, pareille au parfum d'un fantôme lugubre, continua à flotter dans l'air longtemps après leur départ.

Ils regagnèrent la maison et passèrent de la Renault 19 à la camionnette Trafic. Ils se rendaient aux abords du casino Los Dos Mundos pour étudier le mouvement et apporter les dernières retouches au plan. La décision d'y aller en

Trafic répondait au principe de base de ne rien laisser au hasard ; se montrer près du lieu du braquage à bord du véhicule qu'ils utiliseraient un peu plus tard pour le réaliser aurait été une erreur de débutant. Le Gaucher était absent. Il suivait le mouvement, faisait mine d'imiter les autres, mais il était absent. La voix lui parlait à travers les écouteurs, c'était la Révélation, c'était la voix de Gilda. C'était un ouragan qui dévastait les dédales de sa raison. Il avait été désigné pour véhiculer un message, le message résidait dans la voix de Gilda et il devait encore le déchiffrer. Le décoder, distinguer le vrai du faux. Le Gaucher ajusta les écouteurs sur ses oreilles et augmenta le volume à fond. Les autres parlaient, ils lui parlaient. Larto remua les lèvres en regardant dans sa direction. Le Gaucher hocha de la tête en pensant que c'était la meilleure chose à faire. Mouche se mit à parler en faisant des gestes exagérés. Il penchait la tête, levait les mains et décrivait des cercles dans l'air, foutait une droite puis tenait son poing levé. Le Gaucher acquiesça de nouveau de la tête. La Tortue lui arracha les écouteurs des oreilles et demanda :

— Et toi, qu'est-ce que t'en penses ?

La manœuvre l'avait pris par surprise. Le Gaucher regarda, troublé, les visages inquisiteurs de Mouche et de Larto et dit, sans conviction :

— Moi, je suis de l'avis de la majorité…

Mouche n'avait pas besoin de preuves supplémentaires. Le Gaucher était en train de s'effondrer. Mouche avait de la peine parce qu'il l'aimait bien, vraiment, il l'aimait bien, mais il devrait le lâcher si les choses empiraient. Il devrait le lâcher de la même façon qu'il avait lâché d'autres types avec lesquels il avait travaillé. La drogue avait lentement grignoté le cerveau de certains, elle les avait éteints petit à petit. D'autres avaient subitement viré dans un trip, dans une explosion silencieuse qui les avait détraqués à jamais. Mouche ne connaissait personne qui se soit remis d'un effondrement mental. Et maintenant, c'était au tour de son associé, son ami, le Gaucher, de tomber dans ce puits sans fond. Il évitait de le regarder, il essayait de se persuader que c'était passager, la tension du braquage peut-être, mais dans son for intérieur il savait pertinemment que la fin était proche. Le pire de la folie du Gaucher, c'était qu'elle avait éveillé sa veine d'assassin psychopathe : la fin tragique de Luci portait sa signature incomparable. La vengeance à chaud des types aveuglés par la folie. « Ce sont ces gars qui te font tomber », lui avait enseigné le Rat. « Parce que la vengeance, petit, lui disait Gómez, c'est comme un cochon de lait grillé : certains le mangent chaud et le digèrent mal, mais ceux qui savent le mangent froid, le dégustent comme une bonne vengeance. Parce que la vengeance est délicieuse, petit, exactement comme un plat de cochon de lait froid. »

La 504 des hommes du commissaire Diana était

garée au même endroit que d'habitude, à quelques mètres de l'entrée du casino Los Dos Mundos. Mouche le fit remarquer à Larto et à la Tortue. C'était une voiture modèle quatre-vingt-neuf, quatre-vingt-dix à tout casser, pas mal esquintée. Une vieille charrette à côté de la Renault 19, qu'ils anéantiraient de toute façon au moment du braquage. La Tortue proposa de crever les pneus en passant, avant d'entrer dans le bar. L'idée de Larto était l'affaire de deux secondes : semer des clous autour de la bagnole. Le plan de Mouche était tout à fait différent, pas question de se trimballer avec des lames ou des clous : un bon coup de fusil dans le radiateur de la bagnole au moment de la fuite serait bien plus efficace. En plus, cela servirait d'avertissement, ça couperait l'envie à la flicaille de déclencher une fusillade. Un bon coup de feu qui anéantirait les éventuelles poursuites et continuerait à résonner comme une menace : « Vous avisez pas de nous suivre, sinon on vous crève. » Mouche le leur expliqua et finit par dire :

— C'est un truc plus voyant, plus à notre niveau, les jeunes.

Le Gaucher suivait la conversation du regard. Il ne voyait pas l'intérêt de les écouter : aucune arme ne peut lutter contre le destin, se disait-il. Tout ce qu'il pouvait faire, c'était tenter d'élucider ce destin par le biais des traces qu'il laissait dans le présent, découvrir une bonne fois pour toutes ce que la voix de Gilda ne laissait qu'entrevoir. La Tortue lui arracha les écouteurs des oreilles et demanda, nerveux :

— Et toi, qu'est-ce que t'en penses ?

— Moi, je suis de l'avis de la majorité…, répondit le Gaucher sans aucune conviction.

*

Il avait passé les dernières heures de l'après-midi à écouter la cassette de Gilda dans l'attente du miracle. Seul dans sa chambre, allongé sur son lit avec le Walkman à fond, il regardait le plafond d'un air songeur. Il observait les poutres en bois, l'assemblage, et s'efforçait de trouver le rythme des chansons dans la distribution chaotique des nœuds du bois. Il se disait que si les nœuds correspondaient à la chanson en cours comme les notes d'une portée magique, cela voudrait dire qu'il était en présence du signe recherché. Il ne se souciait pas des paroles, il se concentrait uniquement sur la mélodie et les nœuds. Son regard descendait des plus hautes planches du plafond à celles qui finissaient quelques centimètres au-dessus de la fenêtre donnant sur le parc.

Il répéta l'exercice obsessionnel en boucle ; il classa chaque chanson, numérota les planches de pin, répertoria les nœuds sur chaque planche. Le Gaucher créa un alphabet personnel qui était en même temps la carte de sa folie, un guide qui le conduisit à une seule chanson. La chanson commençait à la huitième planche en partant de la poutre principale, et finissait à la seizième, parfait, comme si quelqu'un l'avait écrite au plafond. Il rembobina la chanson une douzaine de fois jusqu'à se convaincre du miracle : de la huitième à la seizième planche, le plafond répétait des nœuds qui, pour le Gaucher, représentaient la chanson *Tu cárcel*[1]. C'était le signe, la logique du chaos reflétée dans une chanson. Il comprit que les arbres qui avaient donné le bois du plafond gardaient sous leur écorce le fragment d'un code que compléteraient plus tard, involontairement, un charpentier anonyme, une chanteuse prodigieuse et l'algèbre paranoïaque d'un voleur. La boucle était bouclée. Il sentit dans le tressaillement de son âme la confirmation d'un soupçon terrifiant : le destin était écrit, et à la vue de tous. Il aurait voulu foutre le feu à la maison pour effacer ce futur de sa vue, pour retrouver l'incertitude et freiner la fuite en avant, pour rester vivant, fondamentalement.

Le titre de la chanson apparaissait déjà comme un présage effroyable. La menace troublante de chaque vers le poursuivait à travers les planches du plafond.

Tu devrais oublier
qu'aujourd'hui tu me quittes

1. Ta prison.

et souhaites changer
car l'aventure que tu verras
sera la prison d'où tu ne sortiras pas.

Un nœud sombre comme un puits aveugle décrétait la fin de la chanson, un point final qui était également la fin d'une vie. « Tu ne sortiras pas », la voix de Gilda retentissait dans ses oreilles et il n'y pouvait rien, il allait perdre. Il décida de garder sa découverte pour lui. Il n'avait pas le droit de révéler aux autres ce secret tragique et il sut même que cela n'aurait pas de sens. Aucun d'entre eux ne renoncerait au braquage, ils feraient ce qu'ils avaient prévu, comme l'indiquaient les planches, jusqu'à la fin. Il comprit aussitôt qu'il existait un Dieu, un Dieu qui régissait le destin, celui-là même qui avait écrit sur les planches, qui lui avait accordé le bénéfice douteux de pouvoir lire les pages de son propre destin, tout en sachant que le secret serait bien gardé. Personne ne l'écouterait aujourd'hui et demain il serait condamné. Dieu a toujours éprouvé de la sympathie pour les saintes, les charpentiers et les voleurs, pensa le Gaucher en se remémorant certains passages des Évangiles que lisait à voix haute, chaque nuit avant de s'endormir, un taulard repenti avec lequel il avait été enfermé, des années plus tôt, à la prison de Villa Devoto.

Il éteignit son Walkman et plissa les yeux de

toutes ses forces pour éloigner de lui la vision des planches. Il se jura qu'il n'y retournerait pas, que, s'il devait perdre, il perdrait pour toujours, en entraînant avec lui le plus de flics possible, mais au trou, il n'y retournerait pas, hors de question. C'était la fin. De grosses larmes froides et rondes comme des billes de roulement en acier coulèrent lourdement le long de ses joues. C'était la première fois qu'il pleurait depuis la mort de son père et il comprit qu'il était seul au monde, seul contre le monde. Il se leva de son lit et se regarda dans le miroir ovale de l'armoire. Il passa ses doigts tremblants sur sa poitrine comme s'il cherchait à deviner l'endroit exact où il recevrait le coup mortel. Il savait que la douleur de la mort devait être insupportable, il connaissait le visage des moribonds, il les avait vus de près et plus d'une fois : le regard chargé de peur, la sueur froide, les muscles tendus et puis le dernier soupir, par lequel s'échappe aussi l'âme.

Il se regarda dans les yeux, renifla et dit :

— Barre-toi, barre-toi de là.

Il parlait à la peur qui s'était emparée de son expression ; le tic de panique qui le parcourait l'humiliait et le rendait étrange. Non, ce n'était pas le visage d'un mâle comme lui, ce n'était pas le corps où était enfermée sa bête féroce. Il pensa un instant que sa prison, la prison dont parlait Gilda, pouvait tout aussi bien en être une autre, la pire des condamnations pour un homme : être vaillant mais enfermé dans un corps de lâche. Ce destin misérable lui apparut encore plus terrible que la mort. Mais le Gaucher ne se laisserait pas gagner par la peur, demain, il le prouverait, il mourrait en champion, avec une douzaine de poulets comme trophées. Il mourrait comme d'autres semblables à lui : de façon absurde, sans le vouloir, comme si la mort le surprenait au beau milieu d'une partie de poker. Déjà, à la prison de Devoto, la mort l'avait effleuré. Cela s'était passé lors d'une émeute générale ; le Gaucher avait baissé sa garde au milieu du tumulte et un vieux taulard aigri lui avait planté un couteau dans le dos. Il avait senti qu'il mourait pour une chose sans importance. Ses forces l'abandonnaient tandis que le sang jaillissait de sa blessure. Il avait perdu connaissance avec la certitude que la dernière chose qu'il verrait dans sa vie serait l'ombre des barreaux sur le sol crasseux du cachot. Cela avait été un avertissement de la fragilité de la chair qui emprisonne la vie. Il passa ses doigts sur la cicatrice qu'avait laissée le coup de couteau, en pensant à la taille du trou par lequel elle s'échapperait définitivement demain.

Son père n'avait pas été un bon croyant. Pourtant, au cours de l'un de ses multiples voyages en province liés à son métier de petit magouilleur, au long desquels le Gaucher avait l'habitude de l'accompagner, il lui avait avoué qu'il entendait Dieu pendant les orages. Répétant toujours la même chose, dénudant la misère qui nous entoure avec chaque éclair pour ensuite lancer des tonnerres de furie et des larmes de repentir sur sa création imparfaite. La voix qu'entendit le Gaucher fut un éclair et un coup de tonnerre, comme la voix de Dieu en personne : « DÉFONCE-LES TOUS, CRÈVE LES POULETS AVANT QU'ILS TE CRÈVENT. » Ce serait un massacre divin. Dieu avait osé lui dévoiler son destin, il se chargerait d'apporter les agneaux pour le sacrifice que valait une telle révélation.

*

Les nerfs lui avaient noué l'estomac. Mouche avait à peine avalé deux bouchées du plat de viande et de pommes de terre au four et s'était retiré dans sa chambre. Larto et la Tortue, étrangers aux inquiétudes de celui que tous deux reconnaissaient tacitement comme le chef, restèrent dans le salon à regarder le match du samedi sur l'écran vingt-neuf pouces flambant neuf. Huracán jouait contre le Belgrano de Córdoba, une belle merde.

Mouche sentait qu'il avait contribué à la destruction de l'engrenage fragile qui maintenait le Gaucher parmi les êtres sensés. Il pensait que s'il ne lui avait pas caché sa rencontre foireuse avec Cortez le Tucumano, son ami aurait peut-être gardé son calme. Mais reconnaître ses erreurs n'était pas dans le tempérament de Mouche, il avait une âme de leader, de chef, et les chefs ne se plantent jamais.

Presque deux mois s'étaient écoulés depuis la rencontre, mais Mouche ne pouvait pas s'empêcher de revenir inlassablement sur cette soirée fatidique. Il avait eu le message de Cortez le Tucumano via le contact qui lui faisait passer les travaux pour les Gitans. Cortez voulait voir Mouche et le Gaucher pour parler d'une affaire importante dans laquelle il était impliqué. Le Gaucher, à ce moment-là, tentait une cure de sommeil après une période de violente addiction à la coke. Mouche avait décidé de gérer ça tout seul. Il rejoignit Cortez dans un grill de Turdera, le grill de Guarda le Noir, un casseur du Club de Témperley qui s'occupait des armes et des banderoles des supporters. Il était environ six heures du soir et le restaurant était vide. Guarda, posté derrière le comptoir, donnait des ordres au cuistot chargé du barbecue pour la soirée. Les hommes, assis à une table qui donnait sur le trottoir, avaient commandé une bière et des biscuits apéro. Mouche observait avec surprise la cascade de tics nerveux qui secouaient Cortez le Tucumano. Cela faisait longtemps qu'il ne l'avait pas croisé. Mouche le trouva abattu, amaigri et très mal en point, comme s'il était rongé par un cancer. Il savait qu'il était dans le maquereautage de travestis parce qu'il avait entendu Luci se plaindre des filles qu'elle avait perdues à cause du Tucumano. Ils avaient déjà bossé ensemble par le passé ; pendant un temps, ils avaient fait sortir des bagnoles volées vers le Paraguay avec son associé le Gaucher et l'Oiseau Bustos. Il gardait de cette époque de vagues souvenirs, même si tous étaient empreints du halo de méfiance que suscitait le caractère instable du Tucumano. Une tendance à se comporter de façon limite louche.

Cortez le Tucumano égrenait minutieusement l'histoire de la vidéo, des travestis et des politiciens. Mouche faisait mine de l'écouter avec intérêt.

— ... et maintenant j'ai la moitié du SIDE au cul et il me faut des associés, des mecs comme toi et le Gaucher, qui connaissent le taf, parce que l'Oiseau, je peux plus compter dessus, la came lui a rongé le cerveau. Faudrait demander un bon paquet pour la vidéo, contacter un des militants du politicien en douce pour les faire casquer et après on partage l'oseille en trois. Qu'est-ce que t'en penses ?

Mouche se dit que c'était un job qui pouvait tranquillement se faire à deux, avec deux caisses et un fusil à viseur télescopique, en utilisant la technique de l'enlèvement avec demande de rançon. Il n'était pas expert en la matière, mais en prison, il avait entendu des histoires de ce genre qui avaient bien tourné. Il suffisait de fixer un endroit où récupérer la thune du chantage sans avoir à sortir de bagnole, un endroit qui permettrait, en plus, de poster un sniper plus haut pour superviser toute l'opération, puis, une fois le paiement réalisé, de changer rapidement de véhicule pour s'enfuir loin, dans un pays frontalier, d'où ils pourraient appeler et donner les directives pour concrétiser la récupération de la vidéo. Deux personnes suffisaient largement.

— Et la vidéo, elle est où ? demanda-t-il.

— Elle est bien planquée, j'l'ai laissée dans une consigne de Retiro, prête à être rendue dès qu'ils lâchent l'oseille.

Mouche acquiesça. L'endroit lui semblait adéquat : ils pouvaient laisser la clef collée avec du ruban adhésif, cachée dans un lieu public, dans la gare routière de Retiro même, et donner l'info après. Mouche commença à montrer un vif intérêt pour l'affaire. Il avait besoin d'en savoir plus : savoir combien de personnes étaient au courant de l'histoire, savoir de quels espions du SIDE il s'agissait et quels étaient les contacts du sénateur chez les flics. Il était sur le point de poser ces questions quand Guarda le Noir s'approcha de la table.

— Comment ça va, les jeunes ?

— Bien, le Noir, répondit le Tucumano au milieu de ses spasmes. Tes affaires, ça va ?

Guarda s'installa sur une des deux chaises vides autour de la table et répondit par un clin d'œil. Mouche finit sa chope de bière. La présence de Guarda l'irritait. C'était un costaud basané d'une quarantaine d'années, au visage marqué par toutes les bastons dans les stades. Pour Mouche – comme pour tout voleur digne de ce nom –, les casseurs étaient la dernière des merdes, une tripotée de minables qui se mettaient sur la gueule pour un pauvre morceau de tissu. Guarda ne faisait pas exception.

— Comment ça va au Cele ? demanda Mouche pour aller droit au but (qu'ils abordent un sujet ou un autre, ils finiraient toujours par parler foot).

— On a gagné, l'aut'jour on a gagné contre Atlanta, répondit Guarda en regardant la table comme s'il manquait quelque chose. Un p'tit whisky, les jeunes ?

Impatient, Guarda poussa une gueulante et, l'instant d'après, une gamine sortait de la cuisine avec trois verres de Blender.

— On est à sec dans les tribunes, mais qu'est-ce tu veux ? Ils ont tout chouré au club ; on peut même plus payer l'salaire des joueurs. Maintenant, c'est même nous, les supporters, qui devons banquer pour les banderoles.

— Le foot part en couille, commenta le Tucumano. Entre les voleurs qui le gèrent et les gars des bidonvilles qui traînent au milieu des supporters, ça part en couille. Mon cousin est allé voir jouer River l'autre fois, il s'est fait coincer par dix merdeux qui l'ont laissé cul nu, comme ça, devant tout le monde.

— Nous on vire tout ce qui est chouraveur, on les laisse plus entrer. Celui qui fait la manche pour se payer l'entrée, c't'une chose, mais après, les défoncés qui montent dans un wagon déplumer les gens, c't'un aut'délire. C'est eux qui font du mal au foot. Moi, il m'arrive c'qu'est arrivé à ton cousin, j'y retourne le dimanche d'après, mieux sapé et armé et, avant d'me faire chourer, j'm'en fais un ou deux.

— Y a pas mal de cinglés qui se baladent, réfléchit Mouche.

— T'rappelles c'que c'était avant ? Si fallait aller s'battre pour récupérer une banderole, y avait toujours dix ou vingt mecs pour t'filer un coup d'main. J'me rappelle quand les mecs de Talleres nous ont piqué une banderole, celle qui disait « Gasolero[1] jusqu'à la Mort » ; c'était l'époque des longues banderoles étroites. J'me rappelle qu'on est allés la récupérer à Escalada dans la Renault de Tola, et putain, derrière nous, y avait une file de cinq bagnoles pleines de mecs armés et avec des couilles pour aller s'battre, tu vois le délire ?

— Carrément, le Noir, acquiesça Mouche.

Guarda le Noir finit ce qu'il lui restait dans son verre, se pencha en avant et se leva.

— Je vous laisse, les jeunes, faut que j'm'occupe du bar..., s'excusa-t-il.

Cortez le Tucumano était au bord de la crise de nerfs, il était incapable de contrôler ses tremblements. Il s'alluma une Marlboro et supplia :

— Allons dans un endroit plus tranquille. J'ai la tête qui va éclater, Mouche.

1. Fans du club de Temperley.

— J'ai une plaquette d'aspirines du Gaucher dans la camionnette, si tu veux…

— Déconne pas avec ça, si jamais je prends une aspirine, j'éclate comme un crapaud. Je suis super allergique à ces merdes. Non, tout ce qu'il me faut, c'est qu'on se casse d'ici et qu'on se sniffe quelques lignes, ça, ça va me faire du bien.

— O.K., on y va, consentit Mouche.

*

Le Tucumano avait un sachet de cocaïne spécialement passée au micro-ondes par l'Oiseau Bustos. Elle était pratiquement pure, avec son allergie, le Tucumano ne pouvait pas se permettre de faire le malin avec de la came coupée ; une mauvaise ligne pouvait l'envoyer tout droit de l'autre côté. Cortez sniffa quelques pincées et fit passer le sachet à Mouche. La came catapulta la tête de Mouche dans la stratosphère.

La soirée avait fait place à une nuit de pleine lune. Ils garèrent le Trafic près d'un bar à moitié caché dans un quartier proche du croisement des avenues Pasco et Alsina, et ils entrèrent. Ils étaient les seuls clients dans la salle principale. Le serveur laissa la revue *Nippur* qu'il était en train de lire sur le comptoir, il se dirigea d'un air agacé jusqu'à la table où s'étaient installés les hommes, près de la porte d'entrée, et prit la commande. Cortez commanda une Quilmes et des cacahuètes.

Mouche n'en revenait pas de voir que, drogué comme il l'était, le Tucumano était encore capable de bouffer des cacahuètes. Depuis une autre salle, au fond du local, leur parvenaient les bribes de conversation et les ricanements d'un groupe de gamins qui alternaient avec le cliquetis des boules de billard. Pendant un moment, Mouche eut l'impression d'avoir déjà vécu la scène. Le serveur revint à la table, laissa la commande et regagna son poste derrière le comptoir. Mouche remplit les verres. Le Tucumano s'alluma une Marlboro, il eut un tic à la paupière et à la lèvre supérieure et dit :

— Ça y est, ils sont à deux doigts de me tomber dessus, ils ont déjà débarqué dans toutes les planques où je traînais. Colocci va me défoncer d'un moment à l'autre, c'est une question de jours, c'est pour ça qu'il faut qu'on agisse rapidement, c'est pour ça que j'ai besoin de toi et du Gaucher, pour que vous montiez le coup pendant que je me planque.

— Quel genre, Colocci ?

— C'est une grosse pointure au SIDE. C'est lui qui a organisé l'orgie avec le politicien, qui a trouvé l'appart et qui a planqué la caméra et les micros. Colocci, c'était le chef de l'opération, comme ils disaient. C'est un lourd et en plus il est complètement chtarbé. Il a des trucs chelous, tu vois ? Il veut qu'on l'appelle « Le Vengeur ». C'est un taré, Colocci, il se prend pour Batman ou

Superman. Quand la Yiyí a fait l'overdose, la petite pute dont je t'ai parlé, je l'ai tout de suite appelé et il m'a donné l'ordre de supprimer les deux autres et de récupérer la cassette. Il voulait que je le retrouve après à son « Q.G. », comme il dit, pour que je lui donne la vidéo. (La drogue augmentait les tics de Cortez.) Et là, d'un coup, j'ai capté, je me suis dit que s'il m'avait fait éliminer les personnages de son film, y avait pas de raison qu'il fasse pas la même chose avec le réalisateur. C'est comme au ciné, c'est toujours le producteur qui se fait des couilles en or, pas vrai, Mouche ?

— Non, t'as bien fait de le planter, moi, à ta place j'aurais fait pareil. (Mouche se leva.) Je vais pisser un coup, cette bière m'a tué, dit-il et il se dirigea vers les toilettes, bien décidé à mettre en œuvre le plan qu'il avait mûri depuis qu'ils avaient quitté le grill de Guarda le Noir.

Le Tucumano n'arrivait pas à contrôler la tremblote frénétique de ses mains et de ses genoux, il était défoncé. Il écrasa sa cigarette, finit son verre de bière et le remplit avec ce qu'il restait dans la bouteille. Il s'empiffra une poignée de cacahuètes qu'il mastiqua comme si c'étaient des chewing-gums. Le maigrichon au comptoir le regardait. Ce type était un espion qui l'avait découvert, qui allait informer Colocci, délirait Cortez le Tucumano. Tout le monde lui semblait suspect, même Mouche. Parfois, la parano avec laquelle il s'était habitué à vivre le dépassait. Tout ce qu'il voulait, c'était en finir, d'une façon ou d'une autre, mais en finir avec le cauchemar qu'était devenue sa vie. N'importe quel fragment de son passé, vu depuis ce présent misérable, lui semblait meilleur, même son séjour dans l'enfer de Batán ; rien n'était comparable à l'angoisse de sentir l'haleine des traqueurs sur sa nuque. Vivre en cavale était pire que de vivre en taule, se disait-il. Plus encore si le poursuivant était Colocci, un assassin animé par la trahison. La peur, gonflée par la parano, le détraquait. Le type du bar continuait à l'observer. Enfin, Mouche réapparut.

— Voilà, maintenant, c'est bon, dit-il.

— Attends, moi aussi, j'vais y faire un tour, j'ai besoin d'une autre ligne.

Comme il l'avait imaginé, tôt ou tard Cortez irait se salir le pif. Aussitôt qu'il eut disparu derrière la porte qui menait aux toilettes, Mouche sortit de la poche arrière de son jean un morceau de papier plié comme une enveloppe, vida son contenu dans le verre du Tucumano et le remua avec son doigt. Les aspirines, qu'il avait sorties en douce du Trafic et écrasées dans les toilettes, fondirent dans la bière. L'idée, c'était de provoquer une crise d'allergie au Tucumano, le faire sortir du bar et lui piquer la clef du casier où était cachée la vidéo – une clef que, pour des raisons évidentes de sécurité, il avait nécessairement sur lui –, pour finalement le lâcher dans la rue, livré à son sort.

Une fois le Tucumano hors circuit, faire chanter le politicien allait être un jeu d'enfant. Lui et le Gaucher pourraient se partager tout le butin.

Le Tucumano revint des toilettes et reprit sa place en face de Mouche. Sa mâchoire tremblait de façon incontrôlable et il grinçait des dents comme une disqueuse supersonique. Il prit son verre de bière frelatée et dit :

— Regarde un peu dans quelle merde je me suis fourré.

— C'est des trucs qui arrivent, le destin…

Mouche observait le verre avec anxiété. Le Tucumano le porta à ses lèvres et vida la chope d'un trait, exactement comme Mouche l'avait prévu.

— Ça, Terminator l'a dit, il n'y a pas de destin. Il n'y en a pas !… Eh, vieux, ramène une autre bière, et plus de cacahuètes !

Sitôt qu'il eut fini sa phrase, son visage tourna au bleu schtroumpf et il fut secoué d'une violente convulsion : les yeux en blanc, de l'écume dans la bouche et du sang dans le nez. Cortez s'effondra en entraînant avec lui la bouteille de bière qui se brisa en mille morceaux, et commença à se tordre au milieu des bris de verre comme un possédé. Cette réaction ne plut pas du tout à Mouche, elle dépassait tout ce qu'il avait pu imaginer. Dans cet état, il ne pouvait l'emmener nulle part. Le type au comptoir se mettrait à hurler, les joueurs de billard rappliqueraient et ce serait encore pire. Il fallait battre en retraite : il n'était pas prêt à perdre pour Cortez. Il n'était prêt à perdre pour rien ni personne au monde, il ne retournerait pas au trou, ça il se l'était juré. Il disparut du bar avant que le maigrichon du comptoir ne s'aperçoive de ce qui s'était passé.

Encore essoufflé par la course, il s'appuya contre le siège du Trafic et s'alluma une cigarette. Il pensait rentrer à la maison de campagne et continuer comme s'il ne s'était rien passé. Il attendit un moment en pensant voir arriver l'ambulance. Il était curieux de savoir s'ils sortiraient Cortez froid ou s'ils parviendraient à le sauver. Dommage que les choses ne se soient pas passées comme prévu, mais il faut parfois savoir faire un pas de côté, attendre le bon moment, comme le lui avait appris Gómez le Rat : « La précaution est mère de la réussite, l'imprudence est mère du malheur, et la connerie est orpheline. »

Une bonne quinzaine de minutes étaient passées et il n'entendait aucune sirène approcher. Soit le Tucumano s'était remis, auquel cas il devait y retourner avec n'importe quel prétexte, soit il se passait quelque chose d'étrange. Il sortit du Trafic, marcha jusqu'au coin de la rue et, à peine avancé à l'angle, il regarda en direction du bar. De toute évidence, il se passait quelque chose d'étrange : le type qui servait au comptoir avançait vers le coin de la rue, vers Mouche, en faisant virevolter un torchon comme s'il chassait des bestioles imaginaires. Un blond baraqué surveillait de l'autre côté tandis qu'un gros et un autre, maigre lui aussi mais avec une tête de cinglé, traînaient le corps du Tucumano en direction du blond baraqué. Mouche courut jusqu'au Trafic et se planqua à l'arrière. Il décida d'attendre un peu, la chance pouvait tourner. Le maigrichon du comptoir fit le guet quelques minutes et partit rejoindre les autres. Mouche sortit de la camionnette, son Ithaca à la main. Barricadé derrière un arbre comme un sniper, il observa : le petit groupe entrait dans un immeuble en construction en haut de la rue.

De gros nuages avaient bouché l'éclat de la pleine lune. Mouche s'approcha, en profitant de l'obscurité. En face du chantier, il se planqua dans le jardin d'une villa, derrière un compteur à gaz. Il attendit encore une quinzaine de minutes, immobile, jusqu'à ce que les gamins sortent du chantier, referment la porte en tôle et retournent au bar en vitesse. Ils devaient être fourrés dans une histoire, ou ils ne voulaient pas d'un scandale, alors ils avaient préféré se débarrasser du corps, ce qui n'était pas une mauvaise idée, pensa Mouche. Il laissa passer quelques minutes par prudence, avant d'entrer dans le chantier. À l'intérieur, la lumière de l'éclairage public s'infiltrait à peine à travers les tôles qui clôturaient la large façade. Mouche se glissa prudemment le long des couloirs de ce labyrinthe en ruines. Ça empestait la pisse de chat, la merde et l'humidité, beaucoup d'humidité. De temps en temps, Mouche allumait son briquet pour voir s'il trouvait le corps. Le rez-de-chaussée était vide ; les gamins s'étaient donné la peine de le monter.

Au premier étage, il n'eut pas besoin d'utiliser son briquet, la lumière des lampes à mercure de l'éclairage public pénétrait par les trous de ce qui serait les futures fenêtres, et inondait d'un bleu rosé ténu l'intérieur du bâtiment. Il trouva le Tucumano dans la seconde pièce où il entra, accompagné, à sa plus grande surprise, d'un clochard endormi. Cortez était assis par terre, le dos contre le mur. Ils l'avaient orné d'une bouteille de bière, de cacahuètes et de quelques papiers qui semblaient appartenir au clochard. Mouche rit entre ses dents ; pour lui, cette mise en scène était une idée d'ivrognes. Sans réveiller le vagabond, ni défaire le décor parce que, après tout, il paraissait plutôt naturel, il inspecta le mort à la recherche de la clef du casier. Tout ce qu'il attrapa, à l'issue de sa fouille, fut le sachet de coke, une drogue de trop bonne qualité pour la laisser aux flics qui le retrouveraient. Mouche était furieux : Cortez le Tucumano était si médiocre qu'il n'avait même pas sur lui la seule chose pour laquelle il méritait de rester en vie. Il s'écarta du corps et le visa avec le fusil :

— T'as toujours été un gros naze, Tucumano de merde, dit-il.

Le cri que poussa le clodo en s'éveillant, terrifié

par le spectacle, prit Mouche par surprise. Son doigt dérapa sur la gâchette et l'écho du coup de fusil retentit au milieu des chambres de l'hôtel. La balle Brenneke fit un trou de la taille d'un ballon de foot dans l'estomac de Cortez. Le clochard continuait à crier. Mouche avait commis une erreur, il avait été imprudent, s'il ne réagissait pas rapidement, l'affaire pouvait mal tourner.

— Ta gueule, putain de ta mère, ivrogne de mes deux (Mouche approcha le canon de l'Ithaca de la tempe du pouilleux, qui se tut aussitôt).

Le canon toujours sur la tête du vieux, Mouche se pencha par le trou de la fenêtre pour regarder la rue. Malgré le fracas de la détonation et les cris, le quartier était resté tranquille. La vague de braquages maintenait les riverains cloîtrés chez eux et pour rien au monde ils ne prendraient le risque de sortir la nuit. Mouche retint sa respiration pendant une minute, il s'efforçait de se calmer mais l'adrénaline le submergeait. Il fallait qu'il agisse et vite : qu'il se sauve. « Laisse un témoin, petit, et t'as déjà mis un pied dans le trou », les paroles de Gómez le Rat lui résonnaient dans la tête. Il ne pouvait pas laisser le clochard comme ça, il ne pouvait pas non plus lui mettre une balle, il ne fallait pas abuser de la chance. Mouche attrapa le clochard par sa tignasse blanche et le poussa pour le faire sortir :

— Bouge-toi, putain, bouge-toi ou je te bute, ordonna-t-il les dents serrées.

Le vagabond se laissa entraîner sans émettre une plainte, il tenait contre sa poitrine une valise en carton pleine de papiers manuscrits. Ils firent un détour pour éviter la porte d'entrée du bar et rejoignirent le Trafic. Le vieux avait l'air inoffensif, un de ces tarés qui parlent tout seuls, le froc plein de pisse et la tête dans les vapes. Il s'était recroquevillé dans un coin à l'arrière de la camionnette et balançait son torse en cadence, comme s'il honorait un fantôme, tout en prononçant des paroles incompréhensibles. Mouche prit le Camino Negro et au niveau de Villa Budge, il flanqua la camionnette sur le bas-côté, face à un terrain vague. Les gros nuages avaient disparu et la pleine lune baignait la décharge d'une lumière bleutée qui transformait les amas d'ordures en dunes pestilentielles d'une planète lointaine et inhospitalière. Il sortit de la camionnette avec le pouilleux, il le poussa pour qu'il avance, pour qu'il se perde au milieu de la merde et s'endorme. Le plus probable, c'était que le malheureux ait déjà oublié ce qu'il s'était passé une minute plus tôt, mais il valait mieux être prudent : le lâcher au milieu du bidonville était une façon de l'exiler dans une jungle suburbaine, en marge des lois.

— Cours, cours ou je te descends, l'ancêtre, dit-il, en visant la tête du clochard avec son fusil.

Le vieux partit dans un balancement erratique comme s'il ne tenait pas sur ses jambes. Il avança de quelques mètres et disparut soudain. Mouche se gratta la tête : le clochard s'était mystérieusement volatilisé en un clin d'œil. Tandis qu'il avançait vers l'endroit où le type s'était dématérialisé, il se dit que la drogue lui avait sûrement joué un mauvais tour. Mais il n'avait pas rêvé : le clodo était tombé dans un puits, il avait été aspiré par la noirceur du trou. Du fond du puits, lui parvenaient les pleurs étouffés d'un pauvre diable qui souffrait.

— Putain ! protesta Mouche, et il tira un coup de fusil dans le tas.

Il ne supportait pas de voir les gens souffrir.

Homo toxicus

DIMANCHE 28 AVRIL

Garmendia le Monstre avait eu une autre nuit difficile. Malgré le cocktail de Rivotril et de gin, il n'avait pas réussi à fermer l'œil de la nuit. Sa migraine galopante et ses hallucinations d'insectes lui fourmillant sur le corps ne répondaient pas à la thérapie d'alcool et de tranquillisants. Almada, en revanche, était de nouveau radieux et en pleine forme.

— Dis-moi, avec qui tu baises pour avoir cette tronche de pub pour laxatifs ? demanda le Monstre.

L'officier Almada ne chercha même pas à répondre aux grossièretés du sergent. Dorénavant, sa vie avait changé, les manuscrits du docteur Reyes lui avaient ouvert l'esprit. Almada était un autre homme, un homme plus proche de la liberté : « Le but de tout apprentissage est la liberté », disait Reyes dans ses papiers. Et il devait s'instruire, apprendre de son défunt maître le plus de choses possible pour, un jour peut-être, continuer son œuvre.

— Allons-y, sergent, nous avons du travail, dit-il.

Le Monstre jeta un coup d'œil à sa montre et démarra l'Opel. Il était onze heures moins le quart. L'heure de régler cette affaire.

*

À la dernière minute, la Tortue se pointa avec des masques en latex représentant Maradona pour les utiliser à la place des passe-montagnes.

— On va crever de chaud sous ces masques, vieux, objecta Larto.

— Et pas avec les passe-montagnes, peut-être ? C'est Diego, tu comprends pas ? Ça va nous porter chance, couillon, rétorqua la Tortue.

Mouche trouva les masques géniaux ; il les fourra dans le sac avec les flingues et plaça le sac au milieu des sièges de la voiture. Le Gaucher était trop abruti pour faire la différence, il avait pris deux Rohypnol et un demi-gramme de coke en guise de petit déjeuner. Qu'ils utilisent les masques ou les passe-montagnes, ça ne changerait rien au résultat final.

Les hommes se répartirent dans les véhicules : Mouche et le Gaucher dans la Renault 19, Larto et la Tortue dans le Trafic. Ils quittèrent la maison de campagne de San Vicente à onze heures moins le quart et prirent la route, déterminés à affronter leur destin. Satan aboyait derrière le portail, flairant son abandon prochain et définitif.

*

Une rafale tiède et épaisse entrait par les vitres ouvertes de l'Opel, c'était un mélange d'odeurs de viande grillée des restaurants de l'avenue Pasco, de pots d'échappement et de merde des camions poubelles qui avançaient au pas, les uns derrière les autres, comme en une procession, vers les décharges de Lamadrid. Almada voyait, dans cette file interminable de camions, une métaphore parfaite de la répugnance dans laquelle il se sentait englué. En guise d'exercice d'évasion, son esprit s'embarqua dans la reconstruction minutieuse d'un manuscrit du docteur Celedonio Reyes :

… *l'heure de la ré-évolution est venue, pour cela, il est nécessaire de revenir en arrière, de retourner au point exact où l'humanité a muté. Il faut récupérer l'Homo sapiens sapiens en opérant une sélection scientifique des spécimens qui, dans l'humanité, conservent encore quelques vestiges de la grandeur primitive. Tout comme l'Homo sapiens neanderthalensis, communément appelé homme de Néandertal, a été exterminé en Europe, en Asie et en Afrique par l'Homo sapiens sapiens, d'une façon qui présente une analogie historique avec la disparition quasi totale des Indiens d'Amérique, due aux colonisateurs européens trente-neuf mille ans plus tard, aujourd'hui, une nouvelle race d'hommes, mieux adaptée pour survivre dans ce milieu hostile qu'est devenue la planète Terre, est en train de remplacer l'ancienne race. Cet homme nouveau, l'Homo sapiens toxicus, avance et détruit le patrimoine socioculturel que nos ancêtres ont érigé durant des dizaines de milliers d'années au prix d'un effort titanesque. Le nouveau maître de la Terre est une arme mortifère, dépourvu d'émotions qui le rendraient vulnérable, c'est une machine de destruction.*

L'Homo toxicus jouit d'une nouvelle forme d'adaptation, produit de son addiction insatiable. L'Homo toxicus est un maniaque de l'annihilation, tout en lui est rage, haine, violence. Il détruit tout sur son passage, y compris lui-même et, pour y parvenir, il s'accroche à ce qui lui procure le plus de plaisir et de souffrance : l'addiction. Accro au pouvoir, aux drogues, au sexe, à la télévision, à l'argent, à l'ignorance, accro à la haine qui coule dans ses veines et dans les veines de ses frères, ses ennemis.

Le scénario présent ne saurait être plus pathétique. Un présent où la connaissance est aux ordres de la destruction et où la technologie est la forme la plus aboutie d'addiction à l'esclavage. Un présent marqué par l'engourdissement des valeurs ; par l'indifférence croissante des sociétés face à la perte progressive de leur identité aux mains de corporations qui mettent en place des économies oligopolistiques ; par le conformisme généralisé sur lequel a débouché le système capitaliste et la place prédominante occupée par les valeurs économiques – transformées en fin ultime et non plus en simple moyen –, qui précipitent les sociétés dans une course folle vers toujours plus de surconsommation ; par l'état de corruption généralisée lié aux institutions ; par l'isolement des individus soumis aux va-et-vient d'un marché spéculatif mais aussi à la manipulation des mass medias qui obéissent à des politiques lobbyistes conçues à partir du corporatisme ; par le danger que la globalisation représente en induisant des cultures globales et par la perte de la diversité qui en résulte ; par l'inégalité des classes de plus en plus prononcée qui concentre la richesse dans un secteur réduit et sème la misère partout ailleurs ; un présent où tout ceci nous fait perdre le nord, nous plonge dans le désespoir et nous fait renoncer à l'autonomie ou, ce qui revient au même, à la liberté et, en dernier ressort, aux utopies.

Un peuple sans rêves est comme une autoroute pour nulle part, c'est un chaos qui finit en embouteillage, en paralysie. Et, où il n'y a pas de mouvement, il n'y a pas non plus de vie possible. Alors, quand on perd le sens des fins, on perd également le sens des moyens : une autoroute vers nulle part n'est certainement pas une autoroute, c'est autre chose. Le fait d'avoir emprunté cette voie nous a transformés en autre chose.

Afin de lutter contre cette catastrophe, il faut tout d'abord sortir du système et ré-évoluer, se réadapter, revenir sur nos erreurs pour essayer une nouvelle voie vers l'avenir.

L'accoutumance au toxique n'est pas, comme il y paraît, un phénomène purement social : c'est un phénomène biologique. Il s'est produit une mutation génétique, une modification au niveau chromosomique ou il se peut même – c'est malheureusement ce qui semble le plus plausible – que cette modification ait impliqué un gène existant mais « éteint », un gène qui, par une action de signalisation cellulaire provoquée par un stimulus externe, s'est « activé », ce qui a eu pour conséquence évidente et atroce l'émergence de cet homme nouveau. C'est comme si la perturbation de l'environnement avait d'une certaine manière activé un dispositif d'autodestruction, une bombe à retardement biologique. Si cette hypothèse venait à se confirmer, nous nous retrouverions face à un nouveau phénomène de mutation intrinsèque de masse ou, plus précisément, d'activation génétique de masse. Ce que n'importe quelle autre adaptation par la voie de la sélection naturelle aurait mis des milliers d'années à concrétiser sur l'ensemble de l'espèce n'aura demandé, dans le cas de l'Homo toxicus, que quelques générations.

*

Sur la route General Belgrano, à quelques mètres de la sortie de Pasco, se trouvait un entrepôt de matériaux avec une esplanade de stationnement vaste et facile d'accès. C'était le lieu qu'avait choisi la bande pour laisser le Trafic. Larto et la Tortue sortirent de l'utilitaire et prirent la rampe en sens inverse avec l'allure spontanée de professionnels. Ils ouvrirent la porte arrière de la Renault chacun de leur côté et montèrent. Mouche étudia les visages des jeunes dans le rétroviseur, satisfait de ce que lui renvoyait le reflet. Il passa la première.

Les rues à moitié vides du dimanche restaient derrière eux. Les silhouettes de quelques rares passants, de vendeurs de pastèques, de chiens errants, de ramasseurs de bouteilles avec leur chariot, passaient comme des ombres dans l'encadrement de la vitre et se perdaient, anonymes, dans le paysage de pauvreté et de désolation du fin fond de la périphérie de Buenos Aires. Il régnait dans la voiture un silence chargé de tension. Les hommes répétaient dans leur tête des mouvements imaginaires. Ils projetaient encore et encore l'action future, variaient les situations, incorporaient des imprévus qu'ils solutionnaient par la suite. Ils imaginaient chaque détail du braquage dans un exercice démentiel, réalisé à la limite de leurs capacités de concentration. Le Gaucher, de son côté, s'attachait à des bribes de corps, à des visages aperçus une fraction de seconde par la fenêtre. Les médocs et la came accéléraient le monde et le déformaient de telle sorte que c'était toujours le même corps, le même visage qui s'éclipsait par la vitre. C'était la moue de tristesse sur le visage arrondi de Gilda et le murmure de sa voix qui lui fredonnait encore et toujours la même chanson à l'oreille.

Quand ils arrivèrent près du casino Los Dos Mundos, Mouche commença à les encourager. Il dit, en imitant le style de Gómez le Rat :

— On va entrer là-bas et on va ressortir entiers. On va sortir avec le gros paquet d'oseille parce qu'on est les meilleurs, parce qu'il n'y a personne qui puisse nous toucher le cul là-bas dedans. Et si jamais un flic veut faire son malin, on le crame, parce que les poulets excités finissent toujours par bouffer du plomb, c'est clair ? On va entrer et sortir, entrer et sortir. On va les dépouiller avant qu'ils aient eu le temps de comprendre. Rien ni personne ne peut nous arrêter. On est les meilleurs. Je veux qu'on soit soudés jusqu'à la fin, qu'on ne fasse qu'un là-bas. Si quelqu'un tombe, on tombe tous, si quelqu'un perd, on perd tous. Personne ne part tant que le dernier n'est pas sorti, personne n'abandonne un copain blessé, parce que penser qu'à sa gueule c'est un truc de flics, c'est clair ? Et nous on est des voleurs, et on est les meilleurs…

*

Garmendia ne voyait qu'une chose pour apaiser son mal de tête et l'acidité qu'il ressentait au creux de l'estomac : une liqueur de mandarine avec de la vodka. Almada remuait les lèvres comme s'il récitait une prière silencieuse, étranger à l'agonie du sergent. Garmendia approcha l'Opel du trottoir et la gara derrière la Peugeot 504 de ses collègues de commissariat. Il sortit de voiture avec l'urgence des accros, entra dans le casino Los Dos Mundos et se dirigea tout droit au comptoir. Almada remonta sa vitre, verrouilla la portière et descendit lentement de voiture. Sur le trottoir, il prit une grosse bouffée d'oxygène comme s'il allait plonger dans un univers toxique, après quoi il entra.

Le Moine, résigné à son sort, fumait une Camel, accoudé à une table. Des gouttes de transpiration sur son double menton flasque et sur son crâne de curé franciscain trahissaient sa nervosité. La fatigue et la peur se reflétaient sur son visage. Il n'avait pas fermé l'œil de la nuit en pensant à ce que Garmendia le Monstre serait capable de lui faire quand il apprendrait qu'il n'avait pas pu obtenir les infos.

*

Un pâté de maisons avant d'arriver au bar, Mouche approcha la voiture du trottoir en laissant tourner le moteur. Les voleurs enfilèrent les masques en latex et chacun prit son arme dans le sac au milieu des sièges.

— Prêts ? demanda Mouche.

Larto et la Tortue acquiescèrent d'un signe de tête. Le Gaucher fixa son associé et répondit, énigmatique :

— Nous sommes tous prêts.

En quelques secondes, la voiture parcourut les quelques mètres qui les séparaient de Los Dos Mundos. Elle pila au niveau de l'entrée et les quatre portières s'ouvrirent en même temps. Les Maradona sortirent du véhicule et se précipitèrent dans le bar. Le spectacle avait commencé.

Garmendia le Monstre était debout au comptoir en train d'attendre sa liqueur quand la bande de délinquants fit irruption dans le lieu. Celui qui était à la tête du groupe, le plus costaud de tous, tira un coup de fusil et répandit des morceaux de cervelle du Moine dans toute la salle. Le fracas de la détonation et la pluie de sang laissèrent les clients qui discutaient aux tables pâles et muets comme pour une conférence de mimes. L'un des Maradona cria :

— Personne ne bouge, bordel !

Il fit deux bonds jusqu'à la caisse enregistreuse et braqua sa mitraillette Uzi sur Zabala la Trombine.

Les policiers du commissaire Diana accoururent du casino vers la salle du bar mais, avant que quiconque ait eu le temps de faire feu, Zabala la Trombine cria, désespéré :

— Du calme, du calme, les jeunes, ne bougez pas…

Il avait le canon de Mouche sur la tempe droite.

Le sergent Garmendia pouvait sentir la crosse de son Ballester-Molina de la pointe des doigts. Mais, pour dégainer, il attendait le bon moment, une distraction, la moindre inattention de la part des braqueurs. La Tortue et le Gaucher traversèrent la salle et rejoignirent Mouche près du comptoir. Depuis la porte, Larto balayait la salle avec son fusil, à l'affût du moindre mouvement.

Le Gaucher sentit que quelque chose avait explosé en lui. Déguisé en génie, la main de Dieu le poussa à réaliser le destin inexorable. Il était temps que les mots se transforment en faits, que l'arbre, le charpentier, la sainte et le voleur s'alignent en un acte divin et secret…

La violence avec laquelle les Maradona avaient fait irruption dans la salle avait momentanément paralysé l'officier Almada. Le sang et la mort lui avaient giclé aux yeux, s'étaient emparés de son cœur. La barbarie de ces hommes ne pouvait être que la manifestation la plus évidente de leur intoxication. Des mots isolés du docteur Reyes défilèrent dans son esprit : « Homo toxicus », « réévoluer », « chromosomique »… Almada crut soudain tout comprendre. Un sourire tranquille inonda son visage tandis qu'il glissait sa main sous le revers de sa veste à la recherche de son pistolet de service.

— Viens avec moi et fais pas le malin sinon je te bute, cria Mouche à Zabala la Trombine tout en le poussant vers le couloir où était encastré le coffre-fort.

Le Mort bis

LUNDI 29 AVRIL

Mon voisin était un de ces ritals analphabètes qui tabassent leur femme pour le *fun*, ou parce qu'ils n'ont pas de clébard sous la main pour se défouler. Mon voisin était un cogneur *full time* ; il dérouillait sa légitime à coups de ceinture, il la dégourdissait d'une volée de baffes et lui défonçait la gueule tous les jours. Les cris et les plaintes de la nana me pulvérisaient les tympans. J'avais beau être dans le coma, je ne pouvais pas m'empêcher de penser à ce fils de pute de proprio des tours qui avait fait les cloisons en papier mâché, en sachant pertinemment qu'il n'aurait jamais à se taper un lundi de gueule de bois à écouter cette truie se vider de son sang. Et, putain, je ne pouvais rien faire, j'étais rétamé, sans une goutte d'essence, comme ma Torino. Je ne pouvais pas bouger un muscle sans avoir une convulsion au cerveau. Rien. J'ai pensé attraper mon Browning, débouler chez le voisin et lui exploser les couilles, mais c'était trop pour moi. Du coup, j'ai pensé attraper mon Browning et me faire exploser la cervelle pour ne plus avoir à les entendre, mais c'était encore trop pour moi. Je n'avais même pas la force d'aller chercher le flingue dans le tiroir de la cuisine où il était planqué. Ce que j'avais, par contre, c'était une douleur aiguë dans le dos, comme si on m'avait planté une hache dans les poumons, du coup j'ai pensé que ce brave Brando avait dû me secouer avec sa grosse paluche d'orang-outan juste pour me montrer à quel point il m'apprécie quand il est défoncé, c'est-à-dire la plupart du temps. J'ai pu l'imaginer en train de souffrir aussi chez lui, mais surtout en train de vomir, parce que Brando est un vomisseur de première, une machine à gerber. Brando a un type de vomissement volcanique super impressionnant. À l'heure qu'il est, il doit être en train d'asperger les chiottes de chez lui avec le contenu de ses intestins et sa mère doit être derrière, avec un seau et une serpillière, en train de laver tout en récitant une prière à voix haute, comme si ce genre de conneries pouvait empêcher son camé de gamin de se droguer.

Et ma garce de voisine a poussé un nouveau cri, et le rital l'a pourrie de bon cœur, et moi j'ai eu soudain une terrible démangeaison à la couille. Mais j'étais tellement cassé que je n'avais même pas la force de me gratter, du coup j'ai essayé le contrôle mental : une technique que je n'arriverai jamais à maîtriser parce que je n'ai aucun contrôle sur ma tête et que je ne crois pas non plus qu'il me reste grand-chose à contrôler. La démangeaison n'a pas du tout diminué. En gros, c'était comme si une armée de morpions avait décidé d'organiser une attaque ciblée sur ma couille gauche. Ça piquait, ça brûlait et je ne pouvais rien faire, je n'avais même pas la force d'ouvrir les yeux pour regarder ce que j'avais à la couille. La douleur et l'impuissance auraient pu m'arracher un cri, mais j'étais trop niqué pour pouvoir crier. Entre la gueule de bois, le mal de dos, la démangeaison à la couille et le rital cogneur, je pouvais me faire une idée tangible de ce qu'était l'enfer.

Finalement, j'ai réussi à retirer les croûtes d'humeur séchée qui collaient mes paupières. Le sens de la vue n'a rien arrangé. Les images, troubles au début, étaient encore pires que ce que j'avais imaginé. L'appart était une traînée de bouteilles vides, de verres cassés et de mégots. Mes quatre seules chaises étaient empilées les unes sur les autres dans un coin ; un incendie les avait partiellement consumées. Le faux plafond était plein de trous comme si quelqu'un avait vidé le chargeur de mon Browning contre une hallucination fuyante. À la place de la lampe, deux fils dénudés pendaient. La table était retournée au milieu de la pièce. À en juger par la hache plantée dans un de ses pieds, elle avait dû échapper à l'incendie par miracle. Le tapis vert au sol, ou du moins la partie qui avait échappé au bûcher des meubles, était un terrain de golf infernal en miniature, éclaboussé çà et là par d'épais lacs de gerbe et de pisse corrosive. À la place de joueurs de golf minuscules, un escadron de mouches survolait la zone. Le pire, c'était que je n'avais aucun souvenir de la soirée. L'acide est une drogue à utiliser avec précaution ; associée à la marihuana, à la coke, aux tranquillisants et à la tequila, elle provoque les dégâts les plus étranges.

La voisine s'est mise à pleurnicher, appuyée contre le mur qui donne sur mon appart. J'étais justement en train de regarder dans cette direction en essayant de déchiffrer des mots qui avaient été écrits avec du ketchup, ou du sang, tout le long du mur. « Si j'avais su, je serais pas né », ai-je réussi à lire. J'ai regardé un peu plus bas et là, j'ai reçu un autre coup : mon poste télé – un Sharp quatorze pouces –, posé par terre, subissait les conséquences de la folie. Un maniaque s'était donné la peine de verser un tube de glue Poxiran dessus et avait éventré mon blouson en plume au-dessus de l'appareil. L'écran avait été soigneusement exclu de l'opération de bricolage. Mon poste télé avait l'air d'un pauvre animal sans défense, un étrange oiseau borgne en voie d'extinction, abandonné à son sort en enfer. Et on aurait dit que les pleurs de la voisine sortaient de l'appareil, et alors là, en plus de toute cette putain de douleur que j'avais, j'ai soudain senti une peine immense pour mon petit ami Sharp. Je me souvenais même pas où j'avais laissé sa télécommande, un outil idéal pour des types dans des états comme le mien. Je pensais que si j'avais eu la commande à portée de main, j'aurais pu essayer de l'allumer et foutre le volume à fond pour camoufler les cris de ma vieille chienne de voisine. L'idée s'est rapidement transformée en obsession. Je voulais, j'avais désespérément besoin du précieux appareil comme une pute malade a besoin d'un gode pour se branler quand elle n'a pas de chair sous la main. La truie s'est remise à beugler et tout mon corps s'est engourdi. C'était une énorme crampe douloureuse. Le mal de dos a empiré, j'avais une tumeur maligne qui opprimait mon poumon droit. J'ai approché mon poing crispé de la zone et, ce que sont les putains de coïncidences, je me suis rendu compte que ce que j'avais d'incrusté n'était rien d'autre que la commande de ce brave Sharp. Je l'ai tirée de derrière mon dos d'un coup et là j'ai crié, j'ai crié de joie. J'avais la commande, j'avais récupéré le contrôle ! J'avais du pouvoir sur mon poste télé, sur les hurlements de la voisine ! Je l'ai allumé et je me suis lâché sur le volume jusqu'à ce que le son étouffe les pleurs et les cris du rital.

La télévision est une drogue de plus, un anesthésique puissant. Quelques minutes après avoir commencé à regarder la télé, j'avais déjà les paupières lourdes. Mes muscles se sont détendus et mon esprit est entré dans des limbes. Une bonne dose de dessins animés allait suffire à me faire pioncer quelques heures et à me débarrasser de ma gueule de bois. Même la démangeaison à la couille a disparu grâce à la lumière curative qui émanait de l'écran quatorze pouces comme un don divin. Un flash d'informations a soudain interrompu le programme : la caméra a fait un gros plan sur plusieurs corps étendus sur le trottoir, enveloppés dans des sacs plastiques de la police. Un journaliste a expliqué que la veille, vers midi, il y avait eu un affrontement entre des délinquants et des policiers dans une maison de jeu clandestine. C'est là que j'ai perdu toute connexion avec le monde. J'ai rêvé que le rital, mon voisin, me coursait le long des couloirs de l'immeuble pour me fouetter à coups de ceinture parce qu'il en avait marre que je mette la télé à fond.

MARDI 30 AVRIL

Vers dix heures, j'ai été réveillé par un autre cri de la voisine et une gueulante du rital frappeur. J'avais des crampes dans les reins et des taches jaunâtres sous les yeux. Je suis passé sous la douche et je me suis mis un coup de rasoir ; j'ai avalé deux analgésiques et je me suis sapé en costard cravate. Franchement, j'avais fière allure. Il était temps d'aller chercher un boulot, même temporaire, un petit job pour tirer jusqu'à la fin de la semaine. Mon corps avait besoin d'un petit break de la paresse, trouver un job était une manière digne d'esquiver le Club et les gamins et surtout, les drogues dures.

J'ai acheté le journal à un kiosque de la gare de Burzaco. Sans le feuilleter, j'ai tout foutu à la poubelle, à part le supplément sportif et les petites annonces. Je suis monté dans le premier train qui passait pour Place Constitución ; malgré l'heure, y avait pas une putain de place de libre. Résigné, je me suis appuyé contre une des portes du wagon, j'ai allumé mon Walkman et j'ai passé le trajet à écouter le Black Album de Metallica. La musique me massait le cerveau, c'était comme si elle faisait affluer le sang dans les zones que la came avait séchées. Je suis descendu à Constitución en me sentant intelligent, rapide pour décrocher un taf. Intelligent et affamé : ça faisait presque deux jours que je m'étais rien mis dans le bide. Je me suis arrêté à un stand en tôle et j'ai pris un maxi hot-dog et un Coca. Pendant que je bouffais sur le rebord du stand, j'ai étudié les petites annonces. Certaines offres de la rubrique 59 étaient des plus intéressantes :

Petite de Misiones Gorge Profonde sans capote 24h / 24 $10…

Karen « PETITE CHAUDASSE » pipe + 69 ss capote $15 1h $30…

Collégienne 22 Chasuble et Cravate 20' ½ complète 24h / 24…

La liste était longue mais j'ai dû l'abandonner avant que m'abandonne l'idée de trouver un boulot. Je suis passé directement à la rubrique en question, la 26. Après avoir lu attentivement les annonces, je me suis décidé pour une offre qui correspondait à mon profil :

IMPORTANT Groupe Éditorial
Recherche
VENDEURS / EUSES
20-35 ans, excell. présentation et cult. générale.
Désirs de progression. Dynamiques et compétents
avec réelle vocation commerc. Nous offrons :
Produit et système exclusifs. Réelles poss.
d'évolution selon capacités.
Fixe et frais assurés.
Se prés. mardi de 10 h 30 à 15 h à :
Maipú 216 2e ét. – Capitale Féd.

Allongé au soleil sur un banc de la place, j'ai laissé passer un ou deux bus, le temps de digérer le hot-dog. Quand j'en ai eu marre de ce putain de défilé de mendiants et de vendeurs de saloperies *made in* Taïwan, j'ai abandonné mon banc en ciment et j'ai pris le bus. Je suis allé à l'adresse de l'annonce et j'ai compris : il s'agissait de démarcher une grande quantité de clients potentiels à domicile. Des gens qui seraient ravis de se faire expliquer les bienfaits de l'acquisition d'une encyclopédie, d'un dico ou d'une Bible du groupe éditorial. La chasse aux pigeons était pilotée par une armée de grosses roublardes équipées de casques et de micros, assises face aux écrans de leurs P.C. comme si elles étaient en train de superviser une mission de la NASA, la fameuse technique du télémarketing. Le type qui nous a fait le baratin, à moi et aux autres, qui se sont pointés comme des cons à neuf heures du mat pour rien, nous a invités à noter notre expérience professionnelle sur une fiche, chose que j'ai carrément bien fait. Le gars a halluciné sur mon faux C.V. et je sais pas quelle merde il a lâchée devant tout le monde à propos de mon avenir prometteur. Deux minutes plus tard, une blonde dont j'aurais facilement pu sucer les nichons pendant un mois non-stop m'a filé une grosse valise de livres, cinq pesos pour les frais et une liste d'adresses avec les horaires des rendez-vous. Avant de sortir, j'en ai tapé cinq au chef et j'ai fait les yeux doux à la blonde aux gros nichons qui m'a pas calculé parce qu'à mon avis, elle devait baiser avec le boss.

Dehors, le soleil cognait comme pas possible. D'après son poids, on aurait pu croire que la valise était pleine de pierres ; j'en pouvais plus, et chaque rue c'était pire. Je suis enfin arrivé à l'arrêt et j'ai pris le bus pour Belgrano, où vivait le premier pigeon de ma liste. J'avais besoin de me détendre un peu avant d'affronter la situation, du coup, j'ai fait une pause stratégique sur une petite place à quelques pâtés de maisons de chez le gros naze. Je me suis roulé un bédo et je me suis vautré sur un banc à l'ombre, histoire de fumer, peinard, tant que j'avais encore quelques minutes devant moi. J'ai décidé que c'était un bon job, sans la pression des tafs de bureau ; en plus je pouvais faire des pauses où et quand ça me chantait sans avoir un connard derrière moi pour me gueuler dessus. C'était un boulot que je pouvais tranquillement garder encore un ou deux mois, le temps qu'ils se rendent compte de qui j'étais vraiment.

Le joint a mis sa petite touche de fantaisie à la journée. Je m'imaginais les nichons de la blonde du groupe éditorial, son petit cul rebondi. On était tous les deux à poil dans un lit. Elle s'approchait, soumise, et me suppliait de lui mordiller les tétons, de la lui mettre dans le cul et de ne pas arrêter de peloter cette énorme paire de nichons. Elle hurlait comme une folle, elle me le demandait si gentiment que moi, par pure pitié, je lui faisais cette fleur… Un coup de klaxon m'a ramené sur terre. Étourdi, j'ai sorti un des bouquins de la valise et je l'ai ouvert au niveau de ma ceinture, histoire de camoufler la bosse. J'ai commencé à lire et en fait c'était une Bible. Putain, je me suis dit ; j'étais habillé en costard cravate, assis sur un banc de la place, en train de lire une Bible comme un mormon débile. Qu'est-ce que les gens allaient penser ? Qu'est-ce que je ferais si une de mes connaissances me prenait en flag dans cette séquence ? J'ai vite rangé le bouquin et je suis parti, rouge de honte, en direction de la maison du type.

Je n'avais que dix minutes de retard par rapport

à l'horaire indiqué sur ma liste. Je n'avais jamais été aussi ponctuel de ma vie mais, apparemment, ce n'était pas l'avis de ce gros con de client parce que, quand je me suis annoncé à l'interphone, il a gueulé qu'il était sur le point de partir et que mon manque de ponctualité le retardait dans ses affaires. La voix de ma conscience m'a recommandé de l'envoyer se faire foutre, mais ma conscience n'est pas bonne conseillère, je lui ai donc présenté mes excuses, tout en me jurant de baffer le mec si finalement il ne m'achetait rien. Quand il a ouvert la porte, je suis revenu sur l'histoire de la baffe : le type mesurait quasiment deux mètres, il avait un peu plus de la cinquantaine mais il marchait le dos bien droit comme s'il avait grandi dans une salle de sport. Il m'a fait entrer et m'a même proposé un verre. La première chose que j'ai pensée c'est que j'étais tombé chez un vieux taré qui, à la première occasion, allait enfiler une cagoule en cuir noir, m'attacher au lit avec des menottes, et me défoncer le cul avec un concombre. J'ai reculé en direction de la porte, mais le type était déjà en train de remplir deux verres de Jack Daniel's, il m'en a fait passer un et on s'est installés sur un canapé dans le salon. J'étais complètement abruti. J'ai essayé de me recentrer. Le joint avait fissuré mon équilibre et j'avais la tête qui tournait. J'ai bu une gorgée de whisky et tout s'est remis en ordre. La pièce était une véritable galerie de souvenirs, pleine de photos du type à cheval en uniforme de grenadier. Dans tous les coins que j'arrivais à apercevoir, il y avait une photo encadrée du type à la tête d'un régiment de grenadiers, tous aussi droits et grands que lui. Il y avait aussi des médailles, des plaques en bronze et une tonne de merdes du genre « On te décerne un prix parce que t'es un mec en or », réparties sur les étagères ou dans des vitrines, et il flottait cette odeur, la même qu'à la maison de retraite de mon grand-père, cette odeur de vieux cradingue.

J'ai bu deux autres gorgées de whisky et j'ai bloqué. Je voulais sortir les livres et en conseiller un au grenadier, parce que je venais de comprendre que j'étais chez un ancien grenadier, mais impossible de bouger un muscle. J'ai senti ma mâchoire se ramollir et je crois même que je me suis mis à baver. Le grenadier a vu que j'étais en difficulté et il s'est lancé à fond dans son histoire. Il a attrapé un des cadres sur la table basse et m'a expliqué que sur cette photo il était en train de recevoir, du Président en personne, du boss des boss, la médaille du Saint Bordel qu'on décerne à un mec tous les quatre siècles. Il a ensuite attrapé une autre photo et m'a raconté l'histoire d'un défilé à La Rural pour je ne sais pas quelle fête de merde. Ensuite il a pris une petite épée dans un étui en bois qui était un vrai bijou et a sorti des babioles des recoins pendant que je liquidais le Jack Daniel's. La vérité, c'est que le type avait un don pour raconter les histoires, il m'avait laissé bouche bée avec son trip de chevaux, du super job de grenadier et je ne sais pas trop quoi encore, quand est arrivé le moment de la chute. Là, les yeux du type se sont mis à briller et il m'a raconté qu'on l'avait mis à la retraite cinq ans plus tôt et que c'était comme si on lui avait tiré une balle, parce qu'il avait plus le goût de vivre, qu'il était vieux et très seul, et que la seule chose qui l'avait rendu heureux avait pris fin le jour de sa retraite. Il m'a raconté que maintenant il passait ses journées à l'hippodrome à jouer son froc aux courses et à picoler comme un trou. En fait, le type m'a fait de la peine, autant de peine que mon petit Sharp couvert de plumes, et j'ai eu une envie soudaine de prendre le grenadier retraité dans mes bras. La vie était tellement chienne avec lui que je crois que je suis arrivé à le comprendre. C'était comme si on m'annonçait de but en blanc que j'allais perdre mes jambes parce qu'elles étaient gangrenées et que je comprenne que je ne pourrais plus jamais conduire la Torino de toute ma vie. Putain, j'aurais presque versé une larme, mais là, le vieux a interrompu son roman et m'a demandé ce que j'avais dans ma fameuse valise.

J'ai sorti ce qui, selon moi, pourrait intéresser le grenadier : de gros bouquins sur les animaux, trois tomes avec des tonnes de photos et d'explications sur toutes sortes d'animaux qui, j'ai pensé, devaient sûrement inclure les chevaux. Le type ne les a même pas ouverts. Alors j'ai fouillé et j'ai sorti un de ces gros livres prometteurs : *Aménagez votre maison et faites-en un palais sans dépenser un centime*, bon, à part le prix du bouquin, bien sûr, mais ça n'a pas intéressé mon ami non plus. J'ai commencé à me demander ce que je pourrais bien proposer à un grenadier à la retraite qui n'aimait ni les encyclopédies sur les animaux ni les travaux manuels. J'ai effleuré une encyclopédie médicale mais je n'ai pas osé la sortir, j'ai écarté le jardinage et la cuisine, j'ai pensé que ça pourrait foutre les boules à un mec comme lui et j'ai sorti un manuel d'histoire argentine. Le type l'a feuilleté, il est resté un moment à regarder le portrait de ce gros naze de San Martín et l'a refermé en silence. Après avoir traîné une ou deux minutes, il m'a lâché qu'il commençait à se faire tard, qu'aucun livre ne l'intéressait mais que, vu que j'avais écouté son histoire, il allait m'acheter quelque chose, et il a demandé, l'air de rien, si je n'avais pas une Bible parmi mes babioles. Les Bibles sont pas chères et te laissent une commission de merde. J'étais sur le point de lui dire que je les avais toutes vendues, mais le type m'a fait de la peine. J'avais compris que le gars cherchait une Bible depuis le début, que toute son histoire, sa vie, le whisky, ç'avait été un prétexte pour arriver à la Bible. Je lui ai filé le bouquin, il m'a filé la thune et on s'est dit au revoir comme deux vieux amis qui ne se reverraient plus jamais.

J'en avais eu pour mon compte. Le boulot s'était avéré être une merde, la vie est une merde. J'ai pris le premier bus pour Place Constitución et de là, le premier train pour mon quartier. À la gare de Burzaco, j'ai échangé la valise de bouquins contre quelques doses de came avec un dealer que je connaissais. L'idée, c'était de mettre de l'essence dans la Torino avec le fric de la Bible et partir en défonce avec les gamins. En rentrant chez moi, je m'imaginais le pauvre type, assis sur son lit, en train de jeter un coup d'œil à la Bible, de lire quelques passages, pour finalement la refermer et se pendre à la poutre du plafond avec son ceinturon de grenadier. Le monde est rempli de gens en galère, je me suis dit, et trois heures plus tard j'avais retrouvé Brando, Kingo et Caméléon, tous raide défoncés, à s'enfiler des Fernet Coca au Club, calés à la place qui était très exactement la nôtre dans l'univers.

PREMIÈRE PARTIE

DÉLIRES PARTAGÉS

DEUXIÈME PARTIE

LES VICES PUBLICS

TROISIÈME PARTIE

LES VICES PRIVÉS

QUATRIÈME PARTIE

EMBRANCHEMENT POUR L'ENFER

Composition: IGS-CP
Impression Novoprint
le 2 avril 2017
Dépôt légal : avril 2017

ISBN 978-2-07-270091-0/ Imprimé en Espagne.

309508